Bernd Ingmar Gutberlet

GRANDIOS GESCHEITERT

Weitere Titel des Autors:

Der Maya-Kalender
Die neuen Weltwunder
Die 33 wichtigsten Ereignisse der deutschen Geschichte
Die 50 größten Lügen und Legenden der Weltgeschichte
Die 50 populärsten Irrtümer der deutschen Geschichte

Titel in der Regel auch als E-Book erhältlich

BERND INGMAR GUTBERLET

GRANDIOS GESCHEITERT

MISSLUNGENE PROJEKTE
DER MENSCHHEITSGESCHICHTE

Mit Zeichnungen
von Krisztina Bradeanu

LÜBBE

 MIX
Papier aus verantwor-
tungsvollen Quellen
FSC® C006701
www.fsc.org

Dieser Titel ist auch als E-Book erschienen

Lübbe Hardcover in der Bastei Lübbe GmbH & Co. KG
Originalausgabe
Dieses Werk wurde vermittelt durch Aenne Glienke,
Agentur für Autoren und Verlage, www.aenneglienkeagentur.de
Copyright © 2012 by Bastei Lübbe GmbH & Co. KG, Köln
Textredaktion: Matthias Michel, Wiesbaden
Umschlaggestaltung: Pauline Schimmelpenninck
Büro für Gestaltung, Berlin
Umschlagmotiv: © getty-images/Andrea Sperling
Satz: Bosbach Kommunikation & Design GmbH, Köln
Gesetzt aus der Weiss Antiqua
Druck und Einband: CPI – Ebner & Spiegel, Ulm
Printed in Germany
ISBN 978-3-7857-2453-8

5   4   3   2   1

Sie finden uns im Internet unter: www.luebbe.de
Bitte beachten Sie auch: www.lesejury.de

INHALT

für Bodo

Dem Ingenieur ist nichts zu schwör.
DANIEL DÜSENTRIEB ALIAS ERIKA FUCHS

Das moderne Ideal des Fortschritts hat den Menschen nicht durch seine gesamte Geschichte begleitet, aber der Drang, seine Fähigkeiten zur Anwendung zu bringen und die Welt um sich herum zu gestalten, gehört zu seinem Wesen. Doch schon früh entstellten Größenwahn, Megalomanismus und Überheblichkeit diesen eigentlich höchst förderlichen Aspekt des Menschseins. Das Paradebeispiel des Abendlandes für menschliche Hybris ist bis heute der Turmbau zu Babel, von dem im elften Kapitel des ersten biblischen Buches *Genesis* berichtet wird. Die Menschen fordern ihren Gott heraus, indem sie den Bau eines mächtigen Turms anstreben, der himmelhoch wachsen soll. Damit der Mensch dem Himmel und damit dem Göttlichen aber nicht allzu nahe kommt, sendet Gott die Sprachverwirrung unter die Menschen, damit der Mangel an Verständnis untereinander das Projekt zu Fall bringt.

Die Geschichte vom gescheiterten Turmbau zu Babel soll dem Menschen vor Augen führen, dass er seine Fähigkeiten nicht dazu besitzt, über alles Maß hinweg die eigene Selbstübersteigerung zu betreiben. Dieses biblische Scheitern ist der drastische Hinweis darauf, dass nicht alles gut und zulässig ist, was machbar oder wünschenswert erscheint. Vielleicht ist der alttestamentliche Turmbau zu Babel nach der Sintflut der bekannteste biblische Topos, schon weil er über alle Zeiten hinweg auf doppelte Weise überzeugt: Der Drang des Menschen nach immer neuen Wagnissen und Rekorden ist bis heute nahezu ungebrochen, das biblische Turmmotiv weist also unzählige Entsprechungen auf. Und die Frage, was zu weit geht, wann der Mensch sein Können zähmen und seinen Drang nach neuen Höchstleistungen zügeln sollte, ist aktuell wie eh und je. Auch wenn es in unserer Zeit weniger um gottgleiche Anmaßung geht wie in der Bibel, und mehr um die Frage, wann der Bogen überspannt ist und die stolzen Fähigkeiten nicht mehr Gutes tun, sondern mindestens nachteilig oder zweifelhaft sind – wenn sie nicht gar die Lebensgrundlagen von Mensch und Natur gefährden und damit den Planeten insgesamt aufs Spiel setzen.

Das Scheitern hat viele Gesichter. Dieses Buch versammelt eine illustre Reihe von Projekten durch die Jahrhunderte, deren Umsetzung auf die eine oder andere Art fehlschlug. Inhaltlich ist die Bandbreite groß und reicht vom jahrhundertelangen Traum der Goldherstellung bis zum Glauben an die universelle Heilkraft einer Wissenschaft; von technizistischen Schwelgereien bis zum honorigen Streben nach Weltverbesserung. Die Urheber der Vorhaben wurden von unterschiedlichen Motiven getrieben: Sie reichen von Überzeugung und Idealismus bis zu Allmachtsfantasien, von allzu zuversichtlichem Machbarkeitsglauben über bloße egomanische Profilierungssucht bis zu übersteigerter Technikeuphorie. Die zwölf Projekte sind ebenso verschieden voneinander wie ihr Inhalt und der Grund ihres Scheiterns. Sie führen uns nach Südamerika und Sibirien, nach Chile und Kastilien, in die stalinistische Sowjetunion und ins nationalsozialistische Deutschland, ins Frankreich des Mittelalters und der Revolutionsjahre, an die Gestade des Mittelmeeres, in den Regenwald des Amazonas und ins Innere Afrikas.

Einige Projekte sind so übersteigert oder vermessen, dass man bei aller Faszination ihr Scheitern nur begrüßen kann;

das Misslingen anderer mag man bedauern. Aber sie sind auch in ihrem Planungsstand und dem Stand ihrer Erforschung verschieden: Manche sind in der Planung weit gediehen, ohne je den Punkt erreicht zu haben, wo die Umsetzung wirklich begonnen hätte. Mit anderen wurde tatsächlich begonnen, ohne dass rückblickend zu klären wäre, wie sie nach Fertigstellung wirklich ausgesehen hätten.

Die Arbeit an diesem Buch, das sich auf die Erkenntnisse ungezählter Forscherkollegen gründet, ergab, wie viel schwieriger das Erzählen vom Scheitern ist als das von stolzen Höchstleistungen und Erfolgen: Durch die Geschichte schenkten Chronisten dem Misslingen viel weniger Aufmerksamkeit als dem Gelingen. Das ist natürlich menschlich, aber auch bedauerlich. Denn das Scheitern ist ja nicht weniger menschlich, und Triumph und Fehlschlag gehören zueinander. Anmaßung und Übertreibung halten ihre Lehren für die Nachgeborenen bereit – und zwar in besonderem Maße für uns Menschen des 21. Jahrhunderts, die wir vor großen Herausforderungen stehen, um unseren fragilen Planeten und das Projekt Menschheit nicht in existenzielle Gefahr zu bringen.

Seitdem zum ersten Mal ein Mensch auf Gold stieß, ist das Edelmetall heiß begehrt. Es war möglicherweise sogar das erste Metall überhaupt, das der Mensch entdeckt hat, vermutlich vor über 6.000 Jahren. Die ältesten Goldartefakte stammen von der bulgarischen Schwarzmeerküste und wurden auf die Zeit zwischen 4400 und 3900 v. Chr. datiert. Seine herausragende Stellung unter den Metallen behauptete das Gold aber auch dann noch, als andere hinzukamen, denn es galt als reinstes der Edelmetalle und erlangte mythische Bedeutung: als Symbol alles Himmlischen und damit Göttlichen, für Sonne und Licht. Ob die Inka Südamerikas, die Ägypter, die Babylonier oder die Chinesen – alle belegten das seltene Material mit besonderer Bedeutung. Dazu gehört, dass es hymnisch besungen und sein Ursprung vorzugsweise mit den Göttern in Verbindung gebracht wurde. Gegenteilige Ansichten gab es ebenfalls – wegen der Habgier, die die Kostbarkeit des Metalls auslöste. Schon im 1. Jahrhundert n. Chr. wünschte sich der Universalgelehrte Plinius der Ältere, das Gold möge aus dem Leben entfernt werden, und rund neunzehn Jahrhunderte später nannte es der Ökonom John Maynard Keynes »ein barbarisches Metall«.

Farbe, Unvergänglichkeit, Seltenheit und stoffliche Eigenschaften – es ist weich, das dehnbarste Metall überhaupt und somit gut zu verarbeiten – machten es zu einem teuren Material, das für Schmuck verwendet wurde und schließlich für Geld. Schon im 3. Jahrtausend v. Chr. stellte man Legierungen mit Silber und Kupfer her, um das Edelmetall härter zu machen. Seit seiner Entdeckung wurden schätzungsweise 100.000 bis 120.000 Tonnen Gold gefördert und verarbeitet, jährlich kommen bis zu 2.500 Tonnen hinzu. Zusammen ergäbe das einen hübsch glänzenden Würfel von gut 20 Meter Kantenlänge. Allerdings ist unser Planet mit Gold nicht gerade reich gesegnet: In 1.000 Tonnen Erdkruste lassen sich gerade einmal drei bis fünf Gramm des edlen Stoffes finden, 1.000 Tonnen Meerwasser enthalten sogar nur ungefähr ein Gramm.

Die ersten Goldmünzen werden dem lydischen König Kroisos zugeschrieben, der im 6. Jahrhundert v. Chr. lebte und bis heute als Inbegriff sagenhaften Reichtums gilt. Gold- und Silberwährungen erwiesen sich als Erfolgsgeschichte – bis vor wenigen Jahrzehnten noch war beispielsweise der US-Dollar eine Goldwährung: Für das in Umlauf befindliche Papiergeld lagerte die entsprechende Menge Gold im legendären Fort Knox im Bundesstaat Kentucky. Der Goldstandard ist aus der Mode gekommen, was in Zeiten staatlicher Schuldenkrisen bedauerlich erscheint. Angesichts verfallender Währungen und abstürzender Börsenkurse fliehen Anleger in das vermeintlich sichere Edelmetall, dessen Wert dann zwar schwindelerregende Höhen erklimmt wie zuletzt im globalen Börsentaumel 2011, aber natürlich auch wieder ins Bodenlose fallen kann.

Da Gold so kostbar war, dauerte es nicht lange, bis Fälschungen angeboten wurden und Falschmünzerei zum Problem wurde. Dabei handelte es sich meist um Legierungen, also Mischungen von Gold mit einem anderen Metall, denen man die Zugabe von Fremdstoffen nicht sofort ansah. Gleichzeitig kamen aber auch Ersatzstoffe auf den Markt, die gar kein Gold enthielten, beispielsweise die Kupfer-Zink-Legierung Messing, die schon seit dem 2. vorchristlichen Jahrtausend

Verwendung fand. Wer auf sie als vermeintliches Gold herein-
fiel, bescherte dem Fälscher einen guten Ertrag. Aber natürlich wurden Stoffe wie Messing auch ganz redlich als Ersatzstoffe angeboten. Über viele Jahrhunderte, in vielen Kulturen
waren für die Streckung von Gold oder gar seine Herstellung
aus einem anderen Stoff die Alchemisten zuständig.

Alchemie – Vorläufer der modernen Chemie

Die Alchemie ist eine sehr alte Disziplin, der der Name Wissenschaft aus moderner Sicht nicht zusteht. Ebenso wenig
aber hat sie verdient, als ausschließlich okkult, abwegig und
betrügerisch verunglimpft zu werden. Auch hier hat üble
Nachrede sich als historisch beständig erwiesen, hinzu kommt
die enorme Halbwertszeit übertrieben sensationslüsterner
Vorstellungen. Von einem streng rationalistischen modernen
Standpunkt aus gesehen, weisen Religion und Alchemie denselben Ursprung auf: den Drang nach Erklärungen angesichts
fehlender wissenschaftlicher Grundlagen, von denen wir heute
profitieren können. Zu den Errungenschaften der modernen
Wissenschaften war es ein langer Weg, beginnend mit dem
ersten Menschen, der »Warum?« fragte und nach Antworten
suchte. Auf diesem Weg ist aus der Alchemie schließlich die
moderne Chemie hervorgegangen – so wie die Astronomie als
»exakte Wissenschaft« die Astrologie als durchaus verdienst-
volle Vorläuferin hat. Auf Grundlage des Wissens, das ihnen
zur Verfügung stand, befassten sich die Alchemisten mit den
in der Natur vorkommenden Stoffen und ihren Eigenschaften. Dazu gehörte die Verwandlung dieser Stoffe – auch der
einfachen Metalle, deren Transformation in ein Edelmetall
man für möglich hielt. Selbst die über Jahrhunderte größte

intellektuelle Kapazität, der griechische Philosoph Aristoteles, bestätigte mit seinen Erklärungen über die Beschaffenheit der Natur die Möglichkeit, Stoffe in andere zu verwandeln. Auf ihn konnte man sich berufen mit der Auffassung, alles in der Natur strebe nach Perfektion, denn das schloss auch Stoffe ein, die wir für tot befinden, darunter Metalle. Folglich schien auch die Herstellung von Gold als einen Versuch wert, weil es nach Wissen und Überzeugung der Zeit durchaus vorstellbar war. Wer also aus Eisen Gold machen wollte, suchte nach einem Stoff, der bei diesem Prozess ein bisschen nachhalf.

Insgesamt war die Bandbreite alchemistischer Betätigung groß: Sie reichte von der Destillierung reiner Substanzen und dem Ausprobieren neuer chemischer Verfahren über die Herstellung und Erprobung von Arzneien bis zur Umwandlung profaner Stoffe in Edelmetalle. Auch die Zusammensetzung der Akteure wies eine große Bandbreite auf, von verschrobenen Außenseitern bis zu gewieften Propagandisten in eigener Sache, von armen Kirchenmäusen bis zu hoch bezahlten Experten an Fürstenhöfen. Manche strebten uneigennützig nach Erkenntnissen, andere witterten das große Geld, manche waren krude Esoteriker und Mystiker, andere messerscharfe Analytiker und nur einen Schritt vom abstrakt denkenden Wissenschaftler entfernt. Als durchaus praktisch ausgerichtete Disziplin war für die Alchemisten die Anwendung ihrer Erkenntnisse immer allgegenwärtig – sei es zur Herstellung von Arzneien oder von begehrten Edelmetallen und Edelsteinen. Alchemie ist aber auch eine theoretische und spekulative Profession. Und eine philosophische: Ernsthafte Alchemisten betrieben ihre durchaus anspruchsvollen Naturstudien auch mit dem Ziel der Vervollkommnung der eigenen Seele.

Für die Menschen des Altertums, des Mittelalters und eines Teils der Neuzeit besaß Alchemie einen Sinn, auch wenn uns das aus heutiger Sicht als völlig abwegig erscheinen mag. Aber ihnen standen nun einmal weniger Gewissheiten zur Verfügung, und sie bekamen weniger Antworten auf dieselben Fragen nach den Mechanismen von Natur und Kosmos, die uns bis heute beschäftigen. Wir modernen, westlich geprägten Menschen dagegen wissen uns in einer in jeder Hinsicht aufgeklärten Zeit, in der nicht nur das Individuum alte Fesseln abgestreift hat und das Leben bequem und vergnüglich wurde, sondern fleißige Wissenschaftler die Welt und was sie zusammenhält ganz überwiegend enträtselt haben. Wenn wir einmal davon absehen, dass Enträtselung auch Entzauberung bedeutet und dass die modernen Errungenschaften dem menschlichen Seelenleben nicht nur Gutes tun: Wir verlassen uns doch recht bequem auf die Erkenntnisse anderer, auch wenn wir uns ehrlicherweise eingestehen müssten, dass wir Quantenlehre, Relativitätstheorie und Elektronenphysik ebenso wenig verstehen wie die Transmutationslehre der Alchemisten. Letztere hat nur eben ausgedient. Zweifellos gab es allerlei zweifelhafte Unternehmungen in der Alchemie, aber die stellen nur einen Teil der Geschichte dieser protowissenschaftlichen Disziplin dar – ganz abgesehen davon, dass abwegige Versuche und absonderliche Verfahren in der Geschichte der Menschheit mitunter zu bahnbrechenden Erkenntnissen geführt haben.

Wer noch im 16. oder 17. Jahrhundert, kurz vor und während der sogenannten wissenschaftlichen Revolution, sich als Alchemist betätigte, konnte sich zu den eifrigsten Naturforschern zählen. Und so wie die Naturwissenschaft Chemie aus der Alchemie hervorging, unternahmen einige der herausragenden Figuren der wissenschaftlichen Revolution alchemistische Experimente, darunter der Urvater der modernen Physik Isaac Newton und einer der Mitbegründer der modernen Chemie, Robert Boyle. Ein weiterer Alchemist, dem durchaus ein Platz im Pantheon der Wissenschaften zusteht, gehört ebenfalls zu den Begründern der modernen Chemie: der Hallenser Andreas Libavius, der an den Universitäten in Wittenberg und Jena studierte und später in Basel, Jena und Rothenburg ob der Tauber wirkte. Sein Werk *Alchemia* aus dem Jahr 1597 gilt als erstes systematisches Lehrbuch der Chemie – aber es enthält auch eine Stelle, in der der Professor die Transmutation beschreibt, also die Herstellung von Gold oder Silber. Darüber hinaus spricht Libavius von der Beschaffenheit des Steins der Weisen und ergeht sich in Schriftmystik.

Alchemie wurde in verschiedenen Kulturen praktiziert; sowohl in China und Indien als auch im alten Ägypten und der hellenistischen Welt befassten sich Gelehrte mit ihrer Theorie und Praxis. Ob sich dies unabhängig voneinander vollzog oder Lehren und Vorstellungen durch kulturellen Austausch weitergegeben wurden, ist eine strittige Frage. Für die arabische Alchemie und die des lateinischen Mittelalters lieferte Aristoteles das Lehrgebäude von der Beschaffenheit der Natur. Er sah als unteilbare Grundstoffe der Natur vier Elemente am Werk: Feuer, Wasser, Erde und Luft, die jeweils zweien der Qualitäten warm und kalt, trocken und feucht zugeordnet waren. Dazu gesellt sich die Urmaterie, die weder Form noch Eigenschaften besitzt. Die Elemente lassen sich ineinander umwandeln, dabei muss eine der Qualitäten sich verändern: Feuchtes Wasser beispielsweise wird dann zur trockenen Luft. Den Alchemisten galt diese Vier-Elemente-Theorie als Beleg dafür, dass die Transmutation eines Metalls in ein anderes möglich sein musste. Die griechische Metallkunde zählte sieben Metalle, die jeweils einem der fünf damals bekannten (weil mit bloßem Auge erkennbaren) Planeten plus Sonne und Mond zugeordnet wurden. Die Zuordnungen veränderten sich ebenso wie das, was unter die Metalle gezählt wurde, aber stets wurde Silber mit dem Mond – und Gold, natürlich, mit der Sonne assoziiert. Nach damaliger Auffassung waren Gold und Silber vollendet, bestanden aber wie die anderen Metalle aus zwei Grundstoffen: Schwefel und Quecksilber, Letzteres vorherrschend beim Silber, Ersteres beim Gold. Da war es eben noch ein weiter Weg bis zum Periodensystem, mit dem heutige Chemielehrer ihre Schüler traktieren und das in Gruppe 11 mit der Ordnungszahl 79 und unter dem Symbol Au das Gold als eigenes Element führt, während Schwefel oder Quecksilber eigenständige Elemente mit anderen Eigenschaften sind.

Das westeuropäische Mittelalter erfuhr von der Alchemie indirekt über die Araber; Zentren der Vermittlung waren das islamisch beherrschte Sizilien und Spanien, dort vor allem die Übersetzerschule von Toledo. Ein Großteil des antiken Wissens war nach dem Untergang des Römischen Reiches für das lateinische Europa verloren gegangen, zu groß waren der Bruch und die Erschütterungen im Zeitenwandel der Völkerwanderung. Der Islam bewahrte das reiche Wissen der Antike und gab es, mit tatkräftiger Unterstützung der europäischen jüdischen Kultur, seit der Wende zum 12. Jahrhundert n. Chr. an das christliche Mittelalter weiter. Bereits 1144 veröffentlichte der in Spanien wirkende Engländer Robert von Chester das älteste der als Übersetzung aus dem Arabischen bekannten Werke zur Alchemie des Römers Morienus. Um 1200 übersetzte Alfredus Anglicus – Alfred der Engländer – einen rund zwei Jahrhunderte alten arabischen Text, der dem persischen Arzt und Gelehrten ibn Sina, latinisiert Avicenna, zugeschrieben wurde. Er wurde zu einer der grundlegenden theoretischen Schriften zum Thema Metallherstellung und -umwandlung, basierend auf der Naturtheorie des Aristoteles. Umso mehr Interesse die Alchemie fand, traten neben die Übersetzung antiker Werke zum Thema nunmehr auch zeitgenössische Texte. Einige Bücher fanden weite Verbreitung, mitunter weil sie die Autorenschaft berühmter Autoritäten reklamierten, wenngleich eine solche gar nicht bestand.

Diese Verbreitung und Fortentwicklung alchemistischer Lehren im Allgemeinen und von der Möglichkeit, aus unedlen Metallen Gold oder Silber herzustellen, im Besonderen bildete die eine Bedingung für den Aufschwung der alchemistischen Praxis. Das Interesse des mittelalterlichen Europa an dieser Kunst bedingten aber ebenso die Zeitumstände: Im 13. Jahrhundert wuchs angesichts eines bemerkenswerten kulturellen wie wirtschaftlichen Aufschwungs die Bedeutung von Metallen, sodass man damit zu experimentieren begann und Alchemisten wichtige Beiträge für die Fortschritte in der Metallurgie leisteten. In krisenhaften Zeiten wie dem 14. Jahrhundert wiederum stieg mit der Not ihres Wertes wegen das Interesse an den Edelmetallen – und gleichzeitig auch die Anfälligkeit der Menschen, auf betrügerische Machenschaften hereinzufallen. In den Jahrzehnten vor 1300 war der Goldpreis in die Höhe geschnellt, das Edelmetall rar geworden und entsprechend begehrt.

Kochrezepte zur Goldherstellung

Die Transmutation von Metallen als eines der großen Ziele der Alchemisten – und für viele die anzustrebende Vollendung ihres Alchemistenlebens – führte seit den ersten Übersetzungen aus dem Arabischen zu reichem Schrifttum. Was die Alchemisten darüber kundtaten, ist aus mehrerlei Gründen schwer zu verstehen: Sie verrätselten oder verklausulierten ihre Rezepte, um aus dem Geheimnisvollen Autorität zu beziehen und zu verschleiern, dass sie im Nebel herumstocherten. Außerdem sollte das Wissen geheim bleiben, weshalb man es so verschlüsseln musste, dass es nur in den richtigen Händen Anwendung finden konnte. Auf moderne Leser wirken zudem die häufig vorkommenden religiösen Konnotationen zweifelhaft – und natürlich steht uns unser Wissen im Weg, dass all diese Rezepte niemals erfolgreich gewesen sein können. Das heißt aber nicht, dass Vorführungen der Goldherstellung für Zuschauer unbefriedigend ausgegangen wären. Betrügerische Alchemisten scheuten sich nicht, das Experiment so zu arrangieren, dass am Ende zumindest ein wenig Glanz im Spiel war, der aber nicht notwendigerweise von echtem Gold stammte – und definitiv nicht von Gold, das in diesem Experiment hergestellt worden wäre.

Das dafür in zahlreichen Rezepten angebotene und von Augenzeugen im Alchemistenlabor berichtete Verfahren war zugleich ein chemischer und metallurgischer Prozess. Da die Herstellung von Gold nie gelingen konnte, fallen die Rezepte höchst unterschiedlich aus und lassen sich nicht befolgen wie ein simples Kochrezept. Für das Experimentieren mit der Transmutation von Metallen bedurfte es neben einiger Kenntnis chemischer Prozesse und Stoffe auch eines gut bestückten Labors mit den entsprechenden Gerätschaften. Dazu gehörte allen voran der Glaskolben, dessen Transparenz erlaubte, die Farbänderungen zu verfolgen, die im Prozess der Goldwerdung eine wichtige Rolle spielten. In der hochfahrenden Symbolik der Alchemisten stand der Laborkolben für das Ei oder die Gebärmutter. Unerlässlich waren leistungsfähige Öfen, deren Temperaturen jederzeit stimmen mussten, auch wenn bis zum 17. Jahrhundert noch kein Thermometer zur Verfügung stand.

Die kryptischen Arbeitsanweisungen und vagen Angaben hinsichtlich der Zutaten und des Prozedere bildeten aber nicht das einzige Hindernis; auch die richtige Zeit und Dauer musste beachtet werden. Manche Autoren folgten dem Wochenrhythmus, da laut Bibel die Welt in sieben Tagen erschaffen worden war. Andere machten den Ablauf eines Jahreszyklus mit seinen Jahreszeiten zur Bedingung oder zogen Tierkreiszeichen und ihre Perioden heran. Wieder andere griffen auf die neun Monate zwischen Empfängnis und Geburt zurück.

Von großer Bedeutung war stets die Person des Alchemisten, der genügend Tugenden in sich vereinen musste, um zum Erfolg zu gelangen. Die Größe des Vorhabens bedingte natürlich schon aus Prestigegründen einen kleinen, exklusiven Club von Menschen, die überhaupt dafür in Frage kamen. Chinesische Alchemisten standen darüber hinaus vor einem Problem, das die Möglichkeiten stark einschränkte: Einer Schrift zufolge musste der Adept vor der Transmutation hundert Tage lang fasten, dafür auf einen »berühmten hohen Berg« gehen und sein Werk nur vor zwei bis drei Zuschauern vollziehen. Außerdem könne man, so hieß es, die Kunst nicht aus Büchern lernen, sondern müsse von denen persönlich instruiert werden, die sie bereits beherrschen.

Eine oft genannte Voraussetzung war die Keuschheit – damals ohnehin eine beliebte Forderung an die zur besonderen Tat Entschlossenen. Und im frühen 14. Jahrhundert betonte der Arzt und Alchemist Petrus Bonus aus dem norditalienischen Ferrara, es brauche neben den handwerklichen Grundlagen den Glauben, um das große Werk der Transmutation zu stemmen. Ohne göttliche Erleuchtung sei der Stein der Weisen nicht zu finden. So wie der Mensch erlöst werden müsse, um zu Höherem aufzusteigen, durchlaufe auch das einfache Metall eine Art Erlösung zum Höheren in der Transformation zum Edelmetall. Insofern ließen sich Parallelen ziehen zwischen dem dumpfen irdischen Dasein des Menschen und dem plumpen Klumpen Blei, das sich durch Transmutation ebenso veredeln lässt wie der Alchemist eine höhere Stufe des Wissens und Bewusstseins erreichen soll.

Das A und O der Goldherstellung war eine Art Katalysator – die Substanz, die aus dem schnöden Blei blitzgelbes Gold zu zaubern vermochte. Dieser besondere Stoff wurde mal als Elixier (aqua vitae), mal als Stein der Weisen (lapis philosophorum), mal als »die Tinktur« bezeichnet; mal versuchte man ihn aus Vitriol, mal aus Salpeter, mal aus Quecksilber zu gewinnen. Die Alchemisten unterschieden das kleine und das große Werk (opus parvum und opus magnum) zur Herstellung eines weißen Elixiers, um Silber herzustellen, beziehungsweise des roten Steins der Weisen zur Produktion von Gold. Beim Stein der Weisen musste es sich aber keineswegs um einen gesteinsartigen Stoff handeln, meist ging es auch da um eine Flüssigkeit.

Schon in den frühesten bekannten Texten zur Alchemie aus dem Ägypten der hellenistischen Zeit ist von einem Pulver die Rede, das unedle Metalle zu Gold machen könne und bereits »Stein der Philosophen« genannt wird, aber kein Stein sein muss. Er wurde auch mit Decknamen wie Salamander, Basilisk oder Chamäleon belegt. Über die Jahrhunderte kristallisierten sich trotz aller Varietäten und Geheimniskrämerei ein paar Eigenschaften des Stoffes heraus: In festem Zustand von hoher Dichte, sollte er sich pulverisieren oder schmelzen, aber nicht verbrennen oder verdampfen lassen. Der Alchemist Ortulanus beschreibt ihn wie folgt: »Es wird ein roter, klarer, fließender, schmelzender und im Feuer beständiger, färbender und verwandelnder Stein entstehen, der den Merkur [Quecksilber] und jeden festen und weichen Körper durchdringt und zu wahrer goldmachender Substanz färbt, der jeden menschlichen Körper von aller Schwachheit reinigt und in der Gesundheit erhält, das Glas hämmerbar macht und die Edelsteine tiefrot färbt wie Karfunkel.« Es versteht sich, dass ein solches Stöffchen, das Blei in Gold zu verwandeln vermag, bedenkenlos auch für andere große Aufgaben in Frage kam. Unsterblichkeit gehörte selbstverständlich dazu.

Eine einflussreiche Kapazität auf dem Gebiet der Transmutations-Alchemie, ein anonymer Autor, der unter Bezug auf einen arabischen Alchemisten mit Dschābir oder Geber zeichnete, unterschied Ende des 13. Jahrhunderts drei Ausführungen des Steins der Weisen: Die erste erlaubt nur eine vorübergehende Transformation, die zweite verändert nur eine einzige Eigenschaft des unedlen Ausgangsstoffes, die dritte hingegen macht daraus in jeder Hinsicht reines Gold. Dass das Unterfangen aber jeden noch so fähigen und ausdauernden Menschen auf eine harte Probe stellt, weiß auch Geber: »Der Forscher soll ein ruhiges Temperament haben und nicht leicht zornig werden, damit er nicht plötzlich einen Wutanfall bekommt und seine angefangene Arbeit in eine Ecke wirft und zerstört.«

Zum Ziel sollte man in mehreren Stufen gelangen. Meist spielte dabei eine Abfolge von Farben, die hinter dem Glas des Laborkolbens zu beobachten waren, eine wichtige Rolle: schwarz, weiß, gelb und rot, der sogenannte Pfauenschwanz. Oft sind es im Ganzen sieben Schritte, mitunter auch zwölf, seltener achtzehn. Je weiter man mit diesem Prozess vorankam, desto undurchsichtiger wurden die Arbeitsanweisungen. Zunächst ging es um die Beschaffung der notwendigen Grundsubstanzen und ihre Präparation in einem verschlossenen Kolbengefäß. Ein bunter Strauß an Ausgangsstoffen sollte da zur Anwendung kommen, am häufigsten aber Gold und Quecksilber, die in ihren Urzustand versetzt werden mussten, um als Baustein des Steins der Weisen zu dienen.

Folgende Schritte waren in wechselnder Reihenfolge zu tun: Solution (Verflüssigung), chemische oder physikalische Kalzination (Pulverisierung), Putrefaktion (Verfaulung), Fermentation (Gärung) und Koagulation (Verfestigung), dann die Multiplikation des Steins der Weisen, um die transmutierende Wirkung zu verstärken und eine gewünschte Menge Goldes herzustellen. Sodann folgte der Höhepunkt: die Projektion, in der die Substanz in das unedle Material eingebracht wird, um sich in Gold zu verwandeln. Dafür wurde meistens das unedle Metall in einem Tiegel geschmolzen (oder Quecksilber zum Sieden gebracht) und eine kleine Menge des Steins der Weisen hinzugegeben. Daraufhin entstand, so die Vorstellung, innerhalb weniger Minuten Gold – wenn der Adept alles richtig gemacht hatte. Dem angeblichen Alchemisten und Leibarzt der Könige von Aragon Arnald de Villanova wurde die mutige Prophezeiung zugeschrieben: »Wenn alles Meerwasser warmes Quecksilber wäre oder geschmolzenes unedles Metall und wenn ein wenig dieser Medizin daraufgeworfen würde, würde alles Wasser zu Gold oder Silber werden.« Arnald war allerdings ein scharfer Gegner der Alchemisten, die trotzdem seine Autorität nutzten und unter seinem Namen veröffentlichten.

Ein englischer Alchemist namens George Starkey, der Mitte des 17. Jahrhunderts wirkte, wurde unter dem Pseudonym Eirenäus Philalethes berühmt. Ihm als einem der wenigen sei es gelungen, das Geheimnis der Transmutation zu lüften, glaubten viele seiner Anhänger. Starkey amüsierte sich über all die Alchemisten, die mit Blut, Kot oder Urin hantierten, um den Stein der Weisen herzustellen. Er propagierte in Anlehnung an ältere Lehren Quecksilber, das mit dem Halbmetall Antimon und mit Silber amalgamiert werden müsse.

Hohn und Spott für Alchemisten

Alchemisten wurden seit dem Mittelalter verhöhnt und verspottet. Das schlechte Image der Alchemisten bis in unsere Tage hängt unter anderem mit dem Versuch der Goldgewinnung zusammen und den beredt beklagten Betrügern, die mit der Aussicht auf reichen Erlös und angesichts vorzeigbarer Erfolge der Augenwischerei am Glaskolben mehr Aufmerksamkeit zuwandten als der tatsächlichen Herstellung von Gold. Allen Alchemisten dürfte gemein sein, dass ihre Tätigkeit im Labor den einfachen Zeitgenossen überwiegend suspekt bis gotteslästerlich erschien, zumal die chemischen Experimente Assoziationen von der gefürchteten Hölle weckten.

In jedem Fall war das Hantieren am Feuer und mit geschmolzenem Metall gefährlich. Ende des 14. Jahrhunderts tritt in Geoffrey Chaucers *Canterbury Tales* ein fahrender Alchemist auf, dessen Diener sein Los beklagt: »Mein Aug' ist von der Arbeit blöd und matt. Da seht ihr, was man vom Goldmachen hat. Die Trugkunst hat so nackt mich ausgezogen, dass ich um all mein Hab und Gut betrogen.« Und der Goldmacher selbst klingt in der Beschreibung Chaucers alles andere als sympathisch: »Man kann ihn kennen, wo er geht und steht, da der Geruch von Schwefel ihn verrät. Er stinkt vor aller Welt wie eine Geiß, es ist ein Duft, so bockig und so heiß, dass, ist er eine Meile fern von dir, doch der Geruch dich ansteckt, glaube mir.« Ein Jahrhundert später zählt ein spottlustiger Sebastian Brant in seinem *Narrenschiff* die Alchemisten zu den betrügerischen Narren: »Damit ich nicht vergess hierbei, den großen B'schiss der Alchimei. Die macht das Silber, Gold aufgahn, das vorher in das Stöcklein getan.« Das verweist auf die Praxis betrügerischer Goldmacher, zu irgendeinem Zeitpunkt des alchemistischen Schauspiels namens Transmutation vom Publikum unbemerkt ein wenig Gold ins Spiel zu bringen, das dann am Ende als vermeintliches Neugold stolz präsentiert werden konnte.

Es war vor allem die ihr offenbar anhaftende Betrügerei, die überall da die Autoritäten auf den Plan rief, wo Alchemie praktiziert wurde. In China erließ ein Kaiser der Han-Dynastie, Jingdi, bereits 144 v. Chr. ein Verbot solcherart Betätigung mit der Begründung, dass durch den Versuch des Unmöglichen die Alchemisten allzu viel Zeit und Geld verlieren und schließlich zu Betrügern werden. Wer auf frischer Tat beim Goldfälschen erwischt wurde, sollte öffentlich hingerichtet werden. Ein erstes europäisches Alchemieverbot erließ im Jahr 303 n. Chr. der römische Kaiser Diokletian, der auch gleich die zugehörigen Schriften verbrennen ließ. 1317 verdammte Papst Johannes XXII. die Alchemie in seiner Bulle »Spondent quas non exhibent« – sie versprechen, was sie nicht vorweisen. Das Ziel der »armseligen Alchemisten«, Gold herzustellen, sei inakzeptabel. Erstens widersprächen sich die Alchemisten untereinander, weshalb ihre Kunst keine Wissenschaft sein könne. Zweitens hätten sie zum Ziel, was in der Natur nicht vorkomme, weshalb sie gotteslästerlicherweise die Naturgesetze in Zweifel zögen. Und schließlich täuschten sie, weil sie gefälschte Metalle als echt verkauften und abwegige und widersprüchliche Lehren verbreiteten. »Um solche Praktiken für alle Zeiten zu verbannen, setzen wir durch diese Verordnung fest, dass jeder, der Gold und Silber dieser Art herstellt, (…) zur Strafe so viel Gold oder Silber zum Wohl der Armen zu zahlen hat, wie alchemistisches Metall vorhanden ist.« Wer aus dem falschen Gold gar Münzen schlug und in Umlauf brachte, sollte »all seinen Besitz verlieren und zeitlebens als ehrlos gelten«. Allerdings zielten Verbote zumeist auf Betrüger ab, seltener auf die Alchemie als solche.

Zuvor schon hatten Ordensversammlungen der Franziskaner und Dominikaner, damals in Glauben und Wissenschaft die maßgeblichen Autoritäten, ihren Mitgliedern alchemistische Betätigung strengstens untersagt und das Verbot immer wieder bestätigt – was im Umkehrschluss bedeutet, dass es immer wieder Verstöße gegen das Verbot gab und man sich daher genötigt sah, es zu wiederholen. Gegen entsprechende Verlockungen war auch die Geistlichkeit keineswegs gefeit.

Im Unterschied zu den obersten Kircheninstanzen interessierten sich zahlreiche Fürsten aber durchaus für die Alchemie – vor allem wegen der verlockenden Aussicht, mit den richtigen Experten bei Hofe genügend Geld zu produzieren, um im Handumdrehen den eigenen monetären Bedarf zu decken. Und wenn die Goldherstellung nicht gelang, begnügte man sich durchaus auch mit der Geldverschlechterung durch gestrecktes Gold. Interessanterweise sind es im 14. Jahrhundert insbesondere der französische und der englische Hof, die sich um das päpstliche Verbot nicht weiter scherten. Paris und London befanden sich in einem andauernden Zwist, der schließlich in den langwierigen und überaus kostspieligen Hundertjährigen Krieg mündete. Vom englischen König Edward III. ist aus dem Jahr 1329 ein Befehl erhalten, demzufolge John le Rous und Wilhelm von Dalby nach London geschafft werden sollten – mit oder ohne ihre Zustimmung.

Dem König waren die alchemistischen Fähigkeiten der Männer zu Ohren gekommen. Da sie »mit ihrer alchemistischen Kunst, Silber herzustellen, imstande sind«, sollten sie »mit dieser Kunst uns und unserem Reich durch die Herstellung solchen Metalls viel Gutes tun können«.

Einige Jahrzehnte später engagierte auch Karl V. von Frankreich den Alchemisten Tommaso von Bologna, auf dass dieser für ihn Gold herstelle. Da tobte zwischen England und Frankreich bereits der Krieg, und zum Kräftemessen gehörte, dass man sich gegenseitig mit minderwertigem Geld das Leben schwer machte. Das ruinierte natürlich auch die eigene Währung, wie sich unter Edwards Nachfolgern Heinrich VI. und VII. erweisen sollte, die ein Jahrhundert später ebenfalls die Dienste von Alchemisten in Anspruch nahmen. Daher erließen auch Könige entsprechende Verbote, wenn Falschmünzer es gar zu bunt trieben, ähnlich verfuhr die Republik Venedig 1488 und die Reichsstadt Nürnberg 1493, die in ihrem Dekret ausdrücklich zwischen anständiger und betrügerischer Alchemie unterscheidet und für Letztere 50 Gulden Strafe oder die Ausweisung aus der Stadt verfügte. Dennoch, die Liste von Fürsten als Auftraggeber von Alchemisten ist lang und reicht von diversen Kaisern des Heiligen Römischen Reiches über die Medici, spanische und ungarische Könige, sächsische, pfälzische und brandenburgische Kurfürsten; aber auch kleinere Potentaten in Braunschweig-Wolfenbüttel, Württemberg oder Hessen-Kassel versuchten ihr Glück. Einige betätigten sich gar selbst als Alchemisten – und keineswegs nur aus Goldgier, sondern oft auch als echte Forschernaturen.

Aus der Zeit des Barock sind besonders viele Fälle von Fürsten-Alchemie überliefert. Das rührt daher, dass die Herrscher dieser Epoche wegen unaufhörlich steigender Ausgaben für Rüstung und Hofhaltung nie genug Geld zu haben schienen. Für Alchemisten war die Arbeit für einen Fürsten stets heikel, wenn er in der Erwartung stand, Gold herzustellen. Stellvertretend für zahlreiche Schriften warnte das *Libellus de Alchimia*: »Die siebte Vorschrift lautet, dass du dich vor allem davor hüten sollst, dich für irgendwelche alchemistischen Arbeiten mit Fürsten oder Herrschern einzulassen, zweier Gefahren wegen: Wenn du dich mit ihnen einlässt, dann kommen sie immer wieder zu dir und fragen: Meister, kommt ihr denn voran? Wann werden wir irgendeinen Erfolg zu sehen bekommen? Und da sie das Ende der Arbeit nicht erwarten können, sagen sie, es sei nichts, alles Schwindel, und du wirst das Nachsehen haben. Denn wenn du nicht zu einem guten Ende kommst, ziehst du dir ihren ewigen Unmut zu. Solltest du aber das Ziel erreichen, werden sie dich für immer halten wollen und nicht mehr gehen lassen.«

Das »weiße Gold«: Porzellan

Die Verlockung, von goldgierigen Herrschern reich entlohnt zu werden, rief trotzdem so manchen findigen Betrüger auf den Plan. Im brandenburgischen Küstrin wurde im Hochsommer 1709 der Alchemist Dominico Emanuele Caetano, der sich selbst klangvoller, aber gleichwohl erfunden Conte de Ruggiero nannte, am Galgen hingerichtet. Der Italiener Caetano, vermutlich aus der Nähe von Neapel gebürtig, hatte sich in Neapel, Venedig und Verona als betrügerischer Goldmacher betätigt und war jeweils geflohen, sobald er drohte aufzufliegen. Als das einmal nicht mehr glückte, kam er interessanterweise durch päpstliche Intervention wieder frei. Sodann verlegte sich Caetano aufs Ausland, ging über Spanien 1696 nach Brüssel, wo er an den Hof des bayrischen Kurfürsten Max II. Emanuel gelangte, der damals als Statthalter der Spanischen Niederlande fungierte. Der Kurfürst fiel auf die Versprechungen des Hochstaplers herein und strebte die Herstellung mehrerer Zentner Gold an. Als Caetano nicht liefern konnte, wurde er 1699 auf der Burg Grünwald bei München in Haft gesetzt.

Nach einigen Wirren durch Flucht und Freilassung gelangte er 1705 an den Hof des ersten Preußenkönigs Friedrich I., der durch seinen Aufstieg vom Kurfürsten zum König und die zur Anerkennung notwendigen Prunkmaßnahmen einen enormen Geldbedarf hatte. Caetano überzeugte den König anfänglich durch Transmutationen, die er geschickt manipulierte; doch als die Produktion größerer Geldmengen scheiterte und Caetano auf sein bewährtes Mittel der Flucht zurückgriff, ließ ihn der inzwischen überaus ungeduldige Friedrich festnehmen und in die Oderfestung Küstrin bringen. Der folgende Prozess endete mit dem Todesurteil, das an einem mit Goldflitter verzierten Galgen vollzogen wurde. Diese zweifelhafte Ehre wurde den zum Tode verurteilten Goldfälschern häufig angetan und ist als Abschreckungsmaßnahme für potenzielle Nachahmungstäter zu verstehen. Die Begebenheit beschreibt der Enkel des gestrengen Königs, Friedrich II. der Große, in seinen Schriften gewohnt lakonisch: »Ein Italiener namens Caetano versicherte dem König, dass er das Geheimnis des Goldmachens besäße. Er gab viel Gold aus, machte aber keines; der König rächte seine Leichtgläubigkeit an dem Unglücksmenschen, und Caetano wurde gehängt.«

Einige Jahre bevor Caetano nach Berlin kam, absolvierte ebendort ein sehr viel berühmterer, weil am Ende ungleich verdienstvollerer Mann eine Lehre zum Apothekergehilfen: Johann Friedrich Böttger. Er mühte sich unlustig an den einfachen Hilfsarbeiten, an Tiegeln, Mörsern und Retorten mit getrockneten Fliegen, eingelegten Würmern und Hundefett. Heimlich jedoch befasste er sich mit Alchemie – in der Hoffnung, den Stein der Weisen fabrizieren zu können. Eingeweiht in die Alchemie wurde er unter anderem angeblich von einem ominösen griechischen Mönch namens Laskaris, der ihm auch ein wenig Granulat vom originalen Stein der Weisen überlassen haben soll.

1701 gelang Böttger vorgeblich die Transmutation mittels einer roten Tinktur, mit der er schlagartig in Berlin und in ganz Preußen berühmt wurde. Selbst der Philosoph Leibniz hat darüber berichtet. In seiner Geldnot zeigte sich der preußische König höchst interessiert an dieser Sache, weshalb Böttger nach Sachsen floh. Er hegte die berechtigte Befürchtung, auf Friedrichs Befehl hin festgesetzt zu werden. Allerdings geriet er nun in die Fänge eines weiteren Fürsten in Geldnot, des sächsischen Kurfürsten August des Starken. Die beiden Herrscherkollegen gerieten über die Rechte an dem Goldmann gar in Streit. In seiner Bedrängnis versprach Böttger dem sächsischen Kurfürsten eine Riesenmenge Gold, die er aber nicht herzustellen vermochte. Als er daher zu fliehen versuchte, wurde er gefangen genommen und auf der Albrechtsburg in Meißen festgesetzt – mit der Maßgabe, gefälligst Gold herzustellen. Stattdessen gelang Böttger die Herstellung des »weißen Goldes«, des Porzellans, das Ende März 1709 der Welt präsentiert wurde. Und doch war Böttger erst 1714 wieder vollkommen frei und sah sich auch weiterhin der kurfürstlichen Forderung ausgesetzt, den Stein der Weisen zu finden. Noch heute befindet sich in der Dresdner Staatlichen Porzellansammlung ein 170 Gramm schwerer Klumpen puren Goldes, den Böttger aus Blei hergestellt haben soll.

Inzwischen waren die Wissenschaften weiter vorangeschritten, sodass die Möglichkeit der Goldherstellung ganz überwiegend ausgeschlossen werden konnte. Diesbezügliche Versuche wurden immer seltener, und mit der Zahl der Leichtgläubigen sank auch die der Betrüger. Ende des 19. Jahrhunderts aber kam die Transmutation wieder in Mode – zu einer Zeit, als beispielsweise die Erklärungsmodelle der Atomtheoretiker noch keineswegs unangefochten waren oder neue Erkenntnisse Alchemisten zum Anlass gereichten, ihre Überzeugungen als wissenschaftlich abgesichert anzusehen. Um 1900 machte in den USA ein gebürtiger Brite und angeblicher promovierter Wissenschaftler Schlagzeilen, der behauptete, Gold herstellen zu können. Stephen Henry Emmens, ein überaus streitbarer und selbstgewisser Mann, saß im Rollstuhl und betrieb eine Metallfirma in Pennsylvania. Er war ein anerkannter Fachmann in Metallurgie und veröffentlichte ein Buch mit dem Titel *Argentaurana*, in dem er ein Verfahren zur Goldherstellung aus Silber propagierte. Emmens wurde als »unkonventioneller, schillernder, bilderstürmender, gleichzeitig wissenschaftlicher und pseudowissenschaftlicher Unternehmer« bezeichnet, »breit interessiert, mit fragwürdigen akademischen Weihen und mehr als nur einem Anflug von Paranoia und Megalomanie«. Das klingt wie die Definition eines modernen Alchemisten. Emmens behauptete, aus mexikanischen Silbermünzen Gold hergestellt zu haben, und brachte sogar die U.S. Mint, die Prägeanstalt der Vereinigten Staaten, dazu, eine ansehnliche Menge dieses Goldes aufzukaufen. Um was für ein Gold es sich tatsächlich handelte, konnte nie geklärt werden.

Wenige Jahrzehnte später foppte auf der anderen Seite des Atlantiks ein listiger Schwabe zahlreiche Leichtgläubige, darunter Erich Ludendorff, General im Ersten Weltkrieg und in den Zwanzigerjahren einer der Wegbereiter des Nationalsozialismus. Franz Tausend, ein Mann mit klassischer Hochstapler-Vita, behauptete entgegen aller chemischen Lehrmeinung, die Herstellung von Gold sei möglich – die Zeitungen attestierten ihm eine »einschmeichelnde Sprache«, die er offenbar gekonnt einzusetzen wusste. Er zweifelte die wissenschaftliche Chemie kurzerhand an und bestand darauf, dass auch Metalle organische Stoffe und daher zur Fortentwicklung fähig seien – wenn man sie nur richtig behandele. Andere chemische Elemente seien ebenfalls transformierbar. 1925 verbreitete Tausend, seit Längerem in Bayern tätig, er sei nunmehr in der Lage, Gold herzustellen. Und wie Jahrhunderte zuvor Fürsten in Geldnot auf großsprecherische Betrüger hereinfielen, so gingen nunmehr rechtsgerichtete deutsche Politiker und Wirtschaftsvertreter den Verlockungen auf den Leim. Ein berühmter Mann wie Ludendorff kam als seriöses Aushängeschild wie gerufen, um Investoren anzuziehen, die allerdings ihr Geld verloren. Ludendorff dagegen verdiente mit und steckte einen Teil des Geldes in ein Naziblättchen, während Tausend reihenweise Schlösser aufkaufte. Doch die geprellten Anleger drangen auf einen Prozess, in dem der Goldmacher schließlich zu fast vier Jahren Haft verurteilt wurde.

Als wäre diese von den Medien ausgiebig ausgeschlachtete Affäre nicht des Lehrstücks genug gewesen, fiel in den Dreißigerjahren ein weiterer hochkarätiger Nazi auf einen Goldschwindler herein. Der »Reichsführer SS« Heinrich Himmler ließ sich mit dem selbst ernannten Goldhersteller Heinz Kurschildgen ein und verfuhr mit ihm ähnlich wie Edward III. oder August der Starke: Kurschildgen wurde als Sonderhäftling in die Berliner Gestapo-Zentrale verbracht und sollte dort in einem Schuppen sein Können unter Beweis stellen. Das verlief ebenso ergebnislos wie die Versuche des modernen Alchemisten Karl Malchus, der in Dachau in der Obhut der SS Gold herstellen sollte, abermals im Auftrag Himmlers.

Dieses neuerliche Goldfieber hatte in Deutschland zunächst maßgeblich mit den deutschen Geldsorgen nach der Niederlage des Ersten Weltkriegs zu tun, aus der eine regelrecht erdrückende Reparationslast für die junge Weimarer Republik folgte. In diesem Klima übten sich Betrüger in wilden Versprechungen, wie das Land angeblich im Handumdrehen seine Geldsorgen loswerden könnte. Die Leichtgläubigkeit hochrangiger Nazis wirft dagegen ein Schlaglicht auf deren geistiges Format und ihre unersättliche Gier. Und doch unternahmen damals weltweit auch seriöse Wissenschaftler Versuche mit der Herstellung von Gold und erleichterten damit skrupellosen Betrügern das Geschäft.

Im Zuge wissenschaftlicher Fortschritte von Atomphysik und Atomchemie konnte seither auch tatsächlich nachgewiesen werden, dass sich Gold künstlich herstellen lässt. 1980 schafften Forscher, was über mehr als zwei Jahrtausende lang nirgendwo auf der Welt gelungen war: Im US-amerikanischen Lawrence Berkeley Laboratory in Kalifornien erreichten sie mit Hilfe eines Teilchenbeschleunigers die Umwandlung des bleiähnlichen Schwermetalls Bismut in Gold. Allerdings ist das Verfahren so aufwendig und teuer, dass der Goldpreis in unvorstellbare Höhen klettern müsste, um die Herstellung von Gold zu einer einträglichen Sache zu machen. Die Menge Goldes, die 1980 in Kalifornien hergestellt wurde, verschlang das stolze Sümmchen von 10.000 US-Dollar, entsprach aber nur dem Gegenwert von einem Milliardstel Cent. Ein schlechtes Geschäft.

Cathédrale Saint-Pierre

Nichts verkörpert das europäische Mittelalter so atmosphärisch und so eindrucksvoll wie die gotischen Kathedralen. Stolz recken sie sich gen Himmel, filigran und mächtig zugleich, steinerner Beweis der Gottesfurcht einer Epoche und ihrer Schaffenskraft. Man wollte höher bauen als jemals zuvor, aber gleichzeitig einen Eindruck von Schwerelosigkeit vermitteln. Das Innere der Gotteshäuser sollte lichtdurchflutet sein, viel buntes Glas das himmlische Licht ins Innere holen. Dafür aber musste möglichst viel Mauerwerk zugunsten von bunten Glasfenstern aufgebrochen, möglichst viel Fensterfläche gewonnen werden, ohne die Gesetze der Statik zu missachten. Das war natürlich kein leichtes Unterfangen, und immer wieder einmal brachen auf Baustellen Gebäudeteile ein, weil die Last sich letztlich als zu groß erwies.

Eigentlich handelt es sich bei dem Begriff »gotisch« um eine ziemlich abfällige Bezeichnung nachgeborener Kritiker der Renaissance, und bis heute steht das Wort für längst Vergangenes, Unzeitgemäßes, für die düstere Herrschaft der allmächtigen Kirche, für die dumpfe Existenz unwissender Massen, für das Negative des Feudalzeitalters insgesamt. Dem frühen italienischen Kunsthistoriker Giorgio Vasari, selbst ein Vertreter des Renaissancezeitalters, war diese mittelalterliche Kunst im Unterschied zur glanzvollen Antike so zuwider, dass er als Erster sie mit Verweis auf den barbarischen Norden als Gotik abstempelte. Seinerzeit galt das Mittelalter nun einmal als Inbegriff für alles Rückständige.

Der Begriff »Gotik« wird natürlich längst nicht mehr so ausschließlich negativ verstanden, wie er einst gemeint war, aber zur ursprünglichen Verunglimpfung passt, dass die gotischen Kathedralen des 13., 14. und 15. Jahrhunderts heute ganz überwiegend düster wirken, denn meist haben die Jahrhunderte ihre Fassaden geschwärzt, haben Rauch und Schmutz die Innenräume und die Bleiglasfenster überzogen. Auch sonst sind sie nach vielen Jahrhunderten nicht mehr in Höchstform: Der reiche Skulpturenschmuck ist oft verschwunden, weitere Prachtelemente geraubt, Farben verblasst, stillos manches moderne Element hinzugebastelt – und nicht zuletzt fehlt, was sie zu ihrer Zeit zum Zentrum der Städte machte: ihre Betriebsamkeit im Alltag der mittelalterlichen Stadt. Die Kirchen waren ein Ort vielfältiger Nutzung – und zwar keineswegs allein zum Zweck des Gottesdienstes oder des stillen Gebets, sondern bis hin zu sehr weltlichen Betätigungen wie Geldgeschäften oder der Anbahnung sexueller Kontakte. Der weitgehend säkularisierten Moderne fehlt aber auch das symbolische Verständnis: Beispielsweise waren die Kathedralen ein Ebenbild der Gemeinschaft der Gläubigen, die die Kirche so bilden wie die Vielzahl der Steine das Gotteshaus. Gott und der Kirche zur Ehre wurde ein immenser baulicher Aufwand betrieben, während die erdrückende Mehrzahl der Menschen damals gerade mal ein Holzdach über dem Kopf hatte.

Wie die Kathedralen ist uns die Epoche insgesamt ziemlich fremd geworden. Schon der Begriff »Mittelalter« degradiert ein vielfältiges buntes Jahrtausend zu einer kläglich missratenen Übergangszeit zwischen Antike und Renaissance, und die üble Nachrede seither zog ein schlechtes Image nach sich, das bis heute wirkmächtig ist. Daran haben populäre Mittelalter-Romane wenig geändert, weil auch sie vor allem beliebte und gefällige, heimelige und gruselige Klischees bedienen. Das

GRANDIOS GESCHEITERT

Mittelalter besaß Licht und Schatten wie jede andere Epoche auch, und es hat verdient, differenziert betrachtet zu werden. Schon deshalb, weil dort ein nicht unerheblicher Teil unserer Wurzeln liegt.

Leuchttürme einer Epoche

Ob man die Epoche zwischen 500 und 1500 n. Chr. nun eher positiv oder eher negativ betrachtet, ihre Leuchttürme sind die gotischen Kathedralen, einige davon weltweit bewundert. Wenn heute Architekten ihre größte Herausforderung in himmelstürmenden Wolkenkratzern sehen, wenn im 19. Jahrhundert Industriebauten und Bahnhöfe ihre Paradeaufträge darstellten – im Mittelalter waren es die großen Kathedralen. Die ehemalige Abteikirche Saint-Denis bei Paris oder die Kathedralen Notre-Dame in Paris und Amiens, in Chartres und Reims sind, stellvertretend für viele, nur einige der Bauten aus Frankreich, wo der Architekturstil seinen Anfang nahm. Oft wird als Geburtstag der Stilepoche der 14. Juli 1140 genannt, als im Benediktinerkloster Saint-Denis, das als Grablege und Hauskloster der französischen Könige zu enormem Reichtum und Prestige gelangt war, die Arbeiten an einem neuen Chorbau für die romanische Abteikirche begannen. Das geschah auf Betreiben des Abtes Suger, der nicht nur Wegweisendes begann, sondern die Kunde davon auch emsig verbreitete – und sich selbst in einem Fenster des neuen Chores verewigen ließ.

Abt Suger handelte gleichzeitig auf ideeller und realer Grundlage. Real war die Konsolidierung des französischen Königtums, das kurz zuvor noch Mühe gehabt hatte, sich bei einem eher kleinen unmittelbaren Herrschaftsgebiet (der Île-de-France rund um Paris, die Krondomäne) von den umliegenden Fürsten abzusetzen, über deren Territorien es eine Oberherrschaft beanspruchte. Ob der englische König mit seinen Besitzungen auf dem europäischen Festland, ob die Grafen von Flandern oder der Champagne oder die Herzöge von Anjou, der König hatte mächtige Widersacher und kontrollierte keineswegs all das, was wir heute unter Frankreich verstehen. Seit dem 12. Jahrhundert aber konnten die Könige ihre Machtposition Stück für Stück ausbauen. Ideelle Grundlage des königlichen Universalanspruchs auf ganz Frankreich aber war das Kloster Saint-Denis: Hier lag mit dem Märtyrer Dionysius von Paris der Missionar Frankreichs begraben, außerdem der Vater Karls des Großen. Auf den ersten Kaiser des Mittelalters gründeten die französischen Könige ihren umfassenden Machtanspruch. Je besser sich der umsetzen ließ, desto großzügiger versorgten die Könige ihr Hauskloster mit Zuwendungen und desto aufwendiger konnte Abt Suger bauen.

Betrachtet man im direkten Vergleich, quasi nebeneinander, eine romanische und eine gotische Kirche, so kann man noch heute ohne großes Wissen in Architektur- und Kunstgeschichte mühelos nachvollziehen, welcher Baustil der modernere ist. Romanische Kirchen wirken viel archaischer, gotische Kathedralen dagegen unübersehbar ehrgeizig zum Himmel strebend und architektonisch ausgeklügelt. Zunächst beschritt die gotische Baukunst neue Wege in einer Weise, die Alt und Neu kombinierte, nicht zuletzt im Hinblick auf die im Mittelalter so wichtige Wertschätzung des Alten, das nunmehr mit moderner Herrlichkeit ergänzt wurde. Sugers Kirchenumbau von Saint-Denis verhalf der Gotik zum Durchbruch, und immer öfter wurden Kirchen im neuen Stil umgestaltet oder völlig neu errichtet. Die bekanntesten Stilmerkmale der Gotik sind

Rippengewölbe und Strebewerk, Spitzbogen und Maßwerk, die zwar nicht neu erfunden wurden, aber in ihrer Kombination zu charakteristischen Erkennungszeichen der Stilepoche wurden.

Bald waren es nicht mehr nur die Klöster, sondern stärker noch die Städte, die sich mit neuen Kirchen schmückten. Die Städte blühten zu jener Zeit auf, entwickelten großes Selbstbewusstsein, und ihre Bischöfe und Bürger nahmen viel Geld in die Hand, um zu bauen. Mit Größe und Reichtum wuchs auch ihr Stolz, und das Erreichte wollte man nach außen darstellen. Eitelkeit galt damals mehr als heute als verwerflich, weil sündhaft – aber wer mochte schon Einwände dagegen erheben, dem Herrn eine prachtvolle Kirche zu bauen? Und der daraus erwachsende, nicht minder unchristliche Neid anderer Städte war aus christlicher Sicht durchaus zu verschmerzen, wenn die Neider dann selbst prächtige Kirchen errichteten. Schließlich schwand damit der Grund für den Neid, und gleichzeitig wurde Gott mit jedem neuen Kirchenbau nur noch mehr gepriesen, und das war beides ganz im Sinne des Glaubens. Zwei Fliegen mit einer großen Klappe also.

Je mehr gotische Kathedralen sich imposant aus dem Häusermeer erhoben, desto größer wurde der Druck auf solche Städte, die dergleichen noch nicht vorzuweisen hatten. Wie davor und danach bestand immer Konkurrenz zwischen Städten, sodass Fachleute für den Kirchenbau immer wieder neue Aufträge bekommen konnten, wenn sie durch die Lande zogen. In Frankreich wurden in den drei Jahrhunderten nach Sugers Umbau von Saint-Denis an die einhundert Kathedralen errichtet, dazu ein halbes Tausend anderer großer Kirchen. Nur: Wenn jede Prachtkirche von der folgenden überboten werden sollte, wenn dem höchsten Turm ein noch höherer, dem prächtigsten Fensterschmuck ein noch prächtigerer, dem längsten Kirchenschiff ein noch längeres und dem höchsten Kirchendach ein noch höheres folgen sollte, dann wurde dieses frömmelnde Potenzgehabe immer ehrgeiziger, teurer und bautechnisch komplexer.

Die heute beschauliche Provinzstadt Beauvais in der Picardie, 90 Kilometer nördlich von Paris auf dem Weg nach Amiens gelegen, zählte damals zu den reichsten Städten Frankreichs, bedingt durch den Aufschwung seines Tuchgewerbes im 11. Jahrhundert, der die Stadt erblühen ließ. Als Sitz des gleichnamigen Bistums besaß Beauvais daneben große religiöse und politische Bedeutung. Zudem profitierte man vom Machtausbau der Krone im französischen Norden, seit die Normandie den Engländern wieder entrissen worden war und der Sieg über das englisch-kaiserliche Heer 1214 bei Bouvines den französischen König enorm gestärkt hatte.

Die ruhigeren, sichereren Zeiten kamen Stadt und Bistum wirtschaftlich zugute; für ihre Autonomie aber bedeutete der königliche Machtzuwachs eine Bedrohung, denn die Zentralisierungsbestrebungen der Krone kollidierten mit dem Unabhängigkeitsdrang von Beauvais. Die Bischöfe von Beauvais waren gleichzeitig Stadtherren und Grafen, also Fürstbischöfe, seit Anfang des 13. Jahrhunderts vom exklusiven Rang eines Pair de France. Die Gruppe der Pairs bestand aus zwölf Fürsten, sechs davon Bischöfe, die direkte Lehnsmänner des Königs waren. Auf ihre Autonomie legten Bistum und Stadt allergrößten Wert, auf die eigenen Maßeinheiten und vor allem die eigene Münzprägung sowie die Unabhängigkeit in der Rechtsprechung war man ungeheuer stolz. Da schien eine neue Kathedrale als geeignete Maßnahme, als weithin sichtbares Zeichen dafür zu dienen, dass die Bischöfe der königlichen Machtausdehnung nicht tatenlos zusehen, sondern ihre

Eigenständigkeit bewahren wollten. Zumal die benachbarten Bischofsstädte längst mit gotischen Kathedralen punkten konnten. Ein Neubau unterstrich aber keineswegs nur den Anspruch kirchlicher Unabhängigkeit gegenüber der Krone, sondern ebenso die weltliche Macht des Bischofs in seinen Landen. Immerhin konnten die Bischöfe durch den wirtschaftlichen Aufschwung mehr Mittel auf den Kirchenbau verwenden, zumal in friedlicheren Zeiten die Aufwendungen für Verteidigungszwecke erheblich geringer ausfielen. Nur war der Kirchenbau nicht in wenigen Jahren zu bewerkstelligen, sondern ein Projekt für viele Jahrzehnte und damit anfällig für sich ändernde Verhältnisse.

Wer heute Beauvais besucht, kann die frühere Stellung der Bischofsstadt kaum nachvollziehen, denn im Zweiten Weltkrieg ließ das Bombardement der deutschen Luftwaffe nicht viel von der alten Herrlichkeit übrig. Die Kleinstadt in der Picardie wurde nach dem Krieg weitgehend neu aufgebaut. Dass jedoch die gotische Kathedrale als Rumpfkoloss existiert, hat nichts mit dem Krieg zu tun, sondern mit dem Ehrgeiz der Stadt und ihrer Bischöfe, dem die politischen Entwicklungen entgegenstanden. Der Niedergang der Stadt begann schon im Mittelalter, und zwar ungefähr zu jener Zeit, als der Neubau der Kathedrale in Angriff genommen wurde. Und weil sich der Niedergang städtischer Souveränität und bischöflicher Herrlichkeit ebenso schleichend vollzog, wie der Bau der neuen Kathedrale sich in die Länge zog, weil beides in enger Wechselwirkung zueinander stand, lässt sich das Bauprojekt und sein Misslingen als Ausdruck und Symbol dieses Niedergangs begreifen, als Abgesang auf die schwindende Unabhängigkeit von Beauvais.

Nähert man sich der Kathedrale Saint-Pierre von Osten, ist man tief beeindruckt von der schieren Größe und dem Gewirr der äußeren Strebepfeiler, die wie eng aufgesetzte Spinnenbeine den Chor umstehen. Beim Weitergehen entlang der Südseite der Kirche aber weicht der erste Eindruck einer gewissen Verwirrung, weil dem Chor zwar ein nicht minder beeindruckendes Querhaus folgt, dann aber plötzlich Schluss ist. Weil das Langhaus fehlt, ist die Kirche nur halb so groß wie geplant und wirkt amputiert. Steht man vor dem überaus eindrucksvollen Hauptportal an der zur Stadt ausgerichteten Südseite und schaut dahin, wo sich eigentlich das Langhaus befinden müsste, erblickt man noch dazu stattdessen einen kläglichen Rest der viel kleineren und älteren romanischen Vorgängerbasilika. Sie stammt aus der zweiten Hälfte des 10. Jahrhunderts und wird Basse-Œuvre genannt, also etwa Niedrigbau – im Unterschied zum Hochbau, Haute-Œuvre, der gotischen Kirche. Wie in vielen anderen Fällen wurde auch in Beauvais an dem einen Ende mit dem Neubau begonnen, während an dem anderen die alte Kirche weiter benutzt wurde. Bei Bauzeiten von zumeist vielen Jahrzehnten ist das nicht verwunderlich.

Im Inneren beschleicht den Besucher dieselbe Mischung aus Staunen und Bedauern. Beim ersten Blick in den Chor und zur Decke beeindrucken die schieren Ausmaße – Beauvais besitzt das höchste gotische Gewölbe: 48 Meter hoch thront es über dem lichtdurchfluteten, schwerelos wirkenden Chor. Aber auch wenn man die störenden Holzkonstruktionen übersieht, die die Mauern stützen und Säulen unterstützen müssen und beim Rundgang immer wieder im Weg stehen, erkennt man bei eingehender Betrachtung weitere Ungereimtheiten und Brüche, die sehr viel älter sind. Die Säulenbögen des Chorumgangs, hinter denen sich die obligatorischen Altarnischen befinden, werden zur Vierung hin sehr schmal, weil sie von zusätzlichen Stützsäulen halbiert werden. Die Säu-

GRANDIOS GESCHEITERT

len der Vierung, wo sich Chor- und Querhaus treffen, sind uneinheitlich ausgestaltet. Das Gewölbe der Vierung ist erkennbar improvisiert, es handelt sich um eine recht einfache Holzkonstruktion. Und vor allem prangt da, wo die Vierung ins Langhaus übergehen sollte, eine massive Wand mit einer scheußlich-modernen Orgel. Mehr als ein Stummel des Langhauses wurde nie gebaut. Was hat verhindert, dass diese Kirche zur Vollendung fand? Wieso gelang es den Bischöfen von Beauvais nicht, dieses Monument ihrer Unabhängigkeit und Bedeutung zu vollenden?

Ein folgenreicher Beschluss

1217 oder 1218 wurde in Beauvais wieder einmal ein neuer Bischof gewählt: Milon de Nanteuil war der dritte Sohn einer einflussreichen Adelsfamilie, und während seine älteren Brüder Grundherrschaften übernahmen, hatte man für ihn eine geistliche Karriere vorgesehen. Er muss ein stolzer, geltungsbedürftiger Mann gewesen sein und mit großem Ehrgeiz ausgestattet. Milon schwor bei Amtsantritt, er wolle »mit der Hilfe Gottes und der Heiligen Schrift die Rechte, Privilegien und Freiheiten sowie die lobenswerten, althergebrachten Sitten der Kirche von Beauvais bewahren«. Das hatte einen ernsten Hintergrund, denn Milons Vorgänger war vom Domkapitel gemaßregelt worden, weil er in dessen Augen das Bistum nicht genügend vor den begehrlichen Blicken des Königs beschützt hatte, welcher im Zuge seiner Zentralisierungspolitik zum Zwecke der Machtkonsolidierung die traditionellen Privilegien Beauvais' nicht verschonte. Dadurch war das Bistum beispielsweise seines Münzrechts verlustig gegangen – ein überaus wichtiger und zugleich prestigeträchtiger Bestandteil städtischer Autonomie.

Aufgrund seines Versprechens saß der Bischof in der Klemme, denn er musste zwischen dem Domkapitel, das auf Unabhängigkeit drang, und dem König lavieren, denn auf beide war er angewiesen. Andererseits konnte Milon darauf bauen, dass er ein gutes persönliches Verhältnis zu König Ludwig VIII. unterhielt. Der Bischof hatte es aber nicht allein mit König und Domkapitel zu tun, sondern darüber hinaus mit den Bürgern der Stadt, die wiederum untereinander im Streit lagen, sowie mit den Bettelorden, die als junge Religionsgemeinschaften dem alteingesessenen Klerus Probleme machten. Alles in allem herrschte in Beauvais also ein ebenso kompliziertes wie fragiles Machtgefüge.

Zunächst einmal aber begab sich Milon, wie es zum guten Ton der Zeit gehörte, auf einen Kreuzzug – den von Damiette, der vergeblich die Rückeroberung Jerusalems versuchte und schließlich in Ägypten steckenblieb, wo Milon in Gefangenschaft geriet – und überließ die Amtsgeschäfte dem östlich benachbarten Bischofskollegen von Soissons, dem Schwager seiner älteren Schwester. Wie seine Amtsvorgänger erhielt Milon von den Chronisten als Kreuzfahrer nicht die besten Noten, aber er nutzte nach seiner Freilassung gegen ein erkleckliches Lösegeld die Rückkehr aus Ägypten über Rom, um von Papst Honorius III. höchstpersönlich die Bischofsweihe zu empfangen.

Zwischen diesem Kreuzzug und der Teilnahme an einem weiteren – jetzt gegen die Katharer in Südfrankreich – wurde in Beauvais eine folgenschwere Entscheidung getroffen: 1225 hatte ein Brand den Chor der alten Kathedrale zerstört, aber natürlich hätte man den Bau wie nach vorangegangenen Bränden wiederherrichten können. Das jedoch kam für Bischof Milon offenbar nicht in Frage, und er ergriff flugs die Gunst der Stunde. Auf seine Veranlassung und unter seinem Vorsitz kam nach dem Brand der alten Kirche das Domkapitel zusammen, und Milon setzte seinen Plan eines ganz neuen Kirchenbaus durch. Zweifellos schielte er dabei auch auf andere Bischofsstädte, die im modernen Stil neue Kathedralen bauten – allen voran das nahe gelegene Amiens, wo die Arbeiten seit 1220 in Gang waren, aber auch Chartres und Bourges. Bischof Milons neue Kathedrale stellte also auf mehrerlei Art und Weise ein Renommierprojekt dar: im Hinblick auf die Krone, der gegenüber die Eigenständigkeit des Bistums behauptet werden sollte, im Konkurrenz- und Geltungskampf mit seinen Bischofskollegen in nah und fern sowie als Ausweis fürstbischöflicher Macht über Stadt und Bistum. Wie viel persönliche Baulust und individueller Geltungsdrang des nachgeborenen Adelssprosses mit hineinspielten, lässt sich nicht mehr beurteilen.

Der große Maßstab des Unternehmens verlangte natürlich nach solider Finanzierung. Dafür sagte der Bischof über einen Zeitraum von zehn Jahren ein Zehntel seiner Einkünfte, nicht zuletzt aus Steuergeldern der Bürgerschaft von Beauvais, für den Neubau zu. Die Domkanoniker versprachen ein Ähnliches, und die gesamte Diözese wurde ebenfalls zur Kasse gebeten. Milon scheint sich finanziell übernommen zu haben, denn ein Chronist berichtet von immensen Schulden und päpstlicher Hilfe durch zwei Grafschaften in Italien, die dem Bischof einige Jahre später übertragen wurden.

Mit dem Beschluss des Domkapitels stand dem Beginn der Arbeiten nichts mehr im Wege. Sobald Absprachen getroffen und die nötigen Fachleute und Handwerker verpflichtet worden waren, also eine arbeitsfähige Dombauhütte bereitstand, konnte es losgehen. Weder der Bischof noch seine Kanoniker, noch die Bürger und Gläubigen, deren Finanzmittel verwendet wurden, konnten aber darauf hoffen, die Vollendung des Projekts noch persönlich zu erleben. In einigen Fällen wurden die gotischen Kathedralen schnell erbaut, so die Pariser Sainte-Chapelle oder ein Großteil der Kathedralen von Amiens und Reims.

Im Allgemeinen aber nahm die Errichtung einer gotischen Kathedrale mehrere Generationen in Anspruch, dauerte selten weniger als ein halbes Jahrhundert. Die Initiatoren mochte aber die Gewissheit beseelen, dass sie zu einem Bauwerk beitrugen, welches gleichermaßen Gottes Herrlichkeit als auch Reichtum und Unabhängigkeit der Diözese Beauvais aller Welt unübersehbar vor Augen führen würde, und dass ihnen ihr Engagement im Jenseits positiv verbucht werde. Der Blick auf die mächtige Baustelle, auf der Säulen und Mauern in die Höhe wuchsen, dürfte ihnen also ein gutes Gefühl vermittelt haben, auch wenn die Gottesdienste jahrelang in einem halb abgerissenen Gotteshaus stattfinden mussten. Aber dereinst würde die Stadt ein Kirchenbau zieren, von dem alle Welt ehrfürchtig sprach – vorausgesetzt, die Finanzierung blieb gesichert und es traten keine Ereignisse ein, die den Baufortschritt behinderten. Dass jedoch stattliche 800 Jahre nach ihrem Beschluss zum Neubau die Kathedrale Saint-Pierre de Beauvais noch immer nicht fertig sein würde – und es wohl auch nie mehr werden wird –, vermochten sich die Initiatoren wohl kaum vorzustellen.

Bald nach 1225 begannen die Arbeiten an der neuen Kathedrale. Vom Architekten wissen wir bedauerlicherweise nichts, auch Baupläne sind nicht überliefert. Die gab es höchstwahrscheinlich auch gar nicht, denn aus der Zeit vor 1250 existiert kein einziger Bauplan einer gotischen Kathedrale. Das wurde zum oft beklagten Problem späterer Generationen, die sich mit Vermutungen den Absichten der Ursprungsarchitekten annähern mussten. Im Falle von Beauvais waren diese Absichten überaus ehrgeizig: Eine fünfschiffige Basilika sollte es werden, dazu ein dreischiffiges Querhaus mit hoch aufragenden Türmen. So etwas hatte selbst die aufwendige Architektur bisheriger gotischer Gotteshäuser noch nicht vollbracht. Und es verlangte neben erheblichen finanziellen Aufwendungen auch ein kluges, straffes Baumanagement, das den Überblick behielt.

Zunächst baute man den Abschnitt, der den Übergang zwischen Querhaus und Chorumgang markiert, also den Ostteil des Querhauses und den Westteil des Chores. Wenn man diese Gebäudeteile in der Kirche abläuft, erweisen sie sich als sehr kleiner Teil selbst der unfertigen Kathedrale. Hier hatte im romanischen Altbau der Brand gewütet, hier hatte man die Reste abgetragen und errichtete nun ein Mittelstück neu, während auf beiden Seiten Langhaus und Chor des Altbaus vorerst intakt blieben. Auf beiden Seiten des alten Chores machten sich zwei verschiedene Bautrupps an die Arbeit – auf der stadtzugewandten Südseite das emsigere Team –, offenbar ohne dass eine fähige Bauleitung den Überblick behalten hätte, um sicherzugehen, dass aus solcher Arbeitsteilung nicht Probleme entstehen würden. Denn dass hier nicht identisch und abgestimmt gebaut wurde, sollte sich später als ein Schwachpunkt erweisen. Mehr Zeit blieb Milon nicht, denn bereits sieben Jahre nach dem Baubeschluss verlor er sein Amt als Bischof von Beauvais.

Inzwischen war nämlich Ludwig VIII. gestorben und sein Sohn, ein zwölfjähriger Knabe, ihm auf den französischen Thron gefolgt: König Ludwig IX., später mit dem Beinamen »der Heilige« versehen. Einstweilen übernahm seine spanische Mutter die Regentschaft, Blanca von Kastilien. Mit der geriet Milon alsbald heftig aneinander und provozierte damit das Eingreifen der Krone in stadtinterne Streitigkeiten des Bischofs mit seiner Bürgerschaft. Milon stellte einigermaßen selbstherrlich und wagemutig in Frage, als Bischof dem König Gehorsam zu schulden, wo er doch allein dem Papst unterstehe. Dieses Thema war ein Dauerbrenner im Mittelalter – noch viel mehr als in Frankreich im Heiligen Römischen Reich, wo die Kaiser immer wieder mit ihren Bischöfen und dem Papst aneinandergerieten. Man sprach von einem weltlichen und einem geistlichen Schwert – aber wenn die Päpste gerade mächtig genug und nicht auf den Schutz des Kaisers angewiesen waren, ließen sie schon mal verlautbaren, das weltliche Schwert stehe zwar dem Kaiser oder König zu, er bekomme es aber vom Papst als Vertreter Gottes auf Erden und der sei stets eine Nummer größer.

Mit dieser Kühnheit übernahm sich Bischof Milon jedoch, denn der französische König verfügte längst über mehr Macht im Land als die Kirche und ließ sie das auch spüren. Noch dazu hatte Milon in den Chor derer eingestimmt, die der Regentin und Königsmutter Blanca ihre Macht neideten, ein Verhältnis mit dem päpstlichen Legaten anhängten, und ihr sogar eine daraus resultierende Schwangerschaft unterstellten. Vermutlich passte dem stolzen Bischof nicht, dass er den Einfluss verloren hatte, den er auf den verstorbenen König noch hatte ausüben können. Vielleicht hatte er gehofft, über solchen Einfluss auch bei dem halbwüchsigen Sohn seines königlichen Gönners zu verfügen.

Brenzlig wurde es, als zu den bischöflichen Ausfällen gegenüber der Regentin innerstädtische Streitereien traten. Sie hatten mit Vorwürfen zu tun, der Bischof benachteilige die reicheren Bürger zugunsten derjenigen, die man heute als Mittelklasse bezeichnen würde, und eskalierten in einem Konflikt um den Posten des Bürgermeisters. Eine Abwesenheit des Bischofs machte sich die Krone zunutze und setzte kurzerhand einen eigenen Kandidaten ein. Es kam zu blutigen Kämpfen, die den jungen König veranlassten, über die Beschuldigten Gericht zu sitzen, obwohl das eigentlich in die Zuständigkeit des Bischofs fiel. Mehr noch, der König setzte Milon ab und konfiszierte seinen weltlichen Besitz. Nicht zuletzt weil es ums Prinzip ging, nämlich um althergebrachte Rechte der Kirche, deren Beschneidung nicht hinnehmbar war, erhielt Milon Unterstützung durch seine Bischofskollegen und sogar durch den Papst. Mehrere regionale Konzile behandelten den Fall, doch der König blieb hart und konnte sich langfristig durchsetzen. Da half auch der päpstliche Einfluss nicht mehr viel, denn der Heilige Stuhl war wegen wichtigerer Dinge der großen europäischen Machtpolitik, nämlich dem Ringen mit dem Kaiser, auf den französischen König angewiesen. Außerdem gelang es Ludwig, die Einheitsfront der französischen Kirche aufzuweichen. Milon und die bischöflichen Rechte waren also ein Bauernopfer, und der abgesetzte Bischof starb 1234 auf dem Weg nach Rom, noch immer um sein Amt kämpfend.

Baustopp aus Machtverlust

Diese Auseinandersetzungen waren alles andere als Geplänkel. Sie brachten nicht nur Milon um seinen Job, sondern führten darüber hinaus zur Einstellung der Arbeiten auf der Kathedralbaustelle von Beauvais. Es ist anzunehmen, dass die Bauhütte weitgehend aufgelöst wurde und die Arbeiter sich anderswo um Anstellung bemühten. Fast zwei Jahrzehnte lang tat sich an der Kathedrale wenig bis gar nichts. Milons unmittelbarer

Nachfolger hatte im Kräftemessen mit dem König genug zu tun. Erst der nächste Bischof, Robert de Cressonsacq, nahm sich der Sache wieder an. Er wurde 1237 gewählt, und inzwischen hatte das Bistum seinen Frieden mit der Krone gemacht, auch wenn dieses Nachgeben die Aufgabe alter Rechte bedeutete und der König fortan erheblichen Einfluss auf das Bistum nehmen konnte. Das tat er auch – und schreckte nicht davor zurück, Bürger und Bischof gegeneinander auszuspielen, wenn er sich davon einen Vorteil versprach.

Aber schon im Mittelalter war Realpolitik auf Dauer vielversprechender, und so arrangierte man sich notgedrungen mit dem gestiegenen Machtanspruch der Krone. Immerhin bedeutete dieses Einlenken, dass die Gelder wieder flossen und der Kirchenbau wieder aufgenommen werden konnte. Allerdings verfügte Bischof Robert im Gefolge der Auseinandersetzungen mit dem König und den im Vergleich zu früher spärlicher fließenden Einnahmen des Bistums nur über begrenzte Geldmittel – was seinem Anteil am Bau auch anzusehen ist. Dass überhaupt weitergebaut wurde, mag man als Kompensation für den Prestigeverlust begreifen, denn das Ego des Bistums muss arg gelitten haben. Im Zeitgeist gedacht, wäre den Akteuren wichtiger gewesen, den Faden wieder aufzunehmen, den die schändliche Unordnung aus den Händen hatte gleiten lassen, denn das konnte nicht gottgefällig sein. Ein gutes Jahrzehnt später sollte der einflussreiche Thomas von Aquin befinden, etwas Unvollständiges könne nicht schön sein. Ganz abgesehen davon konnte die Bischofsstadt mit ihrer Kathedrale als Baustelle auf lange Sicht schlechterdings nicht leben. Bischof Robert war jedoch nicht lange mit dem Kirchenbau befasst, denn 1248 begab auch er sich, zusammen mit dem König, auf einen Kreuzzug und kam noch im selben Jahr auf Zypern zu Tode.

Inzwischen war, seitdem Abt Suger von Saint-Denis sich als Bauherr betätigt hatte, ein Jahrhundert vergangen und viel gebaut worden. Nachdem sich der neue Stil durchgesetzt hatte, zog man es vor, das Alte nicht mehr mit dem Modernen zu ergänzen, sondern es zugunsten eines ganz neuen Gebäudes abzureißen. Häufig kam dem Abriss auch Zerstörung zuvor wie in Chartres, wo man einen verheerenden Brand 1194 als Fingerzeig der Patronin Maria begriff, sogleich neu, aber größer und schöner und stolzer zu bauen. Das gelang auf beeindruckende Weise, denn die Kathedrale von Chartres, vollendet 1260, setzte in Größe und Monumentalität neue Maßstäbe, und nicht jeder konnte mithalten, weil damit ein erheblicher Kostenaufwand verbunden war. Als Krönungskirche der französischen Könige bekam die Kathedrale von Reims, deren Altbau ebenfalls brandzerstört war, das nötige Geld mühelos zusammen. Die reiche Bischofsstadt Amiens nahm nach einer Brandkatastrophe 1218 die Herausforderung ebenfalls an und errichtete das bis heute größte Kirchenbauwerk des französischen Mittelalters: 145 Meter lang, 42,30 Meter hoch, dazu ein Turm über der Vierung von 112,70 Metern Höhe. Das Raumvolumen ist doppelt so groß wie das der Pariser Kathedrale Notre-Dame. Möglich war das alles nur durch Rationalisierungsmaßnahmen beim Bau: Nicht mehr wurde jeder einzelne Stein individuell behauen, sondern man normierte die Steine. Auch für andere Bauteile wurden Schablonen hergestellt. So wurde es billiger, auch weil die Arbeiten ganzjährig stattfinden konnten.

In Beauvais folgte auf Bischof Robert 1249 Guillaume de Grez, der sich mit Feuereifer an die Fortführung des Bauprojekts machte. Dabei kam er kaum an der Tatsache vorbei, dass das Prestige des Bistums litt, je höher in Amiens und Chartres,

Bourges und Reims die Kathedralen in die Höhe wuchsen. Er musste ja das Gefühl haben, von seinen Bischofskollegen insgeheim ausgelacht zu werden – wenn sie es nicht tatsächlich taten. Für die wiederaufgenommenen Anstrengungen verlangte Guillaume den Bürgern der Stadt vermutlich höhere Steuern ab; in den 1260er-Jahren kam es denn auch prompt wieder zu Spannungen zwischen Stadt und Bistum. Guillaume war Doktor der Pariser Universität, was erklären mag, dass beim Weiterbau stilistische Veränderungen erkennbar sind, die von Paris beeinflusst sein dürften: Man baute jetzt filigraner im hochgotischen Stil des Rayonnant, wie er von Notre-Dame de Paris bekannt ist. In diesem Stil ging die Arbeit am Chor weiter, dessen lichtdurchflutete Anmut mit den intellektuellen Hochleistungen der religiösen Denker dieser Zeit verglichen wurde.

Wie auch immer, der Chor der Kathedrale Saint-Pierre von Beauvais machte der geistig-geistlichen Blüte im Paris des 13. Jahrhunderts alle Ehre – bis auf Weiteres jedenfalls. Bischof Guillaume beschloss sogar, noch fünf Meter höher zu bauen als bislang geplant. Vermutlich sollte so kompensiert werden, dass die noch von Milon geplanten Türme über dem Querschiff inzwischen gestrichen worden waren. Aber vor allem stellte dies wohl eine klare Reaktion auf die Konkurrenzkathedrale in Amiens dar, die man zu übertrumpfen gedachte. Bevor Guillaume 1267 starb, bestimmte er noch eine große Summe seines Vermögens für den Weiterbau der Kirche, in der er, wohl als Erster, beigesetzt wurde. Die Ehre der Einsegnung des neuen Chores jedoch kam seinem Nachfolger zu; sie erfolgte an Allerheiligen im Jahr 1272. Zum Zeitpunkt der Einsegnung war die Kathedrale keineswegs fertig, aber immerhin groß und eindrucksvoll genug, um darin künftig Gottesdienste feiern zu können. Mit mehr als 48 Meter Höhe übertrifft der Chor den von Amiens und damit auch alle anderen gotischen

Kirchen. Und er war in seiner Ausführung überwältigend, sowohl von innen als auch von außen. Die Dimensionen ließen keinen Zweifel: Würde der Bau fortgesetzt, erhielt Beauvais eine Kathedrale, die alle anderen Gotteshäuser der Christenheit in den Schatten stellte.

Die Katastrophe einer Novembernacht

Es sollte aber anders kommen, denn eine Katastrophe ereignete sich in Beauvais: Am 29. November 1284, zwölf Jahre nach der Einsegnung des Chores, abends gegen acht Uhr brach das Chorgewölbe ein, mehrere Außenpfeiler stürzten zusammen, und die großen Fenster zerbrachen. Von höherer Gewalt der Elemente ist für die Region nichts bekannt: Weder ein Sturm noch ein Erdbeben sind überliefert. Und auch vom Geschehen in Beauvais existiert kein schriftliches Zeugnis von Zeitgenossen. Man darf aber annehmen, dass vielleicht schon das Rumpeln, das den Einsturz ankündigte, ganz sicher aber das Getöse des einbrechenden Chores die Menschen auf die Straße trieb. Und vermutlich konnte man, trotzdem die Sonne längst untergegangen war, noch Stunden später die Staubwolke über der Kathedrale und dem angrenzenden Stadtviertel vom restlichen Nachtdunkel unterscheiden. Gut möglich auch, dass die Beauvaiser in jener Nacht keinen Schlaf mehr fanden: aus Furcht, das könne noch nicht alles gewesen sein, aus eifrigem Schwatzen darüber, ob weltliche oder himmlische Ursachen dafür verantwortlich zu machen waren – oder weil sie, angsterfüllt, beim Beten einfach kein Ende fanden.

Was aber hat den Kollaps des mächtigen Gebäudes hervorgerufen? Zeitgenossen mögen es als Strafe für die Hybris der

Bauherren gesehen haben, die die höchste Kirche ihrer Zeit errichten wollten. War es nicht wie Gottes Strafmaßnahme, als er den Turmbau zu Babel vereitelte, weil die Menschen allzu nah gen Himmel strebten? Und gab es da womöglich eine Parallele zwischen der babylonischen Sprachverwirrung, die das biblische Bauvorhaben zu Fall brachte, und den nicht enden wollenden Konflikten aller Art, die in der Folge den Wiederaufbau behinderten?

Solche Erklärungsmuster lagen für die gottesfürchtigen Menschen des Mittelalters durchaus nahe, aber heute können wir sie als naiv abtun und allenfalls als symbolischen Aspekt behandeln. Eine modernere Version der zeitgenössisch-gottesfürchtigen Erklärung lautet, mit dem Ziel der höchsten Kirche hätten die Erbauer ihr Können überschätzt, ihre Möglichkeiten überreizt. Nun lässt sich aber aus Stein problemlos himmelhoch bauen, solange man die Steine dicht an dicht übereinanderschichtet. Durchaus wurden zur Zeit der Gotik Türme gebaut, die Saint-Pierre de Beauvais an Höhe mühelos übertreffen. In der Tat aber steht die Größe des umbauten Raums mit den baulichen Möglichkeiten in Zusammenhang. Um höher bauen zu können, also größere Kirchenräume zu erzielen, nutzten die Architekten der Gotik Rippengewölbe im Inneren und Strebebögen außen, um den Schub möglichst gut zu verteilen und abzuleiten. Darin hatten die Fachleute auch viel Erfahrung angesammelt. Das Vorhaben von Beauvais war also keineswegs von vornherein zum Scheitern verurteilt. Wo aber fand dann in Beauvais der Pfusch am Bau statt, der die Katastrophe einbrechen ließ?

Zur Erklärung hat es über die Jahrhunderte verschiedene Vorschläge gegeben, die mal bestätigt, mal angezweifelt wurden. Zum angeblichen Limit der Bauhöhe, das missachtet worden sei, trat die Annahme, das Fundament sei unzureichend gewesen und habe sich abgesenkt, was die Statik der Kathedrale aus der Balance brachte. Auch der verwendete Mörtel stand im Verdacht, geschwächelt zu haben. Andere befanden, die Spannweite zwischen den Bögen im Inneren des Gebäudes sei schlichtweg zu groß gewesen. Tatsächlich besitzt das Chorgewölbe von Beauvais die größte Spannweite, die eine französische Kathedrale der Gotik je erhielt. Und in der Tat wurden beim Wiederaufbau im Chor zusätzliche Pfeiler eingezogen. Die enorme Spannweite musste durch entsprechend starke Strebebögen an der Außenseite aufgefangen werden, die aber dem Druck der Choraußenwände und des Daches in Kombination mit der Windlast möglicherweise nicht standgehalten haben. Vermutlich war der erste Knackpunkt ein Gewölbe im Chorumgang, das breiter war als alle anderen, was aber weder von äußeren Strebebögen noch von den benachbarten Stützpfeilern ausgeglichen wurde. Wenn daher 1284 das System der Strebepfeiler hier nachgab, musste in der Folge der obere Chor nach und nach zusammenbrechen.

Alle Erklärungsansätze sind mit einem entscheidenden Schwachpunkt behaftet: Wir kennen den exakten Bauzustand vor dem Einsturz nicht, weshalb ein Nachweis schwerlich erbracht werden kann. Natürlich gibt es keine Fotos vom eingestürzten Bau, nicht einmal Zeichnungen – die Diagnose muss also über den erneuerten Bau erfolgen. Vermutlich war die Katastrophe eine Kombination verschiedener Faktoren, die den Chor von Saint-Pierre einstürzen ließen. Die drei Baukampagnen, die sich in der Kathedrale klar unterscheiden lassen, hatten zu strukturellen Schwächen geführt: Süd- und Nordfassade waren unzureichend aufeinander abgestimmt, was dort problematisch wurde, wo Chorrund und Mittelschiff aufeinanderstießen. Die stilistische Fortentwicklung der gotischen Kunst verlangte filigraneres Bauen, was aber zu statischen Problemen führte, als die Bauhöhe erweitert wurde –

zumal das obere Strebewerk außen am Chor zu ambitioniert gestaltet war. Allzu sehr hatte man darauf geschielt, die Kathedrale von Amiens noch zu übertreffen. Wie auch immer: Verschiedene Schwachpunkte im und am Gebäude summierten sich, bis schließlich ein Limit überschritten wurde, als die geplante Höhe des Chores noch einmal überboten werden sollte.

Der beste Kenner der Baugeschichte von der Kathedrale Saint-Pierre de Beauvais, Stephen Murray, fügte seiner bautechnischen Ursachenforschung zur Katastrophe von 1284 folgende Aussage an: »Es ist nicht völlig abwegig zu behaupten, dass der Chor von Beauvais deshalb zusammenbrach, weil ein stolzer Bischof der Mutter des Königs ein Verhältnis mit dem päpstlichen Legaten unterstellte.« Das ist natürlich arg zugespitzt, wirft aber ein Licht auf die weiteren Faktoren, die zu den baulichen traten und sie beeinflussten. Der Einsturz der Kathedrale von Beauvais ist nicht auf überzogenen Ehrgeiz zurückzuführen, sondern nur zu erklären, wenn man die äußeren Umstände, die die Baugeschichte komplizierten, mit in Rechnung stellt. Der Kampf der Bischöfe nach allen Seiten, der den Weiterbau immer wieder verzögerte, brachte neue Verantwortliche ins Spiel und führte zu Umplanungen, die die Statik des Gebäudes immer mehr strapazierten.

Langwieriger Wiederaufbau

Die Katastrophe war ein herber Rückschlag, den zu überwinden viel Zeit und Geld erforderte. Vierzig Jahre lang fand in der unfertigen und nunmehr auch versehrten Kathedrale kein Gottesdienst mehr statt, und selbst dann waren die Reparaturarbeiten alles andere als abgeschlossen. Insgesamt dauerte die

Wiederherstellung des Chorbaus länger als dessen Errichtung. Das lag aber nicht nur an der schwierigen Aufgabe und dem Willen, eine neue Katastrophe zu verhindern. Die nunmehr im Amt befindlichen Bischöfe waren überwiegend knausrig mit ihren Finanzmitteln. Das könnte daran liegen, dass mehr Geld nach Paris floss, aber auch, dass dieser Kathedralbau ein ererbtes und daher vielleicht ungeliebtes Projekt der Amtsvorgänger war – oder dass viele Bischöfe des 14. Jahrhunderts gleichzeitig mehrere Bistümer leiteten.

Negativ zu Buche schlug außerdem, dass die Bischöfe auch weiterhin immer wieder mit der Kommune von Beauvais über Kreuz lagen. Bereits vor der Katastrophe hatte sich ein Bischof in Kompetenzstreitigkeiten mit seinen Domherren verstrickt. Jetzt gab es handfesten Streit mit der Bürgerschaft aufgrund der Forderung der Kirche, zum Mahlen des Mehls und Backen ihres Brots bischöfliche Mühlen und Backhäuser zu benutzen – das war kein unwesentlicher Einnahmefaktor. Weil die Bürger sich das nicht vorschreiben lassen wollten, machte sich 1305 ein zerstörerischer Mob über die Mühlen und Backhäuser her und zog gar gegen den bischöflichen Palast. Die Wachen wurden massakriert, der Palast geplündert – dem Bischof gelang gerade noch die Flucht. Wütend belegte er die Stadt mit einem Interdikt, untersagte also Gottesdienste und sakrale Handlungen und versuchte sogar, die Bürger auszuhungern, indem er die Versorgungswege blockierte. Das rief den König auf den Plan, der sowohl den Bürgermeister als auch den Administrator des Bischofs kurzerhand verhaften ließ. Als wieder Ruhe einkehrte, wurden wohl zunächst der Bischofspalast und andere kirchliche Gebäude instandgesetzt. Dass dabei Maßnahmen zum besseren Schutz des Palastes vor wutbürgerlichen Ausschreitungen getroffen wurden, kann man noch heute sehen, denn der Eingang erhielt zur Abschreckung zwei mächtige Wehrtürme. Unter solchen turbulenten Zuständen und bei derart vergiftetem Klima in der Stadt stand der Wiederaufbau der Kirche auf der kommunalen Agenda wohl nicht ganz oben.

In den Jahrzehnten nach diesen Streitereien pflegte Bischof Jean de Marigny bedeutend bessere Beziehungen zu den Bürgern von Beauvais. Nunmehr aber war es der Hundertjährige Krieg, der das Bistum nicht zur Ruhe kommen ließ. Der bedrohlich angewachsene Festlandbesitz des englischen Königs und sein erhobener Anspruch auf die französische Königskrone lösten ein gutes Jahrhundert kriegerischer Auseinandersetzungen aus, an deren Ende die Valois-Könige über die englischen Herausforderer und deren französische Gefolgsleute triumphierten. Bis dahin aber war es ein beschwerlicher, blutiger Weg, der von Verwüstungen, Plünderungen, Brandschatzung und wirtschaftlichem Niedergang gekennzeichnet war. Beauvais war davon direkt betroffen. Das ohnehin spärlicher fließende Geld musste für militärische Zwecke aufgewendet werden: vor allem Soldaten, Waffen und Befestigungsmaßnahmen, um die Stadt nicht zum leichten Opfer der gegnerischen Kriegspartei werden zu lassen. 1346 bedrohten englische Truppen Beauvais und konnten erst von der massiven Stadtbefestigung aufgehalten werden, Vorstädte und Klöster außerhalb der Stadtmauern wurden niedergebrannt. Bischof Jean beteiligte sich am Krieg an der Seite des französischen Königs und erhielt verschiedene staatliche und kirchliche Ämter – folglich war er häufig abwesend, auch über längere Zeiträume. Trotz aller Widrigkeiten ermöglichte ihm seine lange Amtszeit von 35 Jahren dennoch, den Wiederaufbau der Kathedrale voranzubringen. Wenigstens der zerstörte Chor wurde in dieser Zeit wiederhergestellt.

Der Hundertjährige Krieg zog sich vor allem deshalb so

GRANDIOS GESCHEITERT

lange hin, weil mal der französische, mal der englische König die Oberhand gewann. Die Territorialfürsten mussten Partei ergreifen und sprangen nicht selten demjenigen zur Seite, der im Kampf um die Königskrone gerade die besten Chancen zu haben schien, das gilt auch für das Bistum Beauvais. Anfang des 15. Jahrhunderts setzte ein illustrer Mann namens Pierre Cauchon auf den englischen König Heinrich V. und dessen Gefolgsmann Philipp den Guten, Herzog von Burgund, wofür ihn die beiden zum Bischof von Beauvais machten. Cauchon saß 1431 dem Inquisitionsgericht vor, das Jeanne d'Arc, die berühmte Jungfrau von Orleans, zum Tode verurteilte. Trotz allem obsiegten schließlich die Valois, und 1453 hatten die Engländer alle festländischen Territorien außer Calais wieder verloren. Für Beauvais wurde es allerdings nicht friedlicher, denn bald folgten die Auseinandersetzungen des französischen Königs mit dem Herzog von Burgund. 1472 wurde Beauvais von burgundischen Truppen belagert und der Bischofspalast an der Stadtbefestigung zerstört; die Stadt widerstand aber der Belagerung.

Nun endlich war Beauvais aus dem Gröbsten heraus. Mitte der 1480er-Jahre setzten daher wieder Überlegungen ein, an der unfertigen Kathedrale weiterzubauen, schon weil sich an der Westseite, also da, wo das Langhaus längst hätte folgen müssen, seit Menschengedenken aber nur Stützsäulen und eine Holzwand den Chorbau begrenzten, die Mauern der Kathedrale sich bedrohlich neigten. Als aber 1488 wieder einmal ein Bischof starb, entzündete sich an der Frage seiner Nachfolge ein fast ein Jahrzehnt dauernder, abermals lähmender Streit zwischen Domkapitel und auswärtigen Kräften, darunter König Karl VIII.

Um 1500 aber wurde die unfertige, wenngleich instandgesetzte Rumpfkathedrale von Beauvais endlich wieder zur geschäftigen Baustelle, und das mittlerweile fast drei Jahrhunderte alte Projekt sollte nun doch noch vollendet werden. Zeitgleich wurde auch der zerstörte Bischofspalast in prächtiger Ausführung wieder aufgebaut. Die zweite große Bauphase von Saint-Pierre dauerte ein halbes Jahrhundert, und ihren maßgeblichen Architekten kennen wir beim Namen, denn es handelt sich um einen der Großen der französischen Spätgotik: Martin Chambiges. Er kam aus Paris, war schon über vierzig, als er den Auftrag bekam, und hatte zuvor am Querschiff der Kathedrale von Sens mitgewirkt. Zunächst war er wohl als Gutachter nach Beauvais gebeten worden, muss aber dabei seine Befähigung unter Beweis gestellt und sich so den Auftrag zur Ausführung gesichert haben. Vermutlich war ausschlaggebend, dass Chambiges nicht nur ein begnadeter Künstler, sondern auch ein befähigter Bauingenieur war. Es war ja kein leichtes Unterfangen, einen zweieinhalb Jahrhunderte alten Kathedralbau weiterzuführen und sowohl bautechnisch als auch stilistisch den Anschluss zu schaffen. Die letzte Bauphase der Spätgotik wird mit dem Zusatz *flamboyant* bezeichnet, also »flammenförmig« – wegen der züngelnd überlängerten Formen am Maßwerk. Während seiner Tätigkeit in Beauvais arbeitete Chambiges auch an den Kathedralen von Troyes und Senlis, was zu Streitereien zwischen den jeweiligen Bauherren um die Anwesenheit des Meisters führte.

Während ursprünglich die Initiative zum Bau der Kathedrale von Beauvais – die weiterhin nichts Geringeres werden sollte als die größte der Christenheit – von einem Fürstbischof der Stadt ausgegangen war, dessen Nachfolger die Errichtung des Chores bis zum Einsturz von 1284 unternommen hatten,

GRANDIOS GESCHEITERT

drängte nunmehr das Domkapitel zur Vollendung des steckengebliebenen Projekts. Der Bau bot ja auch keinen erfreulichen Anblick: Das 50 Meter hoch aufragende Gebäude war vom Grundriss her zu klein, als dass man hätte übersehen können, dass da ein gehöriges Stück fehlte. Zwar war der Chor bedeutend größer als bei vielen anderen Gotteshäusern, bot also genügend Platz für die Gläubigen. Aber eine Kathedrale, die nur aus Chor und Querschiff bestand, war bei aller Pracht der Ausführung nun einmal unvollständig – wie eine unvollendete Symphonie, die nach einem krönenden letzten Satz verlangt. Zudem war ein steter Dorn im Auge der Kleriker und Bürger von Beauvais, dass Amiens seine Bischofskirche vollendet hatte. Die Stadt lag nahe genug, sodass mancher die Konkurrenzkathedrale gesehen haben – und zu Hause beschämt davon berichtet haben mochte. Da half wenig, dass das Kirchendach in Beauvais ein paar Meter höher war als das von Amiens.

Vermutlich wäre das Unternehmen auch längst tatkräftig in Angriff genommen worden, hätten die Verhältnisse es zugelassen. Im Unterschied zum Domkapitel aber brachten die Bischöfe entweder nicht die Mittel oder den Willen auf, sich angemessen zu beteiligen – sie taten es letztlich zumeist doch, mussten aber von den Domherren immer wieder dazu aufgefordert werden. 1511 führte das Kapitel wegen des Streits um die Kostenübernahme in Paris sogar einen Prozess gegen den eigenen Bischof. Die finanziellen Schwierigkeiten setzten sich fort, aber es taten sich auch immer wieder neue Geldquellen auf. 1518 gewährte der Papst einen Ablass, 1522 sprang gar der König der Stadt zur Seite und schickte auf eigene Rechnung zusätzliche Maurer.

Ein neuer Superlativ

Die Arbeiten begannen mit der Errichtung des südlichen Arms des Querschiffs, dessen überaus eindrucksvolles Portal 1509 vollendet wurde. Es ziert über dem Eingang eine riesige Fensterrose, die hoch über der Altstadt von Beauvais thronte. Sodann wurde, bedeutend weniger aufwendig, das Nordportal zur Stadtmauer hin errichtet und der nördliche Teil des Querhauses begonnen. Für die Bauarbeiten musste nunmehr ein weiterer Teil des romanischen Basse-Œuvre abgebrochen werden. 1517 war das nördliche Portal des Querhauses fertiggestellt, im Jahr darauf jedoch brach in Beauvais wieder einmal die gefürchtete Pest aus, an der auch Baumeister Martin Chambiges erkrankte. Der Architekt starb aber erst im Hochsommer 1532, man begrub ihn im noch unfertigen Querhaus. Nach Beendigung der beiden Portale war das Querhaus nunmehr im Aufbau begriffen. Auf einem Teppich aus dem Jahr 1530 sieht man aufgerichtete Querhaussäulen, aus denen Baukräne herausragen. Im Gewölbe der beiden Querhausarme kann man noch heute das Datum ihrer Fertigstellung lesen: 1537 für den nördlichen Teil, 1550 für den südlichen. Vom Langhaus, welches das Volumen des Baus ja noch verdoppeln sollte, wurde nicht mehr als ein erster Gewölbeabschnitt gebaut.

Was der Kirche außerdem fehlte, war ein Glockenturm. Weiterhin waren die Glocken in einem freistehenden Turm rechts vor dem Südportal untergebracht, der noch heute markiert ist. Das allein hätte das Bistum wohl verschmerzen können, aber da war noch immer die Sache mit dem Superlativ. Warum nicht das höchste Kirchendach der Christenheit mit dem höchsten Turm versehen? Nunmehr handelte es sich nicht nur um ein architektonisches Statement, das sich an die französischen Schwesterbistümer richtete, sondern zugleich ein Signal nach Rom, wo der Neubau des Petersdoms eindrucksvoll gen Himmel wuchs. Daneben konnte in den stürmischen Zeiten der Reformation – nunmehr erschütterte dieser Frontalangriff auf die katholische Kirche und ihren Universalanspruch in Sachen Glauben die gesamte Christenheit – ein stolzer Turm auf der katholischen Bischofskirche als kraftvolles Zeichen nach außen und willkommene Selbstversicherung zugleich dienen. Anderswo mochte der Bilderschmuck der Kirchen mutwillig zerstört werden, hier aber wurde weiter in die Höhe gebaut. Beauvais hatte außerdem das Problem so mancher Bischofsstadt: Sie lag in einer Senke, sodass ein Turm auf dem hohen Dach von weiter her den Bischofssitz markieren würde.

1534, als das Querhaus in der Fertigstellung begriffen war, spendete Bischof Charles de Villiers de l'Isle-Adam Geld zur Errichtung eines Glockenturms. Zunächst passierte jedoch nichts weiter, zumal er schon im nächsten Jahr starb und sein Nachfolger das Amt antrat. Seit Anfang des 16. Jahrhunderts wurden die Bischöfe nicht mehr gewählt, sondern vom König eingesetzt, oft waren sie vor Ort gar nicht präsent. Immerhin gingen die Turmbaupläne in den 1540er-Jahren weiter. Man überlegte, ob der Turm aus Holz errichtet werden sollte oder ob die Vierung, auf die er aufsitzen würde, eine Steinkonstruktion tragen könne. Weitere Jahre vergingen, bis man sich für Stein als Material entschied, Anfang der 1560er-Jahre ein Modell erstellte und mit dem Bau begann. Der kam nunmehr erstaunlich schnell voran, denn bereits Ende des Jahrzehnts war die Arbeit abgeschlossen, die Kathedrale besaß jetzt einen stattlichen Turm von knapp 90 Metern Höhe, der über der Vierung aufragte. Angeblich konnte man von oben, in einer Höhe von 135 Metern über dem Erdboden, bei gutem

Wetter die Kirchturmspitzen des 90 Kilometer entfernten Paris erkennen. Zweifellos war Amiens zu sehen, dessen Vierungsturm knapp 113 Meter maß. Die Chronisten berichten, der Aufstieg nach oben sei so begehrt gewesen, dass das Domkapitel den Zugang schließlich einfach versperrte.

Der zweite Einsturz

Der Grund für diese Maßnahme war wohl, dass die Domherren das Gotteshaus nicht zum Aussichtspunkt degradiert sehen wollten – vor allem die einfachen Leute sollten nicht mehr nach oben klettern dürfen. Jedenfalls nennen die Chronisten als Grund für die Sperrung nicht die Angst um die Neugierigen, obwohl es bereits Bedenken wegen der Standfestigkeit des Turms gab. Man nahm vorsorglich das schwere Eisenkreuz von der Turmspitze und holte Gutachten ein, die aber nichts Gutes verhießen, denn der Turm schien auch ohne Kreuz für die Vierung der Kathedrale eine zu große Last. Die Stützpfeiler der Vierung neigten sich unterschiedlich stark, was daran lag, dass auf der Ostseite der Chor sich als Stütze erwies, ein solches Gegenlager im Westen aber fehlte, weil die Kathedrale ja weiterhin kein Langschiff besaß.

Die auswärtigen Experten schlugen Gegenmaßnahmen vor, aber keine zwei Wochen nach Beginn der Arbeiten, um den Turm zu retten, an Christi Himmelfahrt im Frühling 1573 um sieben Uhr in der Früh, trat die befürchtete Katastrophe ein: Plötzlich gaben die westlichen Pfeiler der Vierung nach, dann die Säule im Südosten, sodass auf der verbliebenen vierten Säule die gesamte Last des Turmes lag. Als auch sie nachgab, stürzte der Turm zusammen. Glücklicherweise hatte da die große Feiertagsprozession die Kathedrale bereits verlassen, sodass nur zwei Menschen verletzt wurden. Die Kirche aber war zum zweiten Mal stark beschädigt, und der Wiederaufbau kostete eine beträchtliche Summe. Um die Reparaturen zu finanzieren, wurden eine kleine Orgel und wertvolle Objekte des Domschatzes veräußert, außerdem die Pariser Residenz der Bischöfe. Der König spendete Bauholz, der Bischof Geld für den Wiederaufbau, und auch verschiedene Bürger von Beauvais beteiligten sich. Das ermöglichte, die Kathedrale bereits wenige Jahre später in den Zustand vor dem Kollaps des Turms zu versetzen – allerdings ohne den Turm, auf den man nunmehr ganz verzichtete. Bis heute lassen sich am Holzgewölbe der Vierung das Unglück vor über vier Jahrhunderten und seine Folgen nachvollziehen.

Der Bau des Langhauses wurde nie vollendet, mit ihm hätte man die Länge der Kirche verdoppelt, also der grandiosen Höhe des Daches einen in den Proportionen angemesseneren Baukörper beigefügt. Nach Problemen mit der provisorischen Westwand der Kathedrale – also da, wo ans Querhaus das Langhaus hätte anschließen sollen – wurde 1605 eine neue Wand errichtet, die bis heute existiert. Inzwischen war die Stilepoche der Gotik in die Jahre gekommen und die Zeit der Renaissance angebrochen – jene Zeit, die alles Mittelalterliche als überkommen abtat und die gotischen Kathedralen als bauliches Relikt der »dunklen Zwischenzeit« betrachtete. Jedes Bauwerk hat seine Zeit – aber die Zeit der Kathedrale von Beauvais war abgelaufen, bevor das ehrgeizige Bauprojekt hatte vollendet werden können.

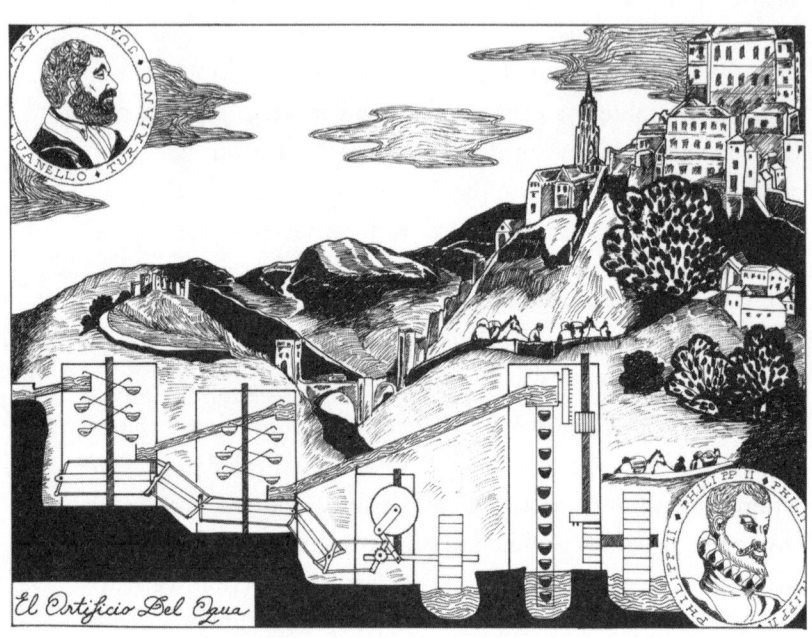

El Artificio Del Agua

Wie ein Ballett gegen die Schwerkraft
DIE WASSERKUNST VON TOLEDO

Für einen Großteil der menschlichen Geschichte, seitdem die Menschen städtische Siedlungen gründeten, waren überall in der Welt vor allem zwei Kriterien ausschlaggebend für die Wahl eines Ortes: eine gute strategische Lage und die Nähe zum Wasser. Die Stadt Toledo in Zentralspanien ist in beiderlei Hinsicht überaus gesegnet. Zum einen liegt die Stadt hoch oben auf einem Felsen und lässt sich dadurch wirkungsvoll verteidigen, weshalb nur zweimal in einer jahrhundertelangen Geschichte Belagerern die Einnahme gelang. Zum anderen fließt zu Füßen der kastilischen Stadt der Tajo, der längste Fluss der Iberischen Halbinsel. Nach vielleicht zwei Fünfteln der Strecke zwischen seiner Quelle in der ostspanischen Sierra de Albarracín und seiner Mündung in den Atlantik bei Lissabon, wo er portugiesisch Tejo heißt, macht der Tajo eine scharfe Biegung. Dort, also vom Flusslauf an drei Seiten schützend umschlossen, erhebt sich hoch oben die Stadt, gekrönt von der Kathedrale Santa María und der Festung Alcázar. Zu diesen günstigen Bedingungen kam die Rolle des Tajo als Handelsweg, die der Stadt wirtschaftlich ebenso zugutekam wie weitere Handelsstraßen, die hier zusammentrafen. Überdies liegt Toledo einigermaßen genau in der Mitte der Iberischen Halbinsel.

Toledo besaß also alle Voraussetzungen für eine erfolgreiche Karriere. Ein Dorf gab es hier schon sehr lange, über die Zeit der Keltiberer und Römer gewann der Ort an Bedeutung und wurde schließlich im 6. Jahrhundert n. Chr. Hauptstadt des Westgotenreiches. Seit dem 589 unter Vorsitz König Rekkareds abgehaltenen Konzil, auf dem der Glaubenswechsel der arianischen Westgoten zum Katholizismus in die Wege geleitet wurde, bildete die Stadt auch das Zentrum der iberischen katholischen Kirche. Im Jahr 712 eroberten die Mauren die Stadt und ermöglichten Toledo in kurzer Zeit einen weiteren Aufschwung als Handwerks- und Handelsmetropole. Toledo stieg auf zur bevorzugten Schwertschmiede Europas, deren begehrte Erzeugnisse jüdische Händler der Stadt, von den Arabern gefördert, in alle Welt verkauften. Auch als Ort der Studien und der Übersetzung, als Zentrum der Kulturvermittlung zwischen Muslimen, Juden und Christen zeichnete sich die Stadt aus. Ende des 11. Jahrhunderts wurde Toledo im Zuge der spanischen Reconquista zurückerobert und nunmehr zur Hauptstadt des Königreiches Kastilien, das bevölkerungsreiche Herz der spanischen Länder. Der Höhenflug setzte sich fort, wirtschaftlich wie kulturell. Die Übersetzerschule von Toledo ist bis heute für ihre maßgebliche Mittlerrolle zwischen antiker, arabischer, hebräischer und lateinischer Sprache und Kultur berühmt.

Die schwierige Wasserversorgung einer Bergstadt

So günstig die Lage Toledos aus strategischen Gründen auch war: Hinsichtlich der Wasserversorgung bereitete sie jedoch einige Schwierigkeiten. Burgen und Bergstädte standen häufig vor ähnlichen Problemen, und die Wasserversorgung konnte zu einem erheblichen Kostenfaktor werden. In Toledo gab es keine höher gelegene Quelle, von der man Wasser für den Stadtgebrauch hätte abzweigen können. Auch die Förderung von Grundwasser war angesichts der Höhe der Stadt und des felsigen Untergrunds schwierig. Das Sammeln von Regenwasser konnte Abhilfe schaffen, war angesichts längerer Trockenzeiten jedoch überaus unzuverlässig. Aber auch für Toledo galt: Trink-, Brauch- und Löschwasser musste verfügbar sein, nicht nur für den Fall einer Belagerung, in dem sich die Versorgung mit Wasser als entscheidend erweisen konnte.

Zu römischer Zeit wurde Toledo aus einem künstlichen Speichersee knapp 40 Kilometer südlich der Stadt bequem und reichhaltig mit Wasser versorgt. Die Römer stauten im frühen 2. Jahrhundert n. Chr. den Guajaraz, einen Nebenfluss des Tajo, mit einem Damm, der vielleicht als erster zur Wasserversorgung einer Stadt angelegt wurde. Dieser Alcantarilla-Staudamm bestand zum Staubecken hin aus einer Betonmauer, nach außen aus einem Erdwall. Als der Speichersee aber irgendwann einmal leer oder zumindest kaum gefüllt war, erwies sich der Druck des Erdwalls auf die Betonmauer als zu groß und der Staudamm brach ein. Bis dahin jedoch floss Wasser von dort nach Toledo – über einen offenen Leitungskanal, der einen Speicher unter dem Stadtkern speiste. Nach dem Einsturz des Staudamms verschwanden nach und nach die Leitungsanlagen. Der ebenfalls verfallene Speicher diente fortan als Quelle für allerlei abwegige Legenden und wurde reißerisch »Höhle des Herkules« genannt.

Mit dem Ende der Wasserversorgung aus dem Stausee, vermutlich noch zu römischer Zeit, wurde Wasser in Toledo ein rares, nicht so leicht verfügbares Gut, denn es musste mühsam vom Ufer des Tajo nach oben transportiert werden – bis zur Spitze der Oberstadt handelte es sich immerhin um 100 Höhenmeter. Die Arbeit besorgten Wasserträger und Maultiere, aber das machte die Wasserversorgung zu einer teuren – und für die *aguadores* einträglichen – Angelegenheit. In den langen Perioden der Trockenheit ging es ja keineswegs nur um Trinkwasser, sondern auch um das Gießwasser für die Gärten der Stadtbewohner. Und das waren nicht wenige, denn die Bedeutung der wichtigsten Stadt Kastiliens hatte deren Bevölkerungszahl ansteigen lassen. Ebenfalls großen Wasserbedarf hatten die Schmiede, die die berühmten Schwerter von Toledo herstellten, und die Tuchindustrie, sofern sie sich nicht gleich unten am Fluss ansiedelte.

1526 versuchte man in Toledo, die Wasserversorgung zu verbessern, möglicherweise bereits da auf Betreiben des Königs. Zunächst wurde ein Ingenieur aus Deutschland mit der Aufgabe betraut. Der Mann versagte jedoch, wie der Chronist des Konvents de la Concepción Francisca berichtet: »Diese Vorrichtung arbeitete mit großen Kolben. Das Wasser schlug so heftig und wurde mit so schreckenerregender Gewalt durch die Metallrohre getrieben, dass alle Leitungen platzten.« Gemeint ist eine wasserbetriebene Kolbenpumpe, die seit dem 15. Jahrhundert in technischen Werken auftaucht, aber möglicherweise auch vorher schon benutzt wurde. Im 16. Jahrhundert verbreitete sie sich rasch, beispielsweise diente sie zur Entwässerung von Bergwerksstollen, und in der Tat waren deutsche Ingenieure für ihre Expertise bei der Konstruktion bekannt. Das von dem Klosterchronisten beschriebene Exemplar war aber offenbar viel zu groß dimensioniert und vereitelte damit den Zweck, für den es konstruiert worden war. Vielleicht hatte der geschmähte Ingenieur eine Kolbenpumpe, wie sie damals im kleineren Format zum Beispiel zur häuslichen Versorgung von Zisternen in Gebrauch war, der umfänglicheren Aufgabe entsprechend vergrößert konstruiert und die Auswirkungen des Drucks unterschätzt. Auch zwei flandrische Fachleute, die man hinzuzog, konnten das

GRANDIOS GESCHEITERT

Problem nicht lösen. Mit einer Pumpenkonstruktion nach damaligem Stand der Technik war dem Problem nicht beizukommen.

Mitte des 16. Jahrhunderts gesellte sich zu den existierenden kleineren Gärten Toledos ein großer hinzu, der den Wasserbedarf weiter steigen ließ: die Gartenanlagen des auf römischen Resten neu erbauten Alcázar, der Festung der Oberstadt von Toledo. Der spanische König Karl I., außerhalb Spaniens als Kaiser Karl V. bedeutend geläufiger und erster Habsburger auf dem spanischen Thron, ließ den Architekten Alonso de Covarrubias einen Neubau errichten. Karl war ein ausgemachter Reisekönig, und weil ein Großteil seiner Besitzungen außerhalb Spaniens lag und er als Kaiser viel im Heiligen Römischen Reich unterwegs war, besaß er in Spanien keine wirkliche Hauptresidenz. In Sevilla, Toledo und Madrid aber ließ er seit 1537 trotzdem bauen. Toledo beherbergte in Karls raren spanischen Jahren mehrmals den Hof und auch die spanische Ständeversammlung, die Cortes. Eine repräsentative königliche Residenz musste also her, natürlich mit ansehnlichen Gartenanlagen ausgestattet, die schon seit einiger Zeit das Wasser als gestaltendes, künstlerisches Element einsetzten.

Zu dieser Zeit verbreitete sich von Italien aus die opulente Gartenarchitektur der Renaissance über fast den gesamten Kontinent. Für Spanien mit seiner islamischen Vergangenheit und der vielgerühmten Gartenkunst der Mauren waren prächtige Gärten allerdings auch nicht völlig neu. Den Ehrgeiz, in dieser Richtung größere Anstrengungen zu unternehmen, befeuerten aber vor allem die Parkanlagen der Verwandtschaft und anderer Fürsten, ob in Österreich, Burgund, Italien oder den Niederlanden. Modern ausgedrückt, gehörten zur PR der Fürsten Bau und Unterhaltung von Palästen und Parks, die dem Zeitgeist gemäß ausgestattet wurden. Und mit stets auf den anderen schielendem Auge maßen sich die Fürsten miteinander, denn jeder wollte den prächtigsten Palast mit den schönsten Gärten besitzen.

Der vermehrte Einsatz von Wasser als gestalterisches Element in den Palastgärten führte natürlich zu wachsenden Ansprüchen an die Wasserversorgung, die damals auch andernorts erweitert wurde. Einhundert Jahre später drückte es der berühmte französische Gartenarchitekt Boyceau de la Barauderie so aus: »Wasser ist die Seele der Gärten.« Nicht mehr nur zum Gießen und für Fischbassins brauchte man es, sondern auch für Brunnen und Grotten, Kaskaden und Wasserspiele, deren gefälliges Plätschern die Sinne erfreute und den Spaziergänger zum Schmunzeln oder zum Staunen bringen sollten. Auf eine etwas intellektuellere Ebene gebracht, betonte man so die Bedeutung des Wassers für die göttliche Schöpfung und alles Leben. Als Orte von Zerstreuung und Festlichkeit waren Renaissance-Gärten also regelrechte Erlebnisparks, in denen Wasser zur Dramatisierung und Erheiterung eingesetzt wurde – zur Erfrischung von Seele und Körper gleichermaßen.

Aber diese Art der feuchten Erbauung war natürlich von einer entsprechenden Versorgung abhängig, und dadurch erwies sich die Gartenkunst als Stimulans für die Wassertechnik. In einer Stadt wie Toledo, dessen Residenz die Festung ganz oben in der Oberstadt war, war die Sache mit dem Wasser allerdings keine leichte Aufgabe. Wem die bequeme, leistungsfähige Wasserversorgung aus römischer Zeit noch geläufig war, der mochte ihr nachtrauern. Die Päpste in Rom beispielsweise reaktivierten für ihre Gärten alte römische Anlagen, aber das geschah in Toledo nicht – man hätte zunächst den Staudamm wieder errichten müssen. Karls Verwandtschaft in

Prag und Buda hatte es da bedeutend einfacher: Man saß zwar mit dem Palast ebenfalls hoch oben auf einem Berg, konnte aber auf noch höher liegende Quellen zurückgreifen.

Also wurde in Toledo auf königliches Geheiß ein neuer Anlauf zur Lösung des Problems genommen; diesmal erhielt ein Italiener, genauer gesagt ein Lombarde den Auftrag: Giovanni Turriano aus der Nähe von Cremona, in Spanien Juanelo genannt. Auftraggeber war aber nicht die Stadt, sondern der Sohn Karls, Philipp II., der außer dem Thron vom Vater auch die Bauarbeiten am Alcázar von Toledo und den genialen Mechaniker Turriano übernommen hatte.

Ein Uhrmacher im Dienste des Königs

Von Turrianos Leben vor seinem Wirken in Spanien ist wenig bekannt. Vermutlich nach 1500 geboren, arbeitete er als überaus fähiger Uhrmacher in Mailand und erregte 1530 in Bologna die Aufmerksamkeit des Kaisers mit einer höchst anspruchsvollen Uhrenkonstruktion. Das brachte ihn später an den spanischen Hof, wo er nicht nur mit dem Bau von Chronometern, sondern auch mit menschlichen und anderen Automaten beeindruckte. Zudem war er ein sehr guter Mathematiker, der sich im Vorfeld der gregorianischen Kalenderreform sogar mit einem Vorschlag zur Reform des römischen Kalenders hervortat. Daneben baute er im Auftrag seines Herrn Kanäle, Mühlen und andere hydraulische Anlagen – er war darin einer von vielen Uhrmachern, die sich damals der Wassertechnik widmeten. Vor allem aber konstruierte er über viele Jahre eine aufsehenerregende planetarische Uhr, die er 1551 in Innsbruck dem Kaiser schenkte, wofür der ihm wiederum eine Leibrente gewährte. Diese Uhr zeigte nicht nur Stunden an, sondern auch die Bewegung der

Planeten, die Tierkreiszeichen und andere wichtige Sterne – bewegt von 1.800 Rädern.

Unter seinen Ingenieurkollegen galt Turriano als ganz Großer seines Fachs, und seine Fähigkeiten verschafften ihm einen Platz in Berichten und Anekdoten über die Leidenschaften Karls V. für Uhren. Er entwarf eine weitere planetarische Uhr, die »El Cristalino« genannt wurde, weil sie dem Betrachter Einsichten in ihren Mechanismus gewährte. Beide Uhren sind ebenso verschollen wie überhaupt der größte Teil vom Schaffen des Cremoners. Der Historiker Esteban de Garibay, ein Zeitgenosse, beschreibt Turriano so: »Er war groß und stark von Körper, karg in Worten und reich an Wissen, von großer Freimütigkeit in allen Dingen, von etwas groben Gesichtszügen, etwas breit in der Rede und sprach das Spanische niemals gut.« Er muss dem Kaiser trotz seiner einfachen Herkunft recht nahegestanden haben; nur so ist erklärlich, warum der Uhrmacher zu den wenigen gehörte, auf die Karl nach seiner Abdankung 1555 und beim anschließenden Rückzug ins klösterliche Leben in Yuste nicht verzichten wollte. Allmorgendlich durfte der Uhrmacher dem hohen Herrn seine Aufwartung machen. Allerdings starb Karl bereits im Jahr darauf, und Turriano trat in die Dienste des neuen Königs ein, der ebenfalls an mechanischen Dingen interessiert war, Natur und Gartenbau liebte und sich als Förderer von Kultur, Wissenschaft und Technik auszeichnete.

Philipp II. erteilte Turriano 1565 den Auftrag für eine neue Wasserversorgung für Toledo. Vermutlich war der Lombarde da schon längst mit der Lösung des Problems befasst und bastelte bereits eifrig an der Konstruktion, aber mit einem Werkvertrag sollte das erfolgversprechende Projekt sich für den Ingenieur auch finanziell lohnen. Die Vereinbarung sah vor, dass Turriano für die Errichtung und die Unterhaltung der Wasserförderungsanlage eine Einmalzahlung von 8.000 Dukaten sowie eine jährliche Rente von 1.900 Dukaten erhalten sollte. Das war außerordentlich viel Geld, zumal die Rente nach Turrianos Tod weiter an seine Erben gezahlt werden sollte. Die Einmalzahlung übernahm der König, die jährlichen Zahlungen trug die Stadt.

Bereits 1569 hatte Turriano sein Werk vollendet. Es war nicht nur die bisher größte Konstruktion dieser Art, sondern basierte auch auf einem anderen System als die bisherigen Versuche, Toledo mit Wasser zu versorgen: Turriano installierte am Tajo ein großes Wasserrad, das Schöpf- und Antriebsrad zugleich war. Es versorgte zwei Hebewerke, von denen das erste konventionell mit einem Kreislauf arbeitete, mit Wasser.

Das Revolutionäre der Anlage war das zweite Hebewerk: Seine drei Fördertürme wurden von einem weiteren Antriebsrad mittels Wasserkraft über ein Stangenwerk angetrieben. Der Wassertransport erfolgte hier durch eine komplizierte Anordnung von Gefäßen, die so konstruiert waren, dass sie das Wasser gleichzeitig nach oben und auf das versetzt angeordnete nächste Gefäß brachten. Die Kübel wurden von Stangen bewegt, die ähnlich wie bei einer »Nürnberger Schere« funktionierten: Durch die besondere Anordnung der Scherenglieder aber greift eins über das nächste. Die Stangenmechanik sorgte so dafür, dass die Wasserkübel gleichmäßig ihre Last bergan transportierten und wie bei einem aufsteigenden Staffellauf an den nächsthöheren Kübel weitergaben. Damit wurde das Wasser gleichzeitig in horizontaler und vertikaler Richtung bewegt, entlang dem ansteigenden Hang, bis es an die Mauern des Alcázar gelangte.

Am Ende waren auf 600 Meter Länge beachtliche 90 Höhenmeter überwunden worden. Über 12.000 Liter Wasser wurden auf diese Weise täglich befördert – erst nach oben in die Stadt und dort über Leitungen an ihren jeweiligen Bestimmungsort. Am Ende leistete die Wasserkunst mehr als veranschlagt: Um die Hälfte mehr als die vorgesehene Wassermenge zauberte Turriano vom Tajo in die Stadt. Plansoll übererfüllt.

Deshalb und weil das *artificio del agua* nahezu geräuschlos und ohne großen Wasserverlust auf dem Weg nach oben arbeitete, wurde es von Zeitgenossen überschwänglich als »sensationell« gefeiert. Nun endlich hatten die bedauernswerten Maultiere, die, von den Stockhieben der Wasserträger angetrieben, all das kostbare Nass nach oben befördern mussten, ausgedient. An die 300 von ihnen sollen nur für den Zweck des Wassertransports gehalten worden sein, angesichts von Pflege und Futterbedarf kein kleiner Kostenfaktor. Allen war geholfen, oder etwa nicht?

Wäre dem so gewesen, verdiente die Wasserkunst von Toledo nicht die Aufnahme in diese Sammlung gescheiterter Projekte. Im vorliegenden Fall lag das Scheitern jedoch nicht in einer dysfunktionalen Konstruktion, einem Versagen des Ingenieurs oder einer schlichtweg unnützen oder überdimensionierten Erfindung. Turriano scheiterte am kleinkrämerischen Widerstand der Toledaner, an ihrer Ignoranz gegenüber der genialen Innovation für ihre städtische Infrastruktur. Und er scheiterte ganz insgesamt an den veränderten Verhältnissen in Toledo, den Problemen einer Stadt in der Krise und dem städtischen Widerstand gegen die Kosten königlicher Flausen.

Hohn und Spott für den Erfinder

»Juanelo ist ein Flame und folglich ein Trunkenbold. Er trinkt alles außer Wasser. Das Wasser verabscheut und verachtet er. In jüngster Zeit hasst er es sogar. Jetzt ist sein Zorn auf das Wasser so weit gestiegen, dass er angefangen hat, es zu quälen. Weil das Wasser sich nicht mehr von Juanelo quälen lassen will, läuft es in seiner Verzweiflung bergan. Das ist die ganze Kunst des Flamen.«

Diese Verhöhnung eines Zeitgenossen geht so an der Sache vorbei, dass dahinter nur eine handfeste Kampagne stecken kann, bei der die Wahl der Mittel nebensächlich ist. Da man Turriano schlecht Versagen vorwerfen konnte, denunzierte man ihn als trunksüchtigen Ausländer und zog ins Lächerliche, was seine Mechanik zu leisten vermochte. Der Autor dieses Pamphlets verfocht die Sache der Toledaner, die dem Lombarden und seinem Werk zürnten. Ihnen ging es nicht um das Wohl der Maultiere oder die geniale technische Lösung eines Problems, sondern ums Geld sowie die Vorschreibungen der Krone. Die Toledaner scherte offenbar nicht, dass ein schon zu Lebzeiten europaweit berühmter Ingenieur ihrer Stadt einen großen Dienst geleistet hatte, sondern sie verteufelten das teure Konstrukt, dessen Nutzen als Infrastrukturmaßnahme sie nicht erkennen wollten oder konnten. Da half es wenig, dass ihre Stadt ein landauf, landab gerühmtes Werk der Ingenieurskunst beherbergte. Sie verhielten sich nicht nur unwillig, sondern destruktiv. Bereits während der Bauarbeiten hatte die städtische Bürokratie den Ingenieur nach Kräften behindert, der um das bewilligte Material kämpfen und zähneknirschend zusehen musste, wie der Wachschutz abgezogen wurde. Prompt gab es Sabotage auf der Baustelle, Unrat und Fäkalien landeten dort, verhöhnten so das Unternehmen und schädigten das

Bauholz. Bereits jetzt wurden Stimmen vernommen, die die Qualität des so beförderten Wassers in Zweifel zogen. Doch Turriano ließ sich nicht beirren, sondern arbeitete tapfer weiter, wohl im Vertrauen, das Ergebnis werde seine Kritiker mühelos überzeugen.

Aber nicht nur machten die Toledaner dem Meister der Wasserkunst die Arbeit an seinem Werk schwer – sie weigerten sich außerdem, ihren Teil des Geschäfts zu erfüllen. Der König war nicht mehr vor Ort, und so witterte Toledo die Chance, aus der teuren, ungeliebten Verpflichtung wieder herauszukommen. Jetzt rächte sich, dass die Stadt vom König genötigt worden war, den Vertrag abzuschließen. Denn Toledo hatte andere Sorgen als diese Infrastrukturmaßnahme, die noch dazu vornehmlich den königlichen Gärten des Alcázars zugutekam, wie man nicht müde wurde zu betonen.

Für Toledo waren inzwischen nämlich dramatische Veränderungen eingetreten. Die jahrhundertelange Blüte der Stadt hatte ein Ende gefunden, man war unübersehbar im Niedergang begriffen. Das hatte nicht zuletzt mit der königlichen Politik zu tun. Insgesamt waren die ersten gesamtspanischen Könige, Karl I. sowie sein Sohn Philipp, in Spanien nicht uneingeschränkt beliebt. Als aufgrund dynastischer Heiratspolitik und zahlreicher Todesfälle unter den spanischen Thronfolgekandidaten 1516 mit Karl ein Habsburger König wurde, stieß das nicht auf Begeisterung bei den Spaniern, zumal Karl gar kein Spanisch sprach, erst mehr als zwei Jahre nach dem Tod seines Großvaters ins Land kam und dann aus seiner Herkunft und flandrischen Prägung keinen Hehl machte. Zeitweise stand die Stadt Toledo an der Spitze der Opposition – und schließlich offener Rebellion – gegen den König. Dieser Comuneros-Aufstand wird in der Forschung inzwischen als eine Art bürgerliche Revolution verstanden, in der das aufstre-

GRANDIOS GESCHEITERT

bende Bürgertum um mehr politischen Einfluss kämpfte, nicht
nur, aber gerade auch in der eigenen Stadt. Die Bewegung unterlag jedoch, nicht zuletzt wegen der inneren Zerstrittenheit
hinsichtlich ihrer Ziele, was der Monarchie die Möglichkeit
verschaffte, künftig weniger im Konsens und stärker absolutis-
tisch zu regieren. Das wiederum führte im Großen und langfristig zur Überdehnung des Königreiches und zur Überforderung des Staates – im Kleinen und kurzfristiger verbaute
es den städtischen Handwerker- und Kaufmannsschichten
nicht nur politische, sondern auch ökonomische Entwicklungsmöglichkeiten.

In Spanien blieb Karl vorerst der Ausländer, wozu die langen Jahre seiner Abwesenheit beitrugen – die der Tatsache
geschuldet waren, dass sein Reich nicht nur aus Spanien und
den überseeischen Besitzungen bestand, sondern seit 1519
auch das Heilige Römische Reich und Österreich dazuzähl-
ten, außerdem die Niederlande und Burgund, Neapel, Sizilien,
Sardinien und einige mehr. Sein Engagement andernorts fi-
nanzierte Karl in erheblichem Maße durch kastilische Steuern,
deren Last für die Toledaner im Laufe des 16. Jahrhunderts
auf ein Vielfaches stieg. Zwar gewann Karl in Spanien nicht
nur herrschaftlich an Boden, sondern fand schließlich auch
zunehmend Akzeptanz, zumal kein Spanier unempfänglich
war für Ruhm und Glanz von Kaisertum und Entdeckung der
Neuen Welt. Kastilien aber geriet gleichwohl ins Hintertref-
fen, und dieser Prozess vollzog sich nicht so schleichend, dass
man ihn hätte übersehen können. Am schärfsten spürten den
Niedergang, der durch ein Bevölkerungswachstum und vermehrte Zuwanderung nur noch verschärft wurde, die Bürger.
In Toledo brach die Mittelschicht regelrecht weg, das Prole-
tariat aber nahm an Umfang zu. Die Bürger aber waren es, die
die Hauptlast der Steuern zu tragen hatten.

Unter Philipp wurde es noch schlimmer. Das kleine Kleckernest Madrid, das bisher in keinster Weise an Toledo hatte heranreichen können, war 1561 von Philipp zur neuen Hauptstadt auserkoren worden – sehr zum Unwillen und Unverständnis der meisten Zeitgenossen. Über die Gründe lässt sich trefflich streiten, weil Philipp sie nirgendwo niederlegte. Für Toledo jedenfalls stellte das eine schmerzliche Degradierung dar. Zwar behielt die Stadt den Status als Sitz des spanischen Kirchenoberhaupts, aber das allein konnte den Abwärtstrend nicht aufhalten. Nicht nur das Prestige litt, auch wirtschaftlich entfiel durch den Abzug des Hofes ein bedeutender Faktor. Philipp reiste zwar nicht ständig umher wie sein Vater, aber Toledo profitierte davon nicht, im Unterschied zur neuen Hauptstadt Madrid, das nunmehr zum Höhenflug ansetzte, und dem nicht weit von dort gelegenen Escorial. Philipps Beliebtheit war vermutlich nicht dienlich, dass er mehr misstrauischer Despot und fanatischer Aktenfresser war als liebenswerter Landesvater, zumal ihn das Volk nur selten zu sehen bekam. Immerhin ließ er bis 1587 den Tajo zwischen Toledo und Lissabon schiffbar machen, was der daniederliegenden Tuchindustrie Toledos einen Vorteil verschaffen sollte, aber das linderte die wirtschaftlichen Schwierigkeiten nur wenig.

Der Alcázar von Toledo, gerade im Ausbau begriffen, würde als königliche Residenz also keine sonderliche Bedeutung mehr erlangen. Vielleicht deshalb holte Philipp für die Kosten der Wasserkunst die Stadt Toledo ins Boot – gegen ihren Willen. Trotz allem wurden ja die Palastgärten unterhalten und brauchten Wasser – aber es war schwer vermittelbar, dass die Bürger für die Wasserversorgung des Alcázar zahlen sollten, wo der König doch eben erst der Stadt seine Gunst und den Hauptstadttitel entzogen hatte. Der Unmut der Bürger von Toledo ist also durchaus nachvollziehbar. Es lässt sich allerdings

GRANDIOS GESCHEITERT

nicht mehr feststellen, ob die Toledaner tatsächlich nur die spärlichen Reste des Wassers erhielten, nachdem der Alcázar seinen Bedarf gedeckt hatte. Wahrscheinlich ist es aber durchaus, denn zum einen befand sich der Palast weit oben auf dem Bergfelsen, zum anderen stand schon vom Rang her zunächst dem König das nach oben beförderte Wasser zu. Im Versuch, ihre Felle zu retten, mögen die Wasserträger, deren Existenz die Wasserkunst von Toledo bedrohte, den Widerstand gegen die Verbesserung der städtischen Infrastruktur forciert haben. Die immer wieder beobachtete Sabotage und die mangelnde Pflege der Anlage könnten ein Ausdruck von Hilflosigkeit gewesen sein, die das stolze Toledo angesichts des rapiden Niedergangs verspürte. Welchen Nutzen sollte man in einem Bauwerk erkennen, das gleichzeitig Geld kostete und Arbeitsplätze vernichtete, noch dazu in einer Stadt, die sich mit ihren massiven wirtschaftlichen und sozialen Problemen alleingelassen fühlte?

Turriano hatte den König weiterhin auf seiner Seite, außerdem verwandten sich die Beauftragten der Krone für ihn. Erreicht wurde schließlich ein Vergleich, der vorderhand salomonisch wirkt: Philipp übernahm die Bezahlung Turrianos, drehte aber den Bürgern das Wasser kurzerhand ganz ab. Die Stadt beauftragte, vermutlich abermals auf Drängen des Königs, Turriano mit einer zweiten Wasserkunst, deren Kosten sie übernehmen wollte, weil sie auch allein davon profitieren sollte. 1581 war diese zweite Arbeit vollendet, aber die Stadt zahlte abermals nicht. Der König hatte das Problem nur vertagt, nicht gelöst, und vermochte auch jetzt nicht, seinem Mechaniker zu seinem Recht zu verhelfen.

In den 1580er-Jahren wurden Toledos wirtschaftliche und soziale Probleme aber immer größer. Die Rezession verschärfte sich, nachdem zuvor die Bevölkerung Kastiliens stark zugenommen hatte. Das dicht besiedelte Land erlebte eine

Stadtflucht, mit der das angezählte Toledo nur unter größter Anstrengung fertig wurde. Angesichts der städtischen Aufwendungen für die Armenfürsorge besaß eine moderne, bequeme Wasserversorgung keine Priorität.

Inzwischen betagt geworden, hätte Turriano verdient, endlich entsprechend seinen Fähigkeiten und beachtlichen Leistungen einen wohlsituierten Lebensabend verbringen zu können. Stattdessen vergällten ihm bittere Armut und der Streit ums Geld die verbliebenen Lebensjahre. An den König schrieb er: »Ich fürchte, es wird kein Geld geben, um mich zu beerdigen.« Da er sich aus Geldnot schließlich auch von den beiden Wasserkünsten trennen musste, schrieb er abermals an Philipp: »Ich habe den größten Teil meines Lebens damit verbracht, dem Kaiser, unserem Herrn, und Eurer Majestät zu dienen, und in Eurem Auftrag habe ich jene Anlagen erfunden. Es erscheint mir daher nicht gerecht, dass etwas von derartiger Größe in anderen als in Euren Händen bleiben soll. Deshalb komme ich, um Euch die meinige anzubieten, damit Ihr Euch beider Anlagen bedienen könnt. Eure Majestät kennt mein Alter und meine Not, und weil die Stadt Toledo nicht einhielt, was mit mir vereinbart wurde, bin ich solchermaßen arm, dass ich weder meine Schulden tilgen, noch meinen drei verwaisten Enkelinnen, die ich verheiratet habe, die Mitgift aushändigen, noch für die anderen mir verbleibenden Enkelinnen dieser Pflicht nachkommen kann …«

Das war kurz vor Turrianos Tod am 13. Juni 1585 in Toledo. Er wurde in der Kirche des Klosters Carmen beigesetzt – »ohne die Begleitung, die er verdient hätte, als ein König in allen Dingen, an denen er Hand anlegte oder für die er seinen scharfen Verstand einsetzte«, wie Esteban de Garibay berichtete, der dem Sarg folgte.

Turrianos Tochter Barbara Medea bat im Jahr darauf den König um Hilfe und verwies auf den ihm übersandten Nachlass ihres Vaters. Philipp bewilligte ihr daraufhin 6.000 Dukaten. Für die Nachkommen seines Mechanikers fühlte sich der König also verantwortlich, aber der Fortbestand der Wasserkunst von Toledo war alles andere als gesichert. Die Stadt missachtete nicht nur die vertraglichen Verpflichtungen gegenüber dem Erbauer, sondern auch die Anlage an sich, die wie gewohnt stiefmütterlich behandelt wurde. Man hatte weiterhin mit Krisen zu kämpfen, ob Missernten oder Hunger, ob Heuschreckenplage oder Pest.

Nur war das System der Wasserkunst ebenso ausgeklügelt wie kompliziert und verlangte nach sachkundiger Wartung. Dafür war der Ingenieur ja auch nach Fertigstellung des Auftrages verpflichtet worden – und seinem Teil der Vereinbarung kam er sogar posthum noch nach. Sein Enkel war in der Lage, die Wasserkunst zu warten und instandzuhalten. Einige Jahrzehnte nach Turrianos Tod schaufelte seine Wasserkunst das kostbare Nass weiter in die Höhe und von nah und fern kamen Besucher, um die ausgeklügelte Konstruktion zu bewundern. Juanelos Nachkommen erledigten wohl auch die Aufgabe, den zahlreich anreisenden Neugierigen das Wunderwerk der Technik zu zeigen und zu erklären. Dann aber starb auch der Enkel, ohne dass ein fähiger Nachfolger verfügbar war. Vier Jahrzehnte nach Turrianos Tod fiel die Anlage der Vernachlässigung anheim, wurden Messingteile entwendet, verrottete die Schutzbehausung der Anlage. Schließlich wurde die Wasserkunst von Toledo ganz stillgelegt und verfiel schließlich völlig. Ihr Modell, das man heute vor Ort in Augenschein nehmen kann, musste anhand der späteren Beschreibungen und der örtlichen Gegebenheiten rekonstruiert werden – wie das Ganze also wirklich aussah, ist nicht mehr zweifelsfrei zu ermitteln.

Ein achtes Weltwunder der Technik

Es besteht ein auffälliger Kontrast zwischen der Ablehnung der Toledaner und den Lobpreisungen von anderer Stelle. Man darf vermuten, dass die Wasserkunst in den Augen neugieriger Besucher, die tatsächlich bald in Scharen herbeiströmten, um das Wunderwerk persönlich in Augenschein zu nehmen, ihren Namen völlig zu Recht führte. Denn überaus kunstvoll funktionierte die Mechanik, und man stand vermutlich ebenso verblüfft davor wie ein Kind vor einer kleinen Spielzeugmaschine, in der zwar die schnöde Wirkung der Schwerkraft eine Murmel von oben nach unten befördert – das aber auf kurzweiligen Umwegen und durch allerlei Spielereien, die den Blick bannen. Und weil Turrianos Wasserkunst die Schwerkraft überwand und dabei noch dazu die Kraft desselben Wassers nutzte, die sie nach oben beförderte, mochte sie mancher als größtmögliche Annäherung an ein Perpetuum mobile sehen. Als achtes Weltwunder soll die Konstruktion bezeichnet worden sein, zeitgenössische Autoren attestierten dem Lombarden »großes Können bei jeder Form der Mechanik« und bezeichneten ihn als »zweiten Archimedes«. In zeitgenössischen Schriften finden sich zahlreiche Würdigungen der Wasserkunst, viele große spanische Schriftsteller gehen darauf ein, bis hin zum berühmten Cervantes.

Als Turrianos Wasserkunst von Toledo Mitte des 17. Jahrhunderts bereits außer Betrieb gestellt war und kläglich vor sich hin rottete, kam sie dennoch zu besonderen künstlerischen Ehren. Ein Ballett in Madrid namens »El Mago« erklärte die Funktionsweise der Wasserkunst spielerisch auf der Bühne. Dabei veranschaulichten die Tänzer mit ihrer Darbietung, was sie gleichzeitig sangen:

GRANDIOS GESCHEITERT

Das Wasser kommt mit Kraft
und dreht das Wasserrad
zum Treiben der Maschine
aus Löffeln und aus Kübeln.
Und wenn die einen steigen,
so gehen die andern nieder,
sodass vom tiefsten Punkte
bis zu der höchsten Stelle,
die einen übernehmen,
was aus den andern fließt;
bis dass die Wasser steigen
zum hohen Alcázar.

Wie ein Symbol der Zeitenwende

DER FRANZÖSISCHE REVOLUTIONSKALENDER

Eines der bekanntesten Daten der Weltgeschichte ist 1789 –
das der Französischen Revolution. Bis hin zu den Umwälzungen in den Ländern des Warschauer Pakts 200 Jahre später
oder den Aufständen in vielen arabischen Staaten 2011 werden
nachfolgende Revolutionen noch immer an ihr gemessen, mit
ihr verglichen, sie wird weithin angesehen als die Revolution
schlechthin. Darüber hinaus gilt das Jahr, in dem das Schicksal des *Ancien Régime*, der alten Ordnung von Monarchie und
Feudalherrschaft, besiegelt wurde, als epochale Zeitenwende:
Die Mehrzahl der Historiker verortet hier das Ende der Frühen Neuzeit und den Beginn der eigentlichen Neuzeit – jener
Epoche, in der wir auch heute noch leben. Die Umwälzungen
der zehn Jahre der Französischen Revolution und ihre nachhaltigen Folgewirkungen – Ende von Monarchie und Grundherr-
schaft und Beginn der Republik, Massendruck als politischer
Faktor, individuelle Freiheit und Selbstbestimmung, Bildung
politischer Parteien, eine neue Form der öffentlichen politischen Debatte, die Proklamation universeller Menschenrechte,
eine Verfassung, die Vernunft als Maßstab und einiges mehr –
spielen bis heute für unser Leben eine gewichtige Rolle.

Geschichte wird gemacht

Dass die Ereignisse seit 1789 Geschichte schreiben, im doppelten Wortsinn Epoche machen würden, das stand bereits für

die Zeitgenossen der Französischen Revolution außer Zweifel – ja, es war ihr Anspruch, eine Zeitenwende herbeizuführen. Die alte Ordnung hatte regelrecht abgewirtschaftet und mit ihrem Niedergang die eigene Legitimation verspielt. Die Aufklärung hatte die Vernunft als Leitgedanke nach vorn gebracht, die Köpfe der Menschen erhellt und ihren Horizont erweitert. Das Volk hatte seine Stimme gefunden und seine Schlagkraft entdeckt. Und die Akteure der Revolution waren sich bewusst, dass sie das Unterste zuoberst kehren, dass die Umwälzungen bis auf den Grund reichen mussten. Geschichte lässt sich aber kaum eindrucksvoller abbilden als mit dem Beginn einer neuen Zeitrechnung, und die Revolutionäre teilten die Menschheitsgeschichte in die Zeit vor und nach der Revolution, so wie die römische Kirche, allerdings erst Jahrhunderte nach dem Ereignis, am Zeitpunkt der Geburt Jesu die Scheide für ein Davor und Danach ansetzte.

Aber selbst solche Zeitgenossen, die das Geschehen mit Abstand oder Abscheu beobachteten, verstanden die Ereignisse als etwas nie Dagewesenes, das die Welt erschütterte. Ob enthusiastisch oder ablehnend – dass hier Einschneidendes, die Welt Veränderndes vonstattenging, war weitgehend Konsens. Es spricht in der Tat viel dafür, mit dem Jahr 1789 die Moderne beginnen zu lassen, zumal sie den Fortschrittsgedanken als Kategorie einführte und die Tradition als Wert an sich in Zweifel zog.

Der gewohnte, ursprünglich römische Kalender, der aber längst christianisiert, überdies zwei Jahrhunderte zuvor durch Papst Gregor XIII. auf den neuesten Stand wissenschaftlicher Erkenntnis gebracht worden war und seither gregorianischer Kalender genannt wurde, hatte sich eindrucksvoll behauptet. Zwar hatte die Kirchenspaltung infolge der Reformation zunächst auch eine kalendarische Spaltung bewirkt, weil sich die protestantischen Länder zierten, eine päpstliche Reform zu übernehmen, mochte sie wissenschaftlich auch noch so stichhaltig sein. Die Aufregung hatte sich seither aber spürbar gelegt. Dass der gregorianische Kalender höchst praktikabel ist, wissen wir bis heute, denn wir gestalten unseren Alltag noch immer nach ihm. So sehr sind wir an ihn gewöhnt, dass er zu jenen Alltagsinstrumenten gehört, deren tägliche Assistenz wir kaum noch wahrnehmen und selten würdigen. Das mag auch daran liegen, dass andere tägliche Begleiter schon mal ihren Dienst versagen, weil sie kaputtgehen können oder Strom brauchen zum Funktionieren.

Der Kalender versagt nicht, er lässt sich so zuverlässig konsultieren, wie die Zeit – jedenfalls unserer Auffassung nach – stets zuverlässig messbar ist, wenn auch unerbittlich verrinnt. Zur praktikablen Zeitmessung jedoch bedarf es einer sinnvollen Einteilung in Zeithappen und -häppchen – und die muss nicht nur den natürlichen Gegebenheiten wie Sonnenjahr und Sonnentag entsprechen, sondern auch allgemein akzeptiert sein. Zeitrechnung ist aber nicht bloß unschuldiges Alltags-, sondern ebenso sehr ein Machtinstrument. Das geht weit zurück bis auf vorgeschichtliche Schamanen, die für den Umgang mit der Zeit zuständig waren. Der kosmische (und unerklärliche) Charakter der Zeit und ihrer Messung führte zu einer engen Verbindung der Autorität des Glaubens mit politischer Herrschaft. Das gilt für das christliche Europa ebenso wie für Asien oder Altamerika. Nicht umsonst wachten die Herrscher über den Kalender – der den Alltag jedes Einzelnen sowohl symbolisch als auch konkret bestimmte.

So gesehen darf man sich durchaus einmal darüber wundern, dass die Welt nahezu ausnahmslos unseren westlichen, eigentlich christlichen Kalender benutzt, obwohl das Christentum ja keineswegs überall in der Welt vorherrschend, mitunter nicht einmal akzeptiert ist. Und doch dient die christliche Zeitrechnung selbst im 21. Jahrhundert ziemlich unangefochten als universaler Kalender, der auch in solchen Gegenden maßgeblich ist, in denen das Christentum gar keine oder nur eine geringe Rolle spielt. Darin spiegelt sich der Siegeszug des Westens wider – ketzerisch formuliert, spielte der christliche Kalender lange vor Coca-Cola die Rolle, die das US-amerikanische Limonadengebräu im 20. Jahrhundert einnahm: die Verbreitung nicht von Religion beziehungsweise Demokratie, sondern ihrer Errungenschaften in Sachen Alltagsmanagement beziehungsweise Genusskultur.

Aber komisch ist es gleichwohl, wenn in Weltgegenden, wo man einen Mann namens Jesus vielleicht nicht einmal kennt, die Jahre trotzdem nach seinem (mutmaßlichen) Geburtszeitpunkt gezählt und in die Wochen und Monate eines Kalenders unterteilt werden, der den Namen eines römischen Papstes trägt. Da macht es wenig aus, dass der gregorianische Kalender nur die Modifikation des römischen Vorgängerkalenders ist, den seinerzeit Julius Caesar für die Erfordernisse eines Weltreiches flottmachte und der seinerseits auf den Kalendern von Ägypten und Babylon fußte. Das ändert nichts an der westlichen Prägung des Kalenders, der weltweit andere Traditionen der Zeitmessung zur bloßen Folklore oder zu reinen Ritualkalendern degradiert hat. Der gregorianische Kalender wurde zum Kalender der globalisierten Welt, ganz so wie der Westen sich als Weltstandard in vielerlei Hinsicht versteht. Und das ist doch zumindest zweifelhaft. Den kirchlichen Charakter des Weltkalenders aus dem Hause Christenheit nimmt aber selbst die westliche Welt nicht mehr vorrangig wahr. Zudem enthält er ja noch immer allerhand Unchristliches, beispielsweise die nach römischen Kaisern benannten

Monate oder in vielen Sprachen die Bezüge der Wochentagsbezeichnungen auf heidnische Gottheiten.

Der Ballast des christlichen Kalenders

Den Revolutionären des Jahrzehnts von 1789 bis 1799 ging
es neben der Abschaffung von Königtum und Ständeordnung
darum, den Einfluss von Kirche und Religion – im christlichen
Europa seit vielen Jahrhunderten eng mit der politischen Macht
verbunden und von ihr korrumpiert – zurückzudrängen, wenn
nicht zu brechen. Zwar war die Französische Revolution kein
Projekt der Aufklärung, die das 18. Jahrhundert maßgeblich
prägte, die Aufklärung lieferte aber theoretische Grundlagen
für Veränderungen. Die Naturwissenschaften erlebten im 18.
Jahrhundert nicht nur einen Aufschwung, sondern wurden
auch zunehmend populär. Ihre nüchterne Herangehensweise,
die der damaligen verklebten Frömmelei erfrischend zuwiderlief, wurde zum Anlass, mit glasklarem Verstand und mathe-
matischer Ordnung an viele Probleme heranzugehen.

Ein Projekt, das seit geraumer Zeit propagiert und jetzt
umgesetzt wurde, war das metrische System. Bis heute ist es
uns ebenso geläufig wie einsichtig und das vielleicht beste Beispiel für die nachhaltige Einwirkung der Revolution jenseits
der Politik – dann jedenfalls, wenn man sich bewusst macht,
wie unübersichtlich, regional unterschiedlich und willkürlich
Maße und Gewichte in früheren Zeiten gehandhabt wurden.
Man könnte es also einreihen neben christlichen Kalender
und kapitalistische Brause. In Frankreich (und anderswo) wurden nebeneinander Unmengen verschiedener Maßeinheiten
verwendet, was viel Anlass zur Klage gab, die im Vorfeld der
Revolution zunehmend unüberhörbar wurde. Anstrengungen

zu einer Vereinheitlichung begannen alsbald, während der Bedarf nach einem ganz neuen Kalender einstweilen nicht dringlich erschien.

Und doch wirkt es durchaus folgerichtig und zugleich von bestechender Symbolkraft, wenn die Französische Republik in weithin ausstrahlender Geste der neuen Zeit, die sie mit dem Sturz der alten Ordnung einläutete, schließlich auch eine neue Zeitrechnung an die Seite stellte, um mit der alten Zeit der feudalen Ordnung und der Monarchie auf immer zu brechen. So einschneidend und unumkehrbar wie die Enthauptung Ludwigs XVI. auf der Pariser Place de la Concorde der jahrhundertealten Königsherrschaft ein Ende setzte, sollte die Einführung einer neuen Zeitrechnung die kalendarische Kontinuität des Alten unterbrechen. Damit ließ sich die Abkehr vom Bisherigen im Alltag, in den kleinen Dingen und Handlungen, eindrucksvoll versinnbildlichen – wie die Anrede »Monsieur« oder »Madame« zugunsten von »Bürger« oder das informelle »du«, wie die Vereinheitlichung der Maßeinheiten, wie der Bruch mit der Kirche als Ordnungsinstanz und die Einrichtung neuer Feste in bewusster Abkehr von religiösen Traditionen.

Der Umsturz in der Langzeitchronologie war ungeheuer symbolträchtig: Wie viele Jahrhunderte zuvor sich die Kirche nicht mehr damit hatte abfinden wollen, dass man die Jahre noch immer mit Bezug auf die Regierungszeit eines heidnischen Kaisers zählte, noch dazu eines Mannes, der die Christen unbarmherzig hatte verfolgen lassen, so sollte nunmehr die Jahreszählung ab Christi Geburt, oder jedenfalls ihres vermuteten Zeitpunkts, von der neuen Zeitenwende abgelöst werden: der französischen Republik. Das bedeutete nichts weniger als die überaus selbstgewisse Aussage, dass die Zäsur der Revolution bedeutsamer war als die der Geburt Jesu.

Diese Neuzählung lag auf der Hand, weil sich rasch das Gefühl verbreitete, einer Zeitenwende beizuwohnen – ganz ähnlich war den europäischen Zeitgenossen 1989 überwiegend bewusst, das Ende der Nachkriegsgeschichte hautnah mitzuerleben. Nach der Erstürmung der Bastille am 14. Juli 1789 begann man vom *année de la liberté* zu sprechen, vom Jahr der Freiheit, und später vom zweiten und dritten Jahr der Freiheit. Folglich musste man sich später darauf verständigen, ob die Folgejahre dieser Zählung jeweils am 14. Juli oder nach gewohnter Sitte am 1. Januar beginnen sollten – die Wahrnehmung einer neuen Ära kollidierte also bereits mit dem alten Kalender. Der 1. Januar ist zwar kein christliches Datum, sondern der Beginn des römischen Kalenderjahres, weil zu diesem Zeitpunkt die Ämter neu besetzt wurden. Trotzdem entzündete sich an der Frage des Jahresanfangs die Diskussion und ebnete den Weg zu grundlegenden Veränderungen der Kalenderwirtschaft.

Der Sturm auf die Tuilerien am 10. August 1792 wurde abermals als historischer Einschnitt betrachtet, sodass bereits eine weitere Jahreszählung vorgeschlagen wurde, die Jahre der Gleichheit, *les années de l'égalité*. Die revolutionäre Zeitrechnung begann, verwirrend zu werden, und es erwies sich als notwendig, sich auf eines unter den denkwürdigen Ereignissen der Revolution zu einigen, das der Rolle als Ausgangspunkt einer neuen Zählung am würdigsten war. Zunächst stritt man, ob nicht der Sturm auf die Bastille diesen Zweck erfüllen müsse – der 14. Juli ist immerhin bis heute das bekannteste Datum der Französischen Revolution und der französische Nationalfeiertag. Andere meinten, man könne nicht wirklich von Freiheit sprechen, solange die Monarchie noch bestand; passender sei also der 22. September 1792, der erste Tag der Franzosen als königloses Volk, nachdem der glücklose Ludwig abgesetzt worden war.

Als das Jahresende 1792 näher rückte, erhielt der Erziehungsausschuss den Auftrag, Lösungsvorschläge für dieses Problem
zu erarbeiten. Beabsichtigt war, die gewohnte und die revolutionäre Zeitrechnung in Übereinstimmung zu bringen. Eine
Möglichkeit dafür wäre gewesen, das erste Jahr der Freiheit am
Republikgeburtstag beginnen, aber wie gewohnt am 31. Dezember enden zu lassen. Das erste Jahr hätte damit nur gut
drei Monate gedauert, aber fortan wäre die neue Zeitrechnung
synchron zum gewohnten Kalender zu rechnen gewesen: der
1. Januar 1793 als Beginn des Jahres II der Freiheit, das am
31. Dezember 1793 endet. Schon zur gregorianischen Kalenderreform hatte man ein paar Tage gestrichen, um die aufge-
laufenen überzähligen Tage loszuwerden und das Kalenderjahr
wieder in Einklang mit dem astronomischen Sonnenjahr zu
bringen. Grund dafür war die komplizierte, weil mondphasen-
abhängige Berechnung des wichtigen Osterdatums. Die »verlorenen« Tage waren vielerorts beklagt worden, nicht zuletzt
wegen ausbleibender Zinszahlungen.

Das revolutionäre Frankreich aber entschied sich für den
ganz großen Wurf. Nicht nur mittels einer neuen Jahreszählung sollte die Kirche auf die Plätze verwiesen werden, denn
der Einschnitt sollte weit darüber hinausgehen und nicht nur
bei der Datierung von Briefen oder Urkunden, sondern im
Alltag unübersehbar wirksam werden. Wie die Revolution die
politische Macht des Ancien Régime sollte ihr neuer Kalender
die Alltagsmacht der alten Ordnung brechen. In neun Monaten erarbeitete der Erziehungsausschuss in Abstimmung mit
der Akademie der Wissenschaften einen revolutionären Umsturz in der Zeitrechnung, den republikanischen Kalender.
Über die Diskussionen im Zuge dieser Erarbeitung in Abstimmung mit den besten Astronomen des Landes ist bedauerlicherweise wenig überliefert. Es gab durchaus warnende Stim-

men vor einem so grundlegenden Eingriff, beispielsweise vom Abbé Sieyès, der sich vor allem in der frühen Phase der Revolution mit pointierten Schriften hervorgetan hatte. Sieyès meinte, die Zeit sei noch nicht reif für eine Kalenderreform: »Unsere Gewohnheiten und unsere vielfältigen Beziehungen zu den Gewohnheiten der uns benachbarten Völker und zu den Jahrhunderten, die unserem vorausgingen, haben doch ein zu großes Gewicht, als dass man sie umstoßen könnte.«

Großer Wurf statt kleines Reförmchen

Für die Erarbeitung des Revolutionskalenders steht vor allem der Name eines Mannes: Charles-Gilbert Romme. Nicht bekannt ist allerdings, seit wann er sich mit der Kalenderfrage befasste. Überdies konnte er auf einen Entwurf des Anwalts, Bibliothekars und Frühsozialisten Sylvain Maréchal aus dem Jahr 1788 zurückgreifen, der sich der Aufklärung verpflichtet fühlte, also antiklerikal ausgerichtet war, und sich wie Romme an die ägyptische Kalenderwirtschaft anlehnte. Sein *Almanach des Honnêtes Gens* allerdings war als »gottlos, sakrilegisch und blasphemisch« verbrannt worden, Maréchal musste für einige Monate ins Gefängnis. Doch auch sein Entwurf besaß in seiner Abkehr von der christlichen Prägung Vorläufer.

Der Naturwissenschaftler Romme stammte aus der Auvergne, studierte in Paris, ging 1779 als Hauslehrer des Fürsten Stroganow nach Russland und kehrte in den Jahren vor der Revolution mit seinem Schüler zurück. Beide bereisten gemeinsam die Schweiz und Frankreich. Seit 1791 war Romme in der Politik tätig, zuerst als Girondist, später als Anhänger der radikaleren Bergpartei. Er war Mitglied des Erziehungsausschusses, womit die Kalenderfrage in seiner Zuständigkeit lag.

Seinen Vorschlag für eine Kalenderreform legte Romme im Herbst 1793 vor; er wurde im Großen und Ganzen gebilligt. Romme verwies auf die Reform der Maß- und Gewichtseinheiten, die in ihrer Tragweite nur in einer Zeit der Revolution zu stemmen gewesen sei. In diesen Zusammenhang der Rationalisierung und Vereinheitlichung stellte er sein Projekt einer umfassenden Kalenderreform, denn die Zeit bedürfe ebenso neuer Maße: Die alte Zeit sei »die Zeit der Grausamkeit, der Lüge, der Tücke und der Sklaverei« gewesen, die vorbei sei durch das Ende der Monarchie, »die Quelle aller unserer Leiden«. Mit der alten Zeitrechnung sei daher Schluss zu machen, der Kalender müsse gereinigt werden »von den Fehlern, die in Leichtgläubigkeit und abergläubischer Gewohnheit« jahrhundertelang weitergegeben wurden. Konkret hieß das: Die verführerische Klarheit des Dezimalsystems sollte auch auf die Zeitrechnung angewendet werden. Pathetisch sprach Romme zum Konvent: »Die Revolution hat die Seelen der Franzosen gestärkt; sie formt sie jeden Tag neu hin zu den republikanischen Tugenden. Die Zeit eröffnet der Geschichte ein neues Buch: Und in diesen Zeitlauf, der so majestätisch und so einfach ist wie die Gleichheit, wird sie mit einem neuen und kraftvollen Griffel die Annalen des erneuerten Frankreichs einzeichnen.«

Kalenderumsturz hin oder her: Auch das revolutionäre Frankreich konnte sich nicht über die Vorgaben der Gestirne hinwegsetzen, mit denen noch jeder zu kämpfen hatte, der einen leistungsfähigen Kalender erstellen wollte, ob die Pharaonen Ägyptens oder die Gottkönige der Maya, ob der Kaiser von China oder der von Rom: Das Sonnenjahr wartet nicht mit einer glatten Anzahl Tage auf, sondern ist einen guten Vierteltag zu lang. Daneben sind auch die 365 ganzen Tage kaum gleichmäßig auf eine überschaubare Anzahl von Monaten aufteilbar. Dem Dezimalsystem drehen die Abläufe am Sternenhimmel erst recht eine lange Nase. Die klassische Einteilung in Monate geht auf die Mondphasen zurück, deren Zahl aber nicht durch die Tage des Sonnenjahres teilbar ist. Diese Probleme im Jahreszyklus muss jeder Sonnenkalender irgendwie lösen, und Romme wollte es ähnlich angehen wie die Ägypter oder die mittelamerikanischen Maya, die 360 Tage auf gleich lange Monate aufteilten und die überzähligen Tage ans Jahresende anhängten. Die Kalendertradition der Maya, die ansonsten schon wegen ihres Vigesimalsystems mit der Grundzahl Zwanzig andere Wege geht, konnte er nicht kennen. Die Ägypter aber lobte er recht mutig als das aufgeklärteste Volk der Antike und übernahm ihre Unterteilung des Jahres in zwölf Monate à 30 Tage und die überschüssigen fünf Tage als Anhängsel zum Jahresende. Die überzähligen Stunden des Sonnenjahres wollte Romme immer dann in einen Zusatztag packen, wenn sie sich angesammelt hatten, also etwa alle vier Jahre – der Zeitraum sollte nach griechisch-antikem Vorbild *l'olympique* heißen.

Als Jahresbeginn schlug er den 22. September vor, nicht nur den Tag nach der Abschaffung der Monarchie, also den ersten Tag der Freiheit und Gleichheit des französischen Volkes, sondern passenderweise die Tagundnachtgleiche – dass die Natur so symbolträchtig im trauten Einklang mit den historischen Ereignissen stand, konnte schwerlich ignoriert werden. Natur und Vernunft waren schließlich die maßgeblichen Kategorien im Denken der Aufklärung. Noch dazu trat an diesem Tag die Sonne ins Sternbild Waage ein, wiederum ein Symbol der Gleichheit. Geradezu hymnisch klingt die Begeisterung für diese Launen der Natur – und riecht ein wenig nach überirdischer Zustimmung für die Sache der Revolution. Das mag neben der Leerstelle durch die Abkehr von der Religion der Tatsache geschuldet sein, dass sich damit ein wenig vergessen machen ließ, dass die Natur als Grundlage für die neue Zeitrechnung zwar allseits beschworen wurde, der Revolutionskalender aber keineswegs auf rein natürlicher Grundlage basierte. Eine solche kann aufgrund der mangelnden Synchronizität zwischen den natürlichen Zeiteinheiten von Tag, Mondmonat und Sonnenjahr kein Kalender leisten.

Hinzu kommt eine gewisse Spannung zwischen dem zyklischen Charakter der Naturzeit und dem linearen Charakter der menschlichen, die Vergangenheit und Zukunft kennt sowie eine Abfolge von Generationen oder Zeitaltern. Die oft geäußerte Kritik am Revolutionskalender, er sei in der Anwendung des Dezimalsystems gar nicht konsequent, ist aber ungerecht, denn die Gesetze von Mutter Natur vermochte auch eine Revolution nicht auszuhebeln; und solche Kritik sollte in Rechnung stellen, wie anachronistisch viele Aspekte des gregorianischen Kalenders sind, allen voran der Jahresbeginn am 1. Januar. Tatsächlich unbefriedigend aber war Rommes Schaltregel, weil sie im Vergleich zum gregorianischen Kalender einen Rückschritt darstellte. Einstweilen führte das aber nur zu einer Fachdebatte, zu der die Astronomen leidenschaftlich beitrugen.

Ideologische Kalenderpoesie

Viel mehr noch als heute war dem 18. Jahrhundert die Benennung der Tage nach Heiligen geläufig. Mit dieser besonderen Betonung der christlichen Prägung des Kalenders sollte es nach Rommes Willen ebenso ein Ende haben wie mit den Monatsnamen, die er als Sammelsurium von Aberglauben und überkommenen Gewohnheiten ansah. In der Tat sind die Monatsnamen ja ein merkwürdiges Überbleibsel aus heidnischer Zeit, denn sie erinnern an römische Götter (März = der römische Kriegsgott Mars) und Herrscher (August = Kaiser Augustus) oder Bräuche (Februar vom Reinigungsfest *februa*) oder spiegeln die Abfolge der Monate im römischen Kalender (September von lateinisch *septem* = sieben). Die neue Zeit sollte da Abhilfe schaffen; Romme wollte in den Monatsnamen die Revolutionsgeschichte Revue passieren lassen und die Tage nach revolutionären Symbolen benennen – der politischen Erziehung wegen. Mit diesem Ansinnen allerdings konnte er sich nicht durchsetzen.

Einstweilen benutzte man eine einfache Zählung, etwa entsprechend unserer kurzen Datumsangabe, was im Französischen wegen der umfangreichen Zahlwörter jedoch auf eine langwierige Bezeichnung hinauslief. Das befriedigte nicht, und nun kam ein weiterer Mann ins Spiel, dessen Name seither vor allem mit den Namen für Monate und Tage im französischen Revolutionskalender verbunden wird: der Dichter und Schauspieler Philippe-François-Nazaire Fabre d'Eglantine. Er war der Meinung, man dürfe die Bildhaftigkeit und Vertrautheit des gewohnten Kalenders nicht durch nüchterne Zahlenangaben ersetzen, und schuf eine Poesie der Kalenderbezeichnungen, die sich statt an Religion und Tradition an der Natur orientierte. Damit stellte er der rationalen Ausrichtung des neuen Kalenders den Naturbezug zur Seite, betonte die Harmonie zwischen Zeitrechnung und Natur und verlieh dem Kalender eine Anmut, die bis heute ihre Wirkung nicht verfehlt.

Die zwölf Monate erhielten Namen, die zu den Jahreszeiten und ihren Naturerscheinungen passen, zudem haben die jeweils drei Monate einer Jahreszeit die gleiche Endung: Vendémiaire, Brumaire und Frimaire für den Herbst beziehen sich auf Weinlese, Nebel und Reif; Nivôse, Pluviôse und Ventôse für den Winter verweisen auf Schnee, Regen und Wind; Germinal, Floréal und Prairial stehen für Keimen, Blühen und die Wiesen des Frühlings; und schließlich versinnbildlichen Messidor, Thermidor und Fructidor die Ernte, die Hitze und die Früchte des Sommers. Der weitere, ausgreifendere Anspruch des Kalenders kam allerdings kaum zum Tragen, weil er nur in Frankreich und den besetzten Gebieten befolgt wurde: Zeit ist universell und sollte ebenso von Frankreich in die Welt verbreitet werden wie die Ideale der Revolution. Da hätte es allerdings gehapert: Weder hätte sich die Schönheit der Monatsnamen ohne Abstriche in andere Sprachen übertragen lassen, noch wären ihr Bezug zum Vegetationsjahr und die botanischen Tagesnamen in anderen Klimazonen, ja schon in Nord- oder Osteuropa, stimmig gewesen.

Für die Tagesnamen folgte Fabre dem Prinzip Rommes, nahm aber die Dekade als Nachfolger der Woche zur Grundlage: Der erste Tag der Dekade hieß fortan Primidi, der zweite Duodi, der dritte Tridi bis hin zu Nonidi als neunten und Décadi als zehnten und letzten Tag der Dekade. Damit bekam wie in unserer ausführlichen Datumsangabe jeder Tag eine Zahl für seine Position innerhalb eines Monats und die Wochentagsbezeichnung für seine Stellung in der Dekade. Darüber hinaus erhielt jeder Tag des Jahres, quasi als Patron, den Namen einer Pflanze oder Frucht, eines Baumes, Haustieres oder eines Landwirtschaftsgerätes. Rommes Vorschlag der politischen Namensgebung blieb den fünf (in Schaltjahren sechs) Zusatztagen am Jahresende (nunmehr unmittelbar vor Herbstanfang): Sie wurden nach dem revolutionären, einfachen Volk Sansculottiden genannt und sollten nationale Festtage sein.

Angesichts der christlichen Prägung des alten Kalenders ist die antikirchliche Stoßrichtung des neuen unverkennbar. Und die Macht der alten Ordnung verkörperte die Kirche kaum weniger als das Königtum. Zumal wenn sie als Mittel der Dechristianisierung genutzt wurde und die religiösen Botschaften für den Alltag durch solche der Revolution ersetzte, konnte der erzieherische Effekt einer Kalenderreform mithin beachtlich sein. Aber natürlich stand und fiel der Erfolg revolutionärer Erziehung mittels des Kalenders mit dem Grad seiner Durchsetzung als Alltagsinstrument und seines Triumphes über seinen Vorgänger – Fabre verwies denn auch darauf, dass der Kalender bis in die entlegensten Dörfer verbreitet sei.

Ein anderer, sehr viel spürbarerer Aspekt wurde zum Pferdefuß der Reform: Rommes Regelung der Monatsunterteilung. Der christliche Kalender ist nicht der einzige oder erste, der die Sieben-Tage-Woche kennt, denn diese geht vermutlich bereits auf den viel älteren babylonischen Kalender zurück und war bereits vom jüdischen, griechischen und ägyptischen Kalender übernommen worden. Gleichwohl verstehen Christen und Juden die Woche als gottgegeben, weil sie im Alten Testament propagiert wird – was natürlich nicht bedeutet, sie sei nicht schon zuvor praktiziert worden. Der Bibel zufolge erschuf Gott die Erde in sechs Tagen und ruhte am siebten, weshalb nicht nur die Sieben-Tage-Woche, sondern auch der Sonntag als Ruhetag religiös sanktioniert war. Die Woche basiert auf einer einigermaßen sinnvollen, allerdings nicht aufgehenden Einteilung des Mondmonats von rund 30 Tagen – oder auf der Viertelung der sichtbaren Mondphase. Sie war zudem sozusagen in den Himmel geschrieben durch die sieben Gestirne, deren Weg am Firmament man mit bloßem Auge beobachten kann: Sonne und Mond sowie Merkur, Venus,

Mars, Jupiter und Saturn. Darauf gehen in vielen Sprachen von Koreanisch über Albanisch bis Französisch die Wochentagsbezeichnungen zurück. Dass ein Monat nicht exakt vier Wochen umfasst, führt dazu, dass jeder Wochentag Monatsbeginn sein kann und manche Wochen ihre Tage auf zwei Monate verteilen müssen. Solcherlei Unordnung missfiel dem geometrischen Geist eines Romme ebenso sehr, wie die als gottgegeben aufgefasste Woche dem aufgeklärten Ethos der Revolution und deren antireligiöser Ausrichtung zuwiderlief. Sie muss auch heute noch jedem Buchhalter als nichtsnutzige Erschwernis vorkommen.

Romme propagierte die Umsetzung des Dezimalsystems, also die Einführung von Dekaden, zumal die wenigstens leidlich auf das Sonnenjahr ausgehen: mit 36,5 Dekaden oder 73 »Semi-Dekaden«. Mit der Einführung des Dezimalsystems in die Zeitrechnung sollte es aber noch nicht getan sein: Auch die Unterteilung des Tages wollte Romme ändern. Statt zweimal 12 Stunden mit je 60 Minuten sollten es 10 Dezimalstunden mit je 100 Dezimalminuten sein. Deren Einführung sollte allerdings einstweilen aufgeschoben werden, um den Uhrenherstellern die nötige Zeit zur Umstellung ihrer Produktion zu geben. Diesen Teil der Reform können wir vernachlässigen, denn seine Durchsetzung scheiterte bereits im Ansatz; Chronometer mit dezimalem Zifferblatt sind heute unter Kennern gesuchte Raritäten.

Immerhin: In Paris installierte man eine öffentliche Dezimaluhr, und natürlich begleitete der Schlag einer solchen Uhr die Debatten der Nationalversammlung. Für das südfranzösische Marseille ist belegt, dass die Stadtverwaltung die Dezimalzeit, etwa für Standesamt oder Gericht, verbindlich anwandte. Noch extremer, regelrecht totalitär in seiner Regelwut mutet ein Vorschlag an, der ebendeshalb sogleich abgelehnt wurde:

Der Jakobiner Jean-Alexandre Carney aus Montpellier wollte für Neugeborene verbindliche Vornamen vorschlagen, die sich an Kalender und Dezimalzeit orientierten. Heute ist die Vornamenwahl meist Ausdruck individueller Entscheidungen der Eltern, Carney aber wollte den Brauch abschaffen, Kinder nach dem kirchlichen Heiligenkalender zu benennen. Nach seinem Vorschlag wäre ein Kind mit dem Geburtstag 25. Juli 1800 beziehungsweise dem 6. Thermidor VIII nach der Pflanze benannt worden, die diesen Tag im Revolutionskalender benennt: der Schachtelhalm, französisch Prêle. Abhängig vom Geschlecht des Kindes und der Geburts(dezimal)-stunde hätte ein am Nachmittag geborenes Mädchen Maprêle, Méprêle, Miprêle, Moprêle oder Muprêle heißen müssen, ein in den Vormittagsstunden geborener Junge Gaprêle, Guéprêle, Guiprêle, Goprêle oder Guprêle. Das hätte allerdings für andere Tage auch zu zweifelhaften Namenskreationen wie Puibeuf (Junge) oder Jocochon (Mädchen) geführt. Solcherlei Namensdiktatur erschien wohl auch der revolutionären Bürokratie als zu viel der Regelungswut.

Ein Kalender geht auf Sendung

Der Kalender wurde für den öffentlichen Gebrauch am 5. Oktober 1793 eingeführt und trat rückwirkend am 22. September 1792 oder nunmehr dem 1. Vendémiaire I in Kraft – und wäre seine Einführung in Gänze wirksam und von Dauer gewesen, hätte es sich in der Tat um eine ganzheitliche Kalenderreform gehandelt. Zwei Tage vor diesem Stichtag hatte Johann Wolfgang von Goethe als Zuschauer der Kanonade von Valmy, die den Vormarsch der Revolutionstruppen zum Rhein einläutete, gegenüber einigen Offizieren seinen berühmten

Ausspruch getan, der nicht minder gut zum Kalenderbeginn passt: »Von hier und heute geht eine neue Epoche der Weltgeschichte aus, und ihr könnt sagen, ihr seid dabei gewesen.«

Die Behörden verwendeten erhebliche Energie darauf, den Gebrauch des neuen Kalenders durchzusetzen. Das war auch nötig bei einer so grundlegenden Veränderung eines Alltagsinstruments. Und diese Energie reichte über die gesamte Zeit der Kalenderanwendung: Er ist vermutlich diejenige Neuerung der Revolution, für deren Realisierung der größte Aufwand betrieben wurde. Allerdings wurde die Umstellung vom alten Kalender nicht mit der nötigen Konsequenz betrieben. Denn auch wenn der neue Kalender Gültigkeit erlangte: Weder wurde die Nutzung des alten verboten noch die Regelungen des neuen sofort und vollständig umgesetzt; verbindlich war er immerhin ab sofort für die Verwaltung. Stattdessen versuchte man mittels PR-Aktionen die Befolgung des Kalenders zu befördern. Neben den Anweisungen, die den zuständigen Behörden der Departements zugingen, wurden Kalender und Almanache gedruckt, Reden verbreitet und Werke gefördert, die die neue Zeitrechnung propagierten. Ein Almanach warb auf dem Titelblatt mit viel Symbolik für den neuen Kalender: Für den stand ein Monopteros als »Jahresstempel« – in Anlehnung an die lichte Antike, aber vor allem als Abkehr von der Kirche und in seiner Rundform mit Verweis auf den zyklischen Charakter der Zeit. Seine zwölf Säulen für die Monate tragen je drei Plaketten für die drei Dekaden des Monats, darauf stehen die Tagesnamen. Als Hüter der neuen Zeitrechnung schwebt die Freiheit über den Rundtempel, an der Hand die personifizierte Vernunft, welche die Vertreter der überkommenen Zeit verjagt: Kaiser und Könige, Papst und Heilige. Mutter Natur hingegen zeigt den einfachen Landleuten den Tempel, der ja der ihre sein soll. Auch zuvor wurden in Kalenderstichen Zeit und Zeitrechnung bildnerisch vermittelt, nun aber griff man zu Attributen, die der neuen Zeit entsprachen.

Um das einfache Volk für den neuen Kalender zu begeistern, fanden in einigen Städten sogar Feste statt. Im nordfranzösischen Arras beispielsweise gab es einen Umzug, den zwölf Gruppen absolvierten, die Schilder mit den neuen Monatsnamen trugen. Um den Lauf des neuen Kalenderjahres zu versinnbildlichen, bestand die Gruppe des ersten Monats Vendémiaire aus kleinen Kindern, und das Alter der Gruppenteilnehmer stieg mit dem Fortgang des Jahres. Die Sansculottiden-Tage am Jahresende bestritten fünf Achtzigjährige – dahinter trug man für den Zusatztag eines Schaltjahres einen Hundertjährigen im Sessel. Das junge Neujahr danach symbolisierten wiederum kleine Kinder, die dem Kalenderzug hinterherhopsten. Solche Feste und Kalenderstiche aber, die die Zeitrechnung bildhaft und anschaulich vermittelten, waren wichtig angesichts der Tatsache, dass damals die einfachen Menschen kaum lasen, falls sie diese Fertigkeit überhaupt beherrschten. Die Presse beschränkte sich ohnehin darauf, über die Kalenderreform zu berichten, setzte sich aber nicht übermäßig und schon gar nicht begeistert für die Reform ein.

Über Freiheit und Gleichheit, die dem Volk eine politische und soziale Existenz auf neuer Grundlage ermöglichten, ging der Anspruch der Revolution hinaus und erstreckte sich bald auch auf moralische und intellektuelle Volksbildung hin zur Tugendhaftigkeit, zu der auch der Kalender in all seinen Aspekten herangezogen wurde. Dass die Erziehung zum neuen Menschen auch ideologische Beeinflussung umfassen würde, lag auf der Hand, weil zum einen Ideologie notwendigerweise zum Programm der Revolution gehörte, zum anderen aber Rückschläge, Krieg nach innen und außen, Richtungskämpfe und Terror eine Radikalisierung bewirkten, die zur Verschärfung des ideologischen Aspekts beitrug. Auf den Kalender direkt bezogen bedeutete die Ideologisierung, dass er als das direkte Gegenteil des gregorianischen Kalenders dargestellt wurde, der als mittelalterlich und abergläubisch, unnatürlich und unwissenschaftlich dargestellt wurde. Der neue Kalender hingegen verband der revolutionären Sichtweise zufolge Rationalität mit Naturbezug, was sogleich unter den Tisch fallen ließ, dass er natürlich in seiner antiklerikalen Ausrichtung kaum weniger ideologisch war als sein Vorgänger. Übergangen wurden zudem einige Tatsachen: dass der gregorianische Kalender von der Substanz her römisch-antik war und Papst gregor ihn nach neuesten wissenschaftlichen Erkenntnissen flottgemacht hatte – und er, *quand même*, vortrefflich funktionierte.

Pferdefuß Zehntagewoche

Als überaus schwierig erwies sich die Einführung der Dekade und darin die Durchsetzung des Décadi als maßgeblicher Ruhetag und Ersatz für den gewohnten christlichen Sonntag. Im Widerwillen gegen diese Neuerung drückte sich vermutlich zunächst auch die Schwierigkeit aus, sich auf das veränderte Zeitregime einzustellen, denn Gewohnheiten spielen gerade bei zeitlichen Abläufen eine große Rolle. Unbewusst mag dazugekommen sein, was Chronobiologen viel später konstatierten: dass der Siebentagewoche ein natürlicher, biologischer Rhythmus zugrunde liegt, der uns eigen ist. Da konnte die neu gewonnene Klarheit wenig ausrichten, mochte auch nunmehr der erste Tag eines Monats stets auch der erste Tag einer Dekade sein, ein Primidi, weil endlich jeder Monat aus der genau gleichen Zahl an Untereinheiten bestand, nämlich aus drei Dekaden. Hätte sich diese Praxis durchgesetzt, wären heute viele Berechnungen auf Kalenderbasis bedeutend einfacher. Aber natürlich trat der praktische Aspekt schnell in den Hintergrund, weil die Sonntagsfrage aus mindestens zwei Gründen emotional besetzt war: Zunächst liegt auf der Hand, dass mit der Dekade als »Zehntagewoche« übers Jahr eine spürbare Reduzierung der Ruhetage einherging, was dem werktätigen Volk nicht recht sein konnte, während es der Wirtschaft natürlich zupasskam. Eine strenge Handhabung machte außerdem denjenigen Probleme, die die christliche Sonntagsruhe auch weiterhin befolgen wollten. Bei aller Politik gegen die Kirche galt die Religionsfreiheit, und beide Ruhetage bestanden weiter nebeneinander, obwohl der Décadi später zum verbindlichen Feiertag gemacht wurde. Das galt für Verwaltungszwecke und im Sinne der staatlichen Dekadenfeiern als Konkurrenz zu den kirchlichen Sonn- und Feiertagen.

Zunächst gingen die Planungen dahin, die Wahl des Ruhetages innerhalb der Dekade jedem Einzelnen zu überlassen, aber dagegen sprachen sich die Befürworter einer Dechristianisierung aus, die den antiklerikalen Kalender als Erziehungsinstrument gegen die Kirche nutzen wollten. Trotz Religionsfreiheit sollte der Décadi als Festtag etabliert werden, und zwar mit einem Programm für alle 36 Dekadenfeste. Die Erarbeitung des Festkalenders zog sich hin; es gab unterschiedliche Auffassungen und viel Diskussionsbedarf, außerdem stand die Revolution im Auf und Ab der innen- und außenpolitischen Entwicklungen immer wieder vor drängenderen Problemen als dem Kalender. Mit zunehmender Sorge um die Zukunft der Republik angesichts eines scharfen innenpolitischen, sozialen und wirtschaftlichen Gegenwinds aber kamen die Mitglieder von Erziehungsausschuss und Konvent wieder häufiger auf das Thema Kalender und seine Nutzbarkeit als Instrument der Volkserziehung zu sprechen. Denn viele stimmten überein, dass der Republik am besten gedient sei, wenn ihre Bürger mehr republikanische Gesinnung an den Tag legten – und dafür bedurfte es erzieherischer Maßnahmen. Mit einem Mal erschienen die Dekadenfeiern als probates Mittel der Staatsbürgerkunde. Weiterhin uneins war man sich über die Frage, ob der Décadi verbindlich als allgemeiner Ruhetag festgeschrieben werden sollte. Hinsichtlich des Umgangs mit Kirche und Religion herrschten sehr unterschiedliche Ansichten; in jedem Fall hatte sich nunmehr, einige Jahre nach dem Bastillesturm, das Ziel einer völligen Dechristianisierung als illusorisch erwiesen, weil die große Mehrheit der Menschen die neu gewonnene Freiheit eben nicht dazu nutzte, sich von der Kirche abzuwenden.

Die Beharrungskräfte bezogen sich aber nicht allein auf den religiösen Alltag der Menschen, sondern auch auf den profankalendarischen. Der Revolutionskalender wurde nach wie vor nur begrenzt befolgt, und die staatlichen Gremien sahen sich immer wieder mit Forderungen nach Änderungen konfrontiert: von behutsamen Modifizierungen bis hin zur kompletten Abschaffung. Auch einige der Wohlgesinnten meinten nämlich, der Kalender sei angesichts der Widerstände in der Bevölkerung recht eigentlich ein Sargnagel für die Republik.

Im Jahr V des Revolutionskalenders sahen sich die Republikaner veranlasst, ihre Macht im Staatsstreich des 18. Fructidor zu sichern. Abermals regierte der *terreur*, die Schreckensherrschaft, abermals bestand die Notwendigkeit, Maßnahmen zur Sicherung der Republik zu treffen. Dazu gehörte wieder einmal der Revolutionskalender als Erziehungsinstrument, der nunmehr mittels dreier Gesetze breit verankert werden sollte –

der Kalender sei eines der am besten geeigneten Instrumente, »um bis zu ihren letzten Spuren die Herrschaft von Monarchie, Aristokratie und Kirche vergessen zu machen«. Naturgemäß spielte der Décadi dabei eine wichtige Rolle – nun wurde er per Gesetz zum verbindlichen Ruhetag. Unter Androhung von Strafen verfügte man, dass der Décadi verbindlich sei, nur im Privaten blieb es erlaubt, den Sonntag zu ehren – solange das nicht mit den Vorschriften kollidierte. Die behördlichen Vorgaben bezüglich Amts- und Marktzeiten und anderer Terminsachen sollten den Décadi endlich für alle Lebenslagen durchsetzen. Kurz darauf wurde er auch verbindlich als Tag der Eheschließungen vorgeschrieben.

Allerdings ließ sich nicht durchsetzen, ihn auch für religiöse Zwecke als Kulttag vorzuschreiben – und auch nicht, per Gesetz zu diktieren, dass allein der Décadi Ruhetag sein dürfe. Es war also nicht rundweg verboten, die gewohnte und kirchlich vorgeschriebene Sonntagsruhe einzuhalten und beispielsweise auch weiterhin an diesem Tag des alten Kalenders seine Werkstatt zu schließen. Man schlug einen anderen Weg ein: Im Sinne der Vorschriften nicht *gegen* den alten Sonntag, sondern *für* den neuen Décadi sollte der alten Kalenderwirtschaft das Wasser abgegraben werden und der neuen Zeitrechnung im Alltag der Menschen umfassend Geltung verschafft werden.

Das schleichende Ende des Kalenders

Im Jahr VIII wurden wieder einmal staatliche Kalendermaßnahmen erwogen, doch zu ihrer Umsetzung kam es nicht mehr, denn am 18. Brumaire beendete Napoleon Bonaparte per Staatsstreich die Regierung des Direktoriums; die Zeit des Konsulats

begann. Zunächst wurden zwar die staatlichen Feiertage reduziert, der Décadi als staatlicher Ruhetag aber bestätigt – allerdings mit dem entscheidenden Unterschied, dass in strenger
Trennung von Staat und Privatleben den Einzelnen nunmehr
wieder freigestellt wurde, den Ruhetag selbst zu bestimmen.
Statt vom Revolutionskalender sprach man jetzt mal von Deka-
den-, mal von Dezimalkalender, zu dem man sich aber rundhe-
raus bekannte, weil er zur Republik und zu Frankreich gehöre.
Der Kalender wurde also nicht etwa so rasch abgeschafft, wie
er eingeführt worden war, sondern schleichend über Jahre
nach und nach demontiert. Die klare Unterscheidung in vor-
gegebene staatliche und frei handhabbare private Kalenderwirtschaft stellte den Beginn der allmählichen Abkehr dar,
alsdann folgte im Jahr IX (1801) das Konkordat mit der katholischen Kirche, welcher die neue Zeitrechnung natürlich
ein Dorn im Auge war. Und trotzdem wurde auch jetzt der
Revolutionskalender nicht abgeschafft, sondern lediglich sehr
wirkungsvoll aufgeweicht – vor allem bezüglich des Décadi,
der seine Sonderstellung nur noch de jure behauptete, de facto
aber wieder vom Sonntag abgelöst wurde.

Abermals drei Jahre später, als Napoleon sich im Jahr
XIII (1804) selbst zum Kaiser krönte, überlebte dies der Revolutionskalender, der aber seither »französischer Kalender«
genannt wurde. Erst weitere knapp zwei Jahre darauf wurde er
ganz abgeschafft, und zwar zum 11. Nivôse XIV, dem 1. Januar
1806. Wichtigster Grund dafür war aber nicht etwa, dass die
Dekadeneinteilung ohnehin weitgehend hinfällig geworden
war und dass das neue System der Zeitrechnung nie vollends
umgesetzt worden war. Vielmehr erwies sich nun als inakzeptabel, dass die Revolution eine neue Jahreszählung mit
einem gegenüber dem gregorianischen Kalender verschobe-
nen Jahresanfang verfügt hatte. Die aber konnte Napoleon

schlechterdings nicht fortführen, wo er doch eben die Republik abgeschafft hatte, deren Einführung zum Neujahr und zum Ausgang einer neuen Jahreszählung erklärt worden war. Den Kalender jetzt noch beizubehalten war kaum vermittelbar. Da half auch nichts, dass dem Kalender der Französischen Revolution ein hohes Maß an Rationalität bescheinigt wurde, wie sie auch dem Kaiserreich als Positivum gelten sollte. Dies war auch einer der Gründe gewesen, ihn nicht schon früher abzuschaffen: Zu sehr hätte das den Eindruck erwecken können, man drehe das Kalenderrad einfach wieder zurück, ohne das Positive, Erneuernde der Revolutionszeit zu bewahren. Der neue Kalender aber war mehr als nur ein Symbol der Revolution: Er war längst auch zum Symbol für Modernität und Fortschrittlichkeit geworden, und diese Werte sollten Bestand haben. Noch dazu stellte der Staat einen neuen, europäischen Kalender in Aussicht, was die Rückkehr zum gregorianischen Kalender weniger rückschrittlich erscheinen lassen sollte, denn ein weiteres Argument war die kalendarische Isolation Frankreichs in Europa.

Ein Paradoxon war es, das die Durchsetzung des französischen Revolutionskalenders vereitelte: Einerseits war der kalendarische Umsturz zu radikal, andererseits wurde er nicht entschieden genug betrieben. Das ließ den Beharrungskräften genug Raum, sich zu behaupten und bei geeigneter Gelegenheit Boden wettzumachen. Das Hin und Her bei der Einführung, vor allem des Décadi, tat ein Übriges. Auch musste der neue Kalender vom Scheitern der Dechristianisierung in Mitleidenschaft gezogen werden, war er doch als lichtes Gegenmodell zum alten Pfaffenkalender propagiert worden. Dennoch: Dieses Baby der Französischen Revolution erwies sich als kräftig genug, sich über dreizehn Jahre und noch in die napoleonische Zeit hinein einigermaßen behaupten zu können. Zu Fall aber brachte ihn die Wiedereinführung der Monarchie unter Bonaparte, der schwerlich in den Jahren jener Republik zählen lassen konnte, die er soeben abgeschafft hatte.

Vielleicht hätte der französische Revolutionskalender eine Chance gehabt, wäre ihm mehr Zeit vergönnt gewesen, den Alltag und die allgemeine Zeitwahrnehmung zu durchdringen. Allerdings hätte Frankreich mit seiner isolierten Zeitrechnung auf ähnlich verlorenem Posten agiert wie der chinesische, der jüdische oder der islamische Kalender. Denn die Moderne beschleunigte den Prozess der Globalisierung und verlangte nach grenzüberschreitenden Normierungen. Dem gregorianischen Kalender kam aber bereits die Funktion einer Art Universalkalender zu, wenn auch nur der westlichen Welt, und er konnte sich seither im Zuge der Globalisierung nach westlichem Schema weltweit behaupten.

Einen Versuch für einen weiteren Kalenderumsturz und Bestrebungen für die Einführung einer neuen Zeitrechnung hat es seither gleichwohl gegeben. Noch mehr in Vergessenheit geraten als der französische Revolutionskalender ist die kurzlebige Kalenderreform der Sowjetunion. 1929 wollte man nicht nur eine neue Jahreszählung, die rückwirkend mit der Oktoberrevolution 1917 einsetzen sollte, sondern vor allem einen neuen, »roten« Kalender, der die Modernisierung vorantreiben sollte. Ziel war die Abschaffung des unproduktiven Wochenendes – auf dass die Maschinen außer an fünf kollektiven Feiertagen nie mehr stillstünden, sollte das werktätige Volk in fünf farblich gekennzeichnete Gruppen eingeteilt werden, die im Schichtbetrieb jeweils vier Tage arbeiten und einen Tag ruhen sollten. Diese Maßnahme sollte gleichzeitig neben der Religionsausübung und im Sinne des sozialistischen Kollektivgedankens auch das traditionelle Familienleben torpedieren. Das misslang kläglich, sodass schon 1931 die rotierende Woche wieder abgeschafft und der »rote« Kalender 1940 sang- und klanglos beerdigt wurde.

Unideologisch, aber dafür einer weltumspannenden Völkerverständigung verpflichtet war das Projekt eines Weltkalenders, der keiner kulturellen oder religiösen Prägung mehr unterliegen sollte. Vier Quartale von 91 Tagen sollten in drei Monate von zweimal 30 und einmal 31 Tagen unterteilt werden, zusammen sollten sie mit dem »World Day« als Fülltag und weltweitem Feiertag das Sonnenjahr abdecken.

Auch die nachfolgenden Versuche einer Kalenderreform scheiterten also – und noch zweimal wurde Frankreichs revolutionäre Errungenschaft aus der Versenkung geholt: während der kurzatmigen Pariser Kommune 1871 sowie in den 1960er Jahren im Zuge der Bemühungen des Dreamteams der französisch-deutschen Aussöhnung, Staatspräsident de Gaulle und Bundeskanzler Adenauer, für einen »Europakalender«.

Der radikalste Versuch aber bleibt weiterhin der des revolutionären Frankreichs, das seine grundlegende Kalenderreform immerhin dreizehn Jahre einigermaßen wacker durchhielt.

Die Welt ist nicht perfekt. Unter den vielen Umständen, die uns das Leben mal mehr, mal weniger erschweren, ist eine die babylonische Sprachverwirrung: die Tatsache, dass auf der Welt Tausende Sprachen gesprochen werden, die die weltweite Kommunikation und eine Verständigung der Menschen über Staatsgrenzen und kulturelle Unterschiede hinweg behindern. In Zeiten des sogenannten globalen Dorfes namens Internet und der Möglichkeit für eine wachsende Zahl von Menschen, in alle Welt zu reisen, erweisen sich die mangelnde Reichweite der eigenen Muttersprache und die begrenzten Möglichkeiten des Spracherwerbs als ärgerlicher Stolperstein. Der Begriff »babylonische Sprachverwirrung« ist weithin geläufig, und seine lange Tradition verweist darauf, wie schmerzlich der Menschheit die Geschichte hindurch immer wieder bewusst war, dass eine sprachliche Einheit aller nicht besteht – und bezieht sich auf die Vorstellung, dass einstmals, in grauer Vorzeit, alle Menschen dieselbe Sprache sprachen und sich mühelos verstehen konnten. Von einer oder mehreren solcher Proto-Weltsprachen gehen die meisten Sprachwissenschaftler aus, aber das muss hypothetisch bleiben, weil ihre Existenz einfach schon zu lange zurückliegt, als dass darüber tragfähige Aussagen getroffen werden könnten. Die Vermutung, dass alle im Laufe der Menschheitsgeschichte entstandenen Sprachen auf eine solche Ursprache zurückgehen, kann daher weder bestätigt noch widerlegt werden.

In jedem Fall ist das Bild des Turmbaus zu Babel, das die

hebräische Bibel im elften Kapitel der *Genesis* zeichnet, eine treffende Allegorie auf den Mangel an sprachlicher Einheit unter den Menschen der Welt: Nach der Sintflut einte »alle Welt einerlei Zunge und Sprache«. Ihre Überheblichkeit aber ließ bei den Menschen den Plan entstehen, einen Turm zu bauen, der bis zum Himmel reicht. Die Sache wurde Gott zu heikel, da die Menschen sich nicht mit dem zufriedengeben wollten, was für sie vorgesehen war. »Und der Herr sprach: Siehe, es ist einerlei Volk und einerlei Sprache unter ihnen allen, und dies ist der Anfang ihres Tuns; nun wird ihnen nichts mehr verwehrt werden können von allem, was sie sich vorgenommen haben zu tun.« Daher sandte er die Sprachverwirrung unter die menschlichen Türmlebauer und erreichte so, dass das gemeinsame Werk nicht mehr zu vollbringen war. Denn die Menschen besaßen mit einem Mal unterschiedliche Sprachen und konnten sich einander nicht mehr verständlich machen.

Barbaren und Stumme

Trotz der Verständigungsprobleme wurden Sprachgrenzen immer wieder überwunden, nicht zuletzt zum Wohle von Handel und Wirtschaft. Unverständnis war dabei im doppelten Wortsinn meist im Spiel – ablesbar am überheblichen Begriff der Griechen für alle Fremdzüngigen: Barbar heißt eigentlich Stammler, weil es kein Griechisch war, das fremde Völker sprachen. Die slawischen Nachbarvölker der Deutschen, als Angehörige einer anderen Sprachfamilie ebenso die Ungarn, nannten die Fremden in diversen Sprachvarianten Stumme – auf Altslawisch *němě* –, weil ihnen deren Reden nichts sagte. Gleichwohl bestanden trotzdem Kontakte und bauten die

Völker Beziehungen zueinander auf, was mit großer Geste vereinfacht eine Art Vorstufe der Globalisierung darstellt.

Einen ihrer Beschleunigungsschübe erfuhr die Globalisierung seit der Mitte des 19. Jahrhunderts, als bessere Verkehrsmöglichkeiten und neue Kommunikationsformen wie Telefon und Telegraphie, aber auch Systematisierungen wie die Weltzeit den Erdball zu verkleinern schienen, weil die Entfernungen weiter schrumpften. Engere wirtschaftliche Beziehungen und die zunehmende Bedeutung internationaler Politik machten zwischenstaatliche Absprachen und Abkommen notwendig. Auch die Wissenschaft wurde zunehmend internationaler. All das ginge mit einer gemeinsamen Sprache einfacher vonstatten – aber mit welcher? Wünschenswert erschien aus Gründen der Gleichberechtigung, eine neutrale Plansprache zu wählen, die einen weiteren Vorteil haben könnte: eine einfache und klare Struktur, also ohne all die Schwächen, die jede lebende Sprache aufweist, von Wörtern mit Mehrfachbedeutung über eine verworrene Grammatik mit ärgerlichen Ausnahmeregelungen und eine unregelmäßige Syntax bis hin zur schwierigen Aussprache. Aber selbst eine kulturell, politisch und weltanschaulich neutrale Sprache bedürfte des Konsens aller Beteiligten, mithin der ganzen Welt, um überall Verbreitung zu finden und ihren Auftrag zu erfüllen.

Der Makel der Sprachenvielfalt, die, abgesehen von den Nachteilen, gleichzeitig eine faszinierende kulturelle Vielfalt mit sich bringt, wurde bekanntlich nie wirklich behoben – so wie es trotz einiger Anläufe nie gelungen ist, einen rational überzeugenden, praktikablen und von kulturellen, politischen und religiösen Prägungen freien Weltkalender durchzusetzen. Im Falle von unerlässlichen Alltagsinstrumenten sind die Beharrungskräfte einfach zu groß, und die verbindliche Einführung einer neuen Sprache für alle Erdenkinder wäre noch weitreichender als eine globale Kalenderreform.

In den Siebzigerjahren schrieb der Schriftsteller Arthur Koestler: »Wir haben Nachrichtensatelliten, die Botschaften an die gesamte Bevölkerung des Planeten schicken können, aber keine *lingua franca*, keine globale Verkehrssprache, die sie allgemein verständlich machen würde. Sonderbar, dass mit Ausnahme einiger kühner Esperanto-Anhänger noch niemand, weder die Unesco noch irgendeine andere internationale Organisation, darauf gekommen ist, dass der einfachste Weg zur Völkerverständigung dieser wäre, eine Sprache zu fördern, die von allen verstanden wird.« Damals gab es das Internet noch nicht, vor dessen Hintergrund der Sachverhalt sich noch schärfer konturiert. Angenommen, alle Menschen würden in der Schule nur eine Fremdsprache lernen, dafür aber von Cádiz bis Prowidenija, von Reykjavík bis Melbourne, von Kapstadt bis Anchorage, von La Rochelle bis Schanghai dieselbe: Das Globalmedium Internet könnte sein Potenzial bis zur Gänze ausschöpfen. Was mindestens idealistisch, wenn nicht utopisch klingt, wäre prinzipiell durchaus machbar – und die Vorteile enorm. Ohne eine weltumspannende Übereinkunft aber, die eine wahrhaft kraftvolle supranationale Institution voraussetzt, die Einzelinteressen und Eitelkeiten zugunsten des globalen Konsens überwindet, ist ein solches Projekt nicht zu realisieren.

Und doch wurden, mit einem unzeitigen Vorläufer von 1734 namens Carpophorophilus, schon im 19. Jahrhundert zahlreiche Plansprachen entwickelt. Meist nutzten sie als Fundus Latein als Ursprung vieler europäischer Sprachen, was der westlichen Welt das Erlernen leichter machen sollte, aber damit einer Überwindung des Eurozentrismus entgegenstand. 1879 wurde die Plansprache Volapük erfunden, von einem katholischen Pfarrer aus dem Badischen, dem schon der Nähe zu Frankreich wegen eine gemeinsame Sprache als Mittel der Völkerverständigung angeraten schien. Sie war die erste Plansprache, die tatsächlich Anwendung fand. Johann Martin Schleyers Volapük beruhte auf dem Englischen, das schon damals die am weitesten verbreitete Sprache war, ließ aber den Buchstaben R außen vor, um den Chinesen das Erlernen beziehungsweise die Aussprache zu erleichtern. Aufgrund von Streitereien innerhalb der Volapük-Bewegung war der Sprachenschöpfung allerdings kein langes Leben vergönnt. Nach einer ersten Euphorie in zahlreichen Ländern wurde dem Projekt zum Verhängnis, dass es ein Eigenleben begann und die Sprache sich veränderte. In seinem Buch *Die Suche nach der vollkommenen Sprache* befand der Semiotiker Umberto Eco: »Es ist dies die Tragik aller Projekte künstlicher Sprachen: Wenn ihre frohe Botschaft kein Gehör findet, bewahren sie sich ihre Reinheit; wenn ihre Botschaft sich aber verbreitet, fällt die Sprache in die Hände der versammelten Proselyten und wird, da das Bessere der Feind des Guten ist, ›babelisiert‹.«

Zahlreiche weitere Plansprachen traten hinzu. Zwei Franzosen, der Linguist Louis Couturat und der Mathematiker Léopold Leau, machten 1903 nicht weniger als 38 »internationale« Sprachen aus, die darum konkurrierten, zur anerkannten Welteinheitssprache aufzusteigen. Insgesamt wurden durch die Jahrhunderte über 1.000 Plansprachen erfunden, für die Latein schon deshalb besonders häufig als Grundlage herangezogen wurde, weil sich Europa besonders sprachenkreativ betätigte. Die meisten solcher Projekte gelangten allerdings über ein embryonales Stadium nicht hinaus. Andere waren zwar stimmig und ausgearbeitet, aber nicht sprechbar und erfüllten lediglich den Anspruch, eine »logische« oder »per-

fekte« Sprache herzustellen. Das machte sie zu einer eher
elitären Angelegenheit und uninteressant für eine Breitenwirkung, bei der alle gesellschaftlichen Schichten Sprecher bei-
steuern. Nur eine einzige Sprache schaffte den Sprung zu
einer wirklich funktionierenden und praktizierten Sprache,
von einer Plansprache zu einer lebendigen.

Ein Doktor der Hoffnung

Denn am Ende des 19. Jahrhunderts kam ein Produkt auf den
Weltmarkt der Plansprachen, das die Konkurrenz weit hinter
sich lassen sollte. Entwickler war der polnisch-jüdische Augenarzt und Philologe Ludwig Lazarus Zamenhof aus Warschau.
Zamenhof, 1859 geboren, war der Sohn eines atheistischen
Anhängers der Assimilierung und der jüdischen Aufklärungsbe-
wegung Haskala sowie einer gläubigen, Jiddisch sprechenden
Mutter. Seine Familie stammte ursprünglich aus Süddeutsch-
land und war seit Anfang des 19. Jahrhunderts in Osteuropa
ansässig. Schon im Elternhaus der Großfamilie (Ludwig hatte
zehn Geschwister) wurden mehrere Sprachen gesprochen –
Ludwig lernte Polnisch und Russisch, Deutsch und Jiddisch,
Hebräisch und Französisch. Später kamen Griechisch, Latein und Englisch hinzu, wohl auch Litauisch und Spanisch.
Ebenso multilingual war der kulturelle Hintergrund: Zamenhof wurde in Bialystok geboren, das zwar zu Polen gehörte,
aber seit der dritten polnischen Teilung unter russischer Herrschaft stand. Der prägende Bevölkerungsteil waren die Juden,
die mehr als zwei Drittel der Bürger von Bialystok stellten:
Polen und Ukrainer, Russen, Weißrussen und Deutsche waren
in der Minderheit. Trotzdem waren die Juden Anfeindungen
und Pogromen ausgesetzt, wie sie im späten Zarenreich an der

Tagesordnung waren. Zamenhof studierte Medizin in Moskau und Warschau und verdiente als Augenarzt einige Zeit recht schlecht, weil er überwiegend arme Patienten behandelte. Die aufwendige Arbeit an einer funktionsfähigen Neusprache finanzierten Zamenhof vermutlich die betuchten Eltern seiner Frau Klara, einer Fabrikantentochter.

1887 veröffentlichte Zamenhof das Buch *Internationale Sprache. Vorrede und vollständiges Lehrbuch* unter dem Pseudonym, das sich bald als Name der neuen Sprache durchsetzen sollte: »Doktoro Esperanto«, der hoffende Doktor. Zamenhof setzte damals seine Hoffnung in die Rückkehr der Juden nach Palästina und verstand Esperanto auch, aber keineswegs allein als einigende Sprache für die in alle Welt zerstreuten Juden. Zugleich ging es ihm um eine internationale, völkerverbindende Sprache, die sich positiv auf das Zusammenleben der Völker auswirken würde. Als weltlicher Jude verstand er sich als Sohn seines Volkes, hatte aber kein Interesse an Hebräisch als Sprache für Palästina, weil damit in seinen Augen nur ein neuer Nationalismus begünstigt worden wäre. Eine frühe Liaison mit dem Zionismus Anfang der 1880er-Jahre, also noch vor der eigentlichen Gründung der Zionistischen Weltorganisation 1897, endete aufgrund Zamenhofs alsbaldiger Enttäuschung und seiner inzwischen gewonnenen Überzeugung, aus einem jüdischen Staat könne nichts werden. Seine Hauptargumente gegen den Zionismus wurden von vielen Zeitgenossen geteilt: Eine gemeinsame Religion sei noch kein gemeinsames Nationalgefühl, Palästina sei zu klein für die in aller Welt lebenden Juden und Hebräisch eine tote Sprache. Das war zu Anfang des 20. Jahrhunderts.

Zamenhof vertrat stattdessen, was er »homaranismo« (Esperanto für: Menschheitslehre) nannte: die Verbrüderung der Welt. Im ersten Artikel seines 1906 veröffentlichten Manifestes heißt es: »Ich bin ein Mensch, und die ganze Menschheit betrachte ich als eine Familie; die Teilung der Menschheit in verschiedene, einander feindliche Völker und ethnisch-religiöse Gemeinschaften betrachte ich als eines der größten Übel, das früher oder später verschwinden muss und dessen Verschwinden ich nach Kräften fördern muss.« Zamenhof wurde ein früher Kritiker des Nationalismus, auch des jüdischen, weil jede Form des Nationalismus und der politische Missbrauch von Volks- oder Religionszugehörigkeit Unglück über die Menschen bringe. Als eigentliches Problem im Zusammenleben der Völker sah er die unterschiedenen Religionen und Sprachen. Wenn aber alle Religionen gleich behandelt würden und sich die Menschen eine gemeinsame Sprache teilten, so seine Überzeugung, wäre jeder Form von Völkerhass die Grundlage entzogen.

Zamenhofs jüdische Identität und seine Sprachschöpfung sind nicht voneinander zu trennen. 1905 schrieb er einem französischen Anhänger der neuen Sprache, die Spaltung der Welt sei für einen »Juden aus dem Ghetto« besonders drastisch erlebbar. Er bete zu einem Gott in einer toten Sprache (allerdings war Hebräisch damals bereits auf dem Weg zu seiner zweiten Karriere als höchst lebendige Sprache), lerne die Sprache eines Volkes, das ihn ablehne, und könne sich mit seinen Leidensgenossen in aller Welt nicht unterhalten. Einer französischen Zeitung dagegen erzählte er einmal, die ewigen Streitereien unter seinen Schulkameraden hätten ihn sehr beeinflusst, denn ein Großteil des Streits habe als Ursache das mangelnde gegenseitige Sprachverständnis gehabt. Zamenhof legte im Interesse der universalen Verbreitung von Esperanto bald Wert darauf, der neuen Sprache statt einer rein jüdischen ein wahrhaft internationales Image zu geben.

Eine Grammatik ohne Ausnahmen

Ludwig Zamenhof gestand seinem Esperanto ein Alphabet mit 28 lateinischen Buchstaben zu – einen für jeden Laut und einige sogenannte »Dachbuchstaben«: a, b, c (ausgesprochen wie z), ĉ (ausgesprochen wie tsch), d, e, f, g, ĝ (ausgesprochen wie dsch), ĥ (ausgesprochen wie ch), i, j, ĵ (ausgesprochen wie sh), k, l, m, n, o, p, r, s (stimmhaftes s), ŝ (sch), t, u, ŭ (kurzes u), v (ausgesprochen wie w) und z (stimmloses s). Die Aussprache geht dadurch stets aus der Schrift hervor, Umlaute kommen nicht vor, nebeneinanderstehende Vokale werden getrennt gesprochen. Gleichwohl erwies sich die Aussprache als Problem und war vor allem in der Anfangszeit uneinheitlich und Gegenstand einiger Debatten. Naturgemäß unterscheidet sich die Aussprache, beispielsweise der Vokale, je nach Herkunft der Sprecher. Hier kommt ein Problem zum Tragen, das »gewachsene« Sprachen nicht haben: Sie wurden allesamt gesprochen, bevor man sie aufgeschrieben hat. Esperanto ist die einzige Sprache, die in Schriftform gegossen wurde, bevor das Sprechen und damit der Praxistest begonnen hatte. In den folgenden Jahrzehnten der praktischen Erprobung wurden denn auch Modifikationen vorgenommen. Klar festgelegt war aber von Anfang an, dass in jedem Wort die vorletzte Silbe betont wird – das wird im Allgemeinen Zamenhofs polnischer Herkunft zugeschrieben.

Ganz insgesamt steht die Sprache für Klarheit und leichte Erlernbarkeit, denn Zamenhof wollte ausdrücklich, dass sie mit geringem Aufwand und von Angehörigen aller Bildungsniveaus erlernt werden könne. So gibt es nur einen bestimmten Artikel (*la*) und keinen unbestimmten, der Artikel wird in Ein- und Mehrzahl gleichermaßen verwendet. Ein Substantiv in Esperanto endet stets auf *-o*, ohne damit ein bestimmtes

Geschlecht zu meinen. Allerdings wird für die weibliche Form vor die Endung -o die Silbe -in- eingefügt. So heißt der Hund *hundo*, die Hündin *hundino*. Für die Mehrzahl wird am Ende noch ein -*j* angehängt: *hundoj* für die Hunde, *hundinoj* für die Hündinnen. Zamenhof beschränkte seinen Sprachentwurf auf nur zwei Fälle: Nominativ (-*o*) und Akkusativ (-*n*). Weitere Präzisierungen werden durch Präpositionen und Vorsilben gekennzeichnet – wie Zamenhof insgesamt Wert darauf legte, Vorsilben und Endungen ausgewogen zu verwenden, um keine schwer erfassbaren Wortungetüme zu erhalten. Sinnfällig zusammengesetzte und daher ebenso einsichtige wie einprägsame Wörter gibt es dagegen in reicher Zahl, das Kompositionssystem ist ebenso einfach wie einleuchtend. Aus jedem Substantiv lässt sich ohne Ausnahme das zugehörige Adjektiv herstellen, indem die Endung -o durch -a ersetzt wird: Wärme: *varmo*, warm: *varma*. Kälte: *frosto*, kalt: *frosta*. Mit einem -e am Ende wird daraus ein Adverb. Verben enden im Infinitiv stets auf -*i*. Die Endungen der Verben sind in allen Konjugationsformen gleich: Ich brülle: *mi kriegas*. Er spricht: *li parolas*. Ihr lernt: *vi lernas*. Für die verschiedenen Zeitformen ändert sich an der Endung der Vokal: *i* für Vergangenheit, *o* für Zukunft, *u* für den Konjunktiv. Im Imperativ endet das Verb ohne s auf -*u*. Diese beeindruckende Klarheit setzt sich in der Grammatik in allen Regeln fort, und jeder Sprachschüler weiß rasch zu schätzen, dass es von diesen Regeln keine Ausnahmen gibt – ganz im Unterschied zu allen anderen Sprachen.

Mit seiner ersten Sprachschrift lieferte Zamenhof neben sechzehn sehr klaren Regeln und Übungstexten eine Vokabelliste mit, die zunächst aus 904 Grundwörtern bestand. Für das Vokabular nahm sich Zamenhof die Wörterbücher verschiedener (europäischer) Sprachen vor und suchte all die Wörter zusammen, die eine gemeinsame Herkunft aufweisen, was möglichst vielen das Erlernen der neuen Sprache erleichtern sollte. Manche Wörter ähneln sich in vielen Sprachen, etwa die für Rose oder Zigarette. Für den restlichen Wortschatz versuchte Zamenhof, möglichst gerecht und gleichmäßig auf den Bestand bestehender Sprachen zurückzugreifen: zunächst die romanischen, dann die germanischen, dann die slawischen. Bezogen auf den Esperanto-Grundwortschatz aus dem Jahr 1905 sind die Wörter für deutsche Muttersprachler zu fast zwei Dritteln, für die Sprecher romanischer Sprachen sogar zu 80 Prozent und für die slawischen Muttersprachler immerhin noch zu knapp einem Drittel erkennbar.

Wie zugänglich Esperanto auch für den Sprachunkundigen daherkommt, soll ein Satz aus der Erklärung des ersten Esperanto-Weltkongresses von 1905 illustrieren: »*Esperantisto estas nomata ĉiu persono, kiu scias kaj uzas la lingvon Esperanto, tute egale por kiaj celoj li ĝin uzas. Apartenado al ia aktiva Societo esperantista por ĉiu esperantisto estas rekomendinda, sed ne deviga.*« (Esperantist wird jede Person genannt, die die Sprache Esperanto versteht und benutzt, ganz gleich für welche Ziele sie diese benutzt. Die Zugehörigkeit zu einer aktiven Esperanto-Gesellschaft ist für jeden Esperantisten empfehlenswert, aber nicht Pflicht.)

Reine Kunstsprachen leben nicht, weshalb sie sich auch nicht verändern. Die Plansprache Esperanto dagegen wird seit vielen Jahrzehnten praktiziert und hat sich dabei fortentwickelt. Die erste Überarbeitung von Grundgrammatik und -wortschatz nahm Zamenhof nach entsprechenden Forderungen aus der noch jungen Sprechergemeinde 1894 selbst vor. 1905 wurde ein *Fundamento de Esperanto* als »unantastbare« Grundlage bestimmt, um die weitere Sprachentwicklung auf eine sichere Basis zu stellen. Auf der entwickelte sich Esperanto seither weiter, im Sinne des Spracherfinders, der sich als ihr Initiator und nicht als ihr Schöpfer verstanden hatte.

Beispielsweise hat sich seither die Aussprache nach den anfänglichen Schwierigkeiten vereinheitlicht und ist das Vokabular von unter 1.000 Grundwörtern auf ungefähr das Fünfzehnfache gestiegen – nicht eingerechnet zusammengesetzte Wörter, die abermals ein Vielfaches dessen ausmachen. Die Praxis hat außerdem manche Wörter aus dem Wortschatz durch neue mit derselben Bedeutung verdrängt – so wurde aus *signo de poŝto* für Briefmarke *poŝtmarko* – und längere Wörter verkürzt (*beletristiko* wurde zu *beletro*) oder zwecks einfacherer Aussprache verändert (*tekniko* statt *teĥniko*). Und natürlich passt sich das Vokabular ebenso an wie andere Sprachen auch, sei es mit *interreto* für Internet, *poŝtelefono* für Mobiltelefon oder *tutmondiĝa* für Globalisierung.

Den Praxistest bestand Esperanto auch als Literatursprache. Die ersten Theateraufführungen gab es bereits auf dem ersten Weltkongress, drei Jahre später wurde in Dresden Goethes *Iphigenie auf Tauris* in Esperanto uraufgeführt, 1926 erschien die Bibel in Esperanto. Schon früh begann auch eine Tradition der Originalliteratur, sodass Esperanto heute sowohl als Übersetzungs- als auch Literatursprache von Bedeutung ist. Ein weiterer Kritikpunkt, die neue Sprache sei zu starr für Nuancierungen, unverzichtbar beispielsweise für Poesie und Humor, ist vielfach widerlegt worden.

Zamenhofs Sprachkreation fand zunächst vor allem in den slawischen Ländern Zuspruch, bald aber auch im übrigen Europa. Die erste Broschüre war in Russisch erschienen, aber rasch folgten Ausgaben in Polnisch, Französisch, Deutsch, Englisch, Hebräisch und Jiddisch. Bereits zwei Jahre nach der ersten Veröffentlichung konnte Zamenhof voller Stolz ein erstes Anschriftenverzeichnis der Esperanto-Sprecher herausgeben – es enthielt ansehnliche 1.000 Einträge, die Mehrheit aus dem

Zarenreich. Ein früher prominenter Fürsprecher der neuen Sprache war der russische Schriftsteller Leo Tolstoi, auch wenn er sie nie erlernte. Er verhalf der Esperanto-Bewegung einerseits zu weltweitem Augenmerk, andererseits aber zu misstrauischer Behinderung durch die zaristischen Behörden. Eine eigene Zeitschrift durfte Zamenhof in seiner Heimat nicht publizieren, obwohl im Russischen Reich die Mehrzahl der frühen Esperantisten lebte. In die Bresche sprang der vormalige Volapük-Club in Nürnberg, der seit 1889 die erste Monatsschrift der Sprachbewegung herausgab: *La Esperantisto*. Allerdings waren die Beziehungen nach Nürnberg keineswegs spannungsfrei. Und als ein der Zensur unliebsamer Beitrag Tolstois erschien, belegten die russischen Zensurbehörden die Zeitschrift kurzerhand mit einem Einfuhrverbot.

Ins romanischsprachige Europa fand Esperanto seinen Weg durch den Enthusiasmus eines Franzosen, des Privatlehrers Louis Chevreaux, der sich als »Marquis Louis de Beaufront« neben dem klangvollen Namen auch eine recht schillernde Biographie gebastelt hatte. Als einer der ersten Esperantisten Frankreichs sowie gewiefter Organisator und PR-Mann rührte er gekonnt die Werbetrommel für Zamenhofs Sprachenschöpfung, insbesondere unter der französischen *Intelligenzija*. Bereits 1905 fand im nordfranzösischen Boulogne-sur-Mer der erste Esperanto-Weltkongress statt, auf dem die Sprache ihren Zweck erstmals unter Beweis stellen konnte. Fast 700 Delegierte aus vielen Ländern kamen zusammen und verstanden sich, wenn auch noch nicht immer mühelos: dank Zamenhofs Esperanto. Zu Beginn des Ersten Weltkrieges bestanden Esperantoverbände in fast allen Ländern Europas sowie in Japan und den Vereinigten Staaten. Bis zu Beginn des Ersten Weltkrieges nahm Zamenhof an allen Weltkongressen teil; er reiste dafür sogar bis nach Washington. Während des

Krieges veröffentlichte er noch ein Memorandum für die Zeit nach Friedensschluss, ein Plädoyer für die Vereinigten Staaten Europas inbegriffen. Das Ende des Krieges erlebte er allerdings nicht mehr, er starb im Frühling 1917 mit nur 56 Jahren in Warschau an einem Herzinfarkt.

Sein Ziel war es, Esperanto zum Katalysator einer besseren Welt zu machen, in der eine gemeinsame Sprache alle anderen Unterschiede überbrückt und Konflikten den Boden entzieht. Ausdrücklich wollte Zamenhof eine internationale Sprache, wie er sie auch zunächst nannte (*lingvo internacia*), und keine Weltsprache (*lingvo tutmonda*), die alle Nationalsprachen ersetzt. Es ging ihm also keineswegs um eine linguistische Weltrevolution, wie noch heute gern behauptet wird. Auch wollte er keine statische, »perfekte« Sprache, sondern eine lebendige und praktikable. Zamenhofs »Sprachführer« von 1887 bestand denn auch ganz bewusst aus einer Minimalgrammatik.

Begeisterung und Verunglimpfung

Im Unterschied zu anderen Plansprachen ging die Geschichte des Esperanto auch nach dem Tod seines Schöpfers weiter. Offenbar bestärkte das Erlebnis des Krieges in ganz Europa die Esperantisten, die Idee der Völkerverständigung durch Sprache nun erst recht weiterzubetreiben. Nun sind Sprachen zwar an sich unpolitisch, besitzen aber in der kulturellen und geographischen Bindung ihrer Sprecher ein politisches Potenzial, das häufig verwertet und nicht selten missbraucht wird. Unliebsame Minderheiten werden auf der ganzen Welt immer wieder in ihrer Identität bedroht, indem man ihre Sprachen benachteiligt oder ganz unterdrückt – von den im Deutschen Reich lebenden Polen und den unter russischer Herrschaft stehenden Litauern im 19. Jahrhundert über, bis vor nicht allzu langer Zeit, die Maya in Guatemala und Mexiko und die Kosovo-Albaner im Serbien unter Milošević bis zu den Tibetern Chinas oder den Sorben in Deutschland noch heute. Man könnte meinen, eine internationale Plansprache wie das Esperanto sei gegen solche nationalistischen oder kulturchauvinistischen Repressionen gefeit, tatsächlich war aber das Gegenteil der Fall.

Im zum Zarenreich gehörenden Polen begann die Diskriminierung der Sprachenschöpfung Zamenhofs, weil sie von den Behörden als potenziell gefährlich und suspekt eingestuft wurde. Zumal seit der Ermordung von Zar Alexander II. durch Anarchisten 1881 schrumpfte der ohnehin nicht allzu große Spielraum für Intellektuelle unter russischer Herrschaft, vor allem für die Juden unter ihnen. Der Umstand, dass die neue Sprache von einem Juden ins Leben gerufen worden war, machte es da nicht leichter. Auch als 1904 die Zensur gelockert wurde, verbesserte sich die Situation für die Esperantisten in nur geringem Maße. Weiterhin galten sie als Separatisten und ihre Sprache als gefährliches Vehikel für unliebsame ausländische Ideen.

Auf derart kargem Boden konnte auch die neue Sprache trotz anfänglicher Begeisterung nicht recht gedeihen, dafür umso mehr in Westeuropa. Um in keine so oder so geartete Ecke gestellt zu werden, verlegten sich die eifrigen französischen Propagandisten für die Sache Esperanto darauf, den rein praktischen Nutzen einer internationalen Sprache zu betonen: für Wirtschaft und Wissenschaft, Verkehr und Tourismus – eben für alles, was (sprach-)grenzüberschreitender Verständigung bedarf. Das entsprach zwar nicht dem idealistischen Geist Zamenhofs, der ja eine Mission verfolgte, wohl aber war diese Verkürzung dem Image der Sprache zuträglich.

In Deutschland hingegen war schon der Start ausgesprochen mühsam gewesen, und die erste deutsche Esperanto-Gesellschaft wurde, reichlich verspätet, erst 1906 gegründet. Die neue Sprache erfuhr in Deutschland mehr Gegenwind als in anderen westeuropäischen Ländern. Nicht allein, aber besonders in Deutschland war Internationalismus suspekt, weil er als »anti-national« galt und die Nation als Maß aller Dinge. Die postulierte Neutralität der neuen Sprache konnte nur dann positiv ausstrahlen, wenn Neutralität geschätzt wurde, aber das war im Deutschen Reich vor dem Ersten Weltkrieg ganz überwiegend nicht der Fall. Und bereits jetzt war voller Abscheu von der »jüdischen Weltsprache« die Rede.

Noch vor dem Weltkrieg begann auch im restlichen Europa die Politik in die neue Sprachenwelt hineinzuschwappen, als sich innerhalb der Esperanto-Bewegung politische Gruppen formierten. Dass aber in dieser Zeit des aggressiver werdenden Nationalismus die Zahl der Mitglieder im Esperanto-Weltverband rasch wuchs, ist eher ein Ausdruck der Abscheu eben vor den chauvinistischen Strömungen. Doch der grassierende Nationalismus, eine der Ursachen für den Ersten Weltkrieg, machte auch der *internacia lingvo* das Leben schwer.

Nach dem Ersten Weltkrieg schien die internationale Sprache im neu gegründeten Völkerbund einen natürlichen Partner zu haben. Und in der Tat lag schon der ersten Vollversammlung des Völkerbundes in Genf ein Entschließungsantrag zugunsten des Esperanto vor: »… damit die Kinder in allen Ländern von nun an wenigstens zwei Sprachen kennenlernen, ihre Muttersprache und ein leichtes Mittel zur internationalen Verständigung«, hieß es darin. Aus der Einführung des Esperanto als Schulsprache wurde zwar nichts, aber wenigstens ideell unterstützte die Vorläuferorganisation der Vereinten Nationen Zamenhofs Plansprache.

Rangkämpfe und Eifersüchteleien großer und kleiner Länder, zwischen Fürsprechern verbreiteter und weniger verbreiteter Sprachen prägten und behinderten jedoch die Arbeit des Völkerbundes. Vor allem Frankreich, das seine Sprache einem erheblichen Konkurrenzdruck durch das Englische ausgesetzt sah, opponierte in einer Art stolzem Kulturnationalismus der Frankophonie gegen Bemühungen für die Verbreitung von Esperanto und erhielt dabei die Unterstützung Brasiliens. Insofern erfuhr Esperanto im Kleinen, was dem Völkerbund insgesamt schließlich den Garaus machte: blinden Egoismus der Mitgliedsstaaten. Man darf vermuten, dass Esperanto als weltweite *lingua franca* einen enormen Aufschwung genommen hätte, wenn im Völkerbund darüber ein Konsens erreicht worden wäre. Gleichzeitig hätte die Sprache die Sache des Völkerbundes, der ja in Reaktion auf den verheerenden Ersten Weltkrieg gegründet worden war, begleiten und nicht unwesentlich unterstützen können. Doch die natürlichen Verbündeten konnten ihr Potenzial nicht bündeln, der Völkerbund erwies sich in jeder Hinsicht als zahnloser Tiger.

Der nunmehr folgende Wettstreit der Ideologien und Machtblöcke sollte die Lage nicht besser machen. Und auch die Esperanto-Bewegung selbst spaltete sich Anfang der 1920er-Jahre in zwei Lager: das bürgerliche und das der Arbeiter. Der Brückenschlag verlor also selbst unter Esperantisten an Rückhalt. Hinzu gesellten sich weiterhin Behinderung und Unterdrückung, wenn nicht der Sprache als solcher, dann doch immer wieder unter dem Vorwand ihres angeblichen Missbrauchs als Medium illegaler Lehren oder Tätigkeiten.

In der Weimarer Republik hatten es die Esperantisten trotz aller Freiheiten der ersten deutschen Republik nicht leicht,

weil ihre Sprache im hitzigen Debattenklima weiterhin verunglimpft wurde – sie sei links, jüdisch, internationalistisch
oder gegen die deutsche Sprache gerichtet, hieß es wahlweise.
Trotzdem entschlossen sich viele Dutzend Schulen, Esperanto-
Unterricht anzubieten, und die Zahl der Sprecher nahm zu.
Unter den Nationalsozialisten wurde die Ablehnung zur Verfolgung, wenngleich Esperanto von rechten Politikern schon
zuvor als »Unsprache« bezeichnet worden war. Adolf Hitler
hatte bereits 1922 in München erklärt: »Der Marxismus wurde
der Zutreiber der Arbeiter, die Freimaurerei bildete für die
›geistigen‹ Schichten die Zersetzungsmaschine, das Esperanto
sollte die ›Verständigung‹ erleichtern.« In *Mein Kampf* war von
der »jüdischen Universalsprache Esperanto« die Rede, und
1930 schrieb der *Völkische Beobachter*, Völkerversöhnung sei
nicht dadurch zu erreichen, dass sich ein Deutscher und ein
Franzose in Esperanto »anstammeln«, sondern im Kampf gegen die »Vampire der internationalen Mächte«.

Damit war vorgegeben, als was Esperanto in Hitlerdeutschland bekämpft werden sollte: das Vehikel einer angeblichen
jüdisch-bolschewistischen Weltverschwörung. Nach dem Reichs-
tagsbrand am Rosenmontag 1933 wurden deutsche Esperanto-
Vereinigungen von Arbeitern ebenso aufgelöst wie andere
unabhängige Institutionen, in der Gestapo wurde Esperanto
jetzt als »Geheimsprache der Kommunisten« gehandelt. Der
Deutsche Esperanto-Bund versuchte noch, auf der Naziwelle
mitzuschwimmen und so zu überleben, und auch der längst
geplante Esperanto-Weltkongress in Köln im Sommer 1933
fand noch statt. Der Verband ließ sich »gleichschalten« und
veröffentlichte in seinen Organen sogar Hitlerreden und an-
tisemitische Artikel. Passiven Widerstand gab es gleichwohl:
Als 1934 die Ortsgruppe Magdeburg des Deutschen Espe-
ranto-Bundes in Anwendung des »Arierparagraphen« ihr ein-

ziges jüdisches Mitglied ausschloss, trat ein Viertel der Mitglieder solidarisch mit aus.

Die Ergebenheitsadressen an das neue Regime sollten die deutschen Esperantisten nicht retten. Ab 1935 lief von staatlicher Seite alles auf ihr Verbot hinaus, Behinderungen und propagandistische Hetze nahmen zu. Im Februar 1936 ließ Hitlers Stellvertreter Rudolf Heß NSDAP-Mitgliedern »die Zugehörigkeit zu Kunstsprachenvereinigungen aller Art« verbieten. Im folgenden Frühsommer – bemerkenswerterweise noch vor den Olympischen Sommerspielen in Berlin, wegen der die Regierung in anderlei Hinsicht noch Kreide fraß, um das Ausland nicht zu verprellen – wurde den internationalen Esperanto-Institutionen die Arbeit in Deutschland untersagt und den deutschen Organisationen die Selbstauflösung empfohlen – andernfalls würden sie staatlicherseits aufgelöst. Viele Esperantisten fügten sich, einige wirkten im Untergrund für ihre Sprache, ihre Ideale und gegen das Naziregime.

In anderen Ländern äußerte sich das Verhalten der Esperantisten ganz überwiegend hilflos und von einer fatalen Auslegung des Anspruchs der Neutralität geprägt: Man versuchte sich aus allem herauszuhalten und kompromittierte sich damit umso mehr. Die Ehrenrettung der organisierten Esperanto-Bewegung aber kam aus Jugoslawien, wo man sich klarer positionierte und auch von den Esperanto-Verbänden anderer Länder eine schärfere Abgrenzung zum nationalsozialistischen Deutschland forderte. Nach und nach gelangten die europäischen Verbände zu der Erkenntnis, dass – wie es der Esperanto-Historiker Ulrich Lins formulierte – »Neutralität dort entwertet war, wo sie in politische Blindheit umschlug«.

Der unliebsame Internationalismus

Die russische Esperanto-Bewegung hatte nach der Oktober-revolution 1917 zunächst einen Aufschwung erlebt. Die zaristi-sche Gängelung war vorüber, und zur Machtübernahme des Proletariats und zum Ziel der Weltrevolution schien eine in-ternationale »Sprache des Weltproletariats«, wie Esperanto nun auch genannt wurde, ganz vortrefflich zu passen. 1921 wurde die »Vereinigung sowjetischer Esperantisten« gegründet, und ein regelrechter Ansturm auf Sprachkurse und Lehrbücher setzte ein. Mittels Arbeiterkorrespondenz auf Esperanto sollten In-teressierte in aller Welt über die Entwicklung in der Sowjet-union auf dem Laufenden gehalten werden.

Doch die Blüte währte nur einige Jahre, dann folgte ein langsamer Niedergang. Denn allzu frei durfte es in den Espe-ranto-Briefen schon bald nicht mehr zugehen, sie sollten vielmehr stets im Sinne der Partei die sozialistischen Errun-genschaften preisen. Auch andere autoritäre Regime, so in Spanien, Portugal oder Ostasien, begegneten der grenzüber-schreitenden Kommunikation mittels Esperanto mit Miss-trauen. Schließlich setzte der Stalinismus der sowjetischen Esperanto-Bewegung ein Ende. In den Jahren des Großen Ter-rors wurden ab 1937 zahlreiche Esperantisten verhaftet, ermor-det oder in die sibirische Verbannung geschickt. Man warf ih-nen vor, unter der Tarnorganisation der Esperantisten »aktives Mitglied einer internationalen Spionageorganisation« zu sein. Nicht zuletzt ihre Auslandskontakte wurden ihnen zum Ver-hängnis – alles Internationale war suspekt, sofern es nicht von Partei und Staat organisiert und überwacht wurde. Harmlosen Briefmarkensammlern erging es übrigens ähnlich.

Nach Kriegsende 1945 erfüllte sich in den osteuropäischen Staaten die Hoffnung nicht, Esperanto werde einen neuen

Aufschwung erleben. Kalter Krieg und Stalinismus führten abermals zu Repression und Verdächtigung. In der DDR wurden 1949 alle Esperanto-Zirkel aufgelöst. In Rumänien wurde der Esperanto-Verband nach dem Krieg nicht einmal mehr wieder gegründet, in Bulgarien konnte ein geplanter Esperanto-Kongress nicht stattfinden. Ungarns Esperantisten erlebten eine kurze Phase der Hoffnung, aber dann setzten auch hier Schikanen und Verunglimpfungen ein. 1950 fand die ungarische Bewegung für Jahrzehnte ein Ende, 1952 folgte die Auflösung des tschechoslowakischen Verbandes. Selbst im Heimatland ihres Begründers, in Polen, verblieb ihnen nur ein winziger Spielraum. Diese Eiszeit endete erst 1953 mit dem Tod Stalins; im Jahr darauf erfuhren die Esperantisten in aller Welt außerdem die wichtige Wertschätzung der UNESCO, welche die Verdienste der Plansprache für die Völkerverständigung würdigte. 1959 schließlich konnte in Zamenhofs Geburtsland der 44. Esperanto-Weltkongress stattfinden.

Ein Scheitern in Größe

Seit dem Ende des Kalten Krieges ist die Arbeit für die vielen Esperanto-Organisationen bedeutend einfacher geworden. Kommunikation und Zusammenarbeit wurden durch die politische Entspannung erleichtert und schließlich durch die neuen Medien ungemein befördert. Trotzdem erlebte Esperanto seit 1989 nicht den Boom, den die Freude über fallende Grenzen und die Hoffnung auf eine einzige, friedlichere Weltgemeinschaft vermuten ließen. Nach dem Ende der Ost-West-Teilung der Welt wurde die Völkerverständigung keineswegs grenzenlos. Gleichzeitig erweist sich aber: So drastisch Unterdrückung und Behinderung vielerorts auch waren – sie bildeten nicht das eigentliche Hindernis dafür, dass Esperanto über ein bescheidenes Niveau an aktiven Sprechern nicht hinauskam. Ohne Frage ist seine Geschichte überaus beeindruckend, wenn man es mit allen anderen Plansprachen vergleicht. Als Sprache ist Esperanto ganz sicher nicht gescheitert, was an seiner Entwicklung zu einer lebendigen Sprache mit einer geschätzten Sprecherzahl von ein bis zwei Millionen und mehreren Tausend Mutter- bzw. Zweitsprachlern eindrucksvoll ablesbar ist. Im globalen Verhältnis aber ist sein weiterhin begrenzter Wirkungsgrad beklagenswert: Das Ideal Zamenhofs, mittels einer möglichst weitgehenden Verbreitung der Sprache zur Völkerverständigung beizutragen und dem Nationalismus den Garaus zu machen, konnte – global gesehen – nur auf sehr niedrigem Niveau umgesetzt werden. Dafür verantwortlich sind abermals, wie in den Zwanzigerjahren, Gleichgültigkeit und Ignoranz der internationalen Gremien, deren entschlossener und tatkräftiger Unterstützung die Sprache bedurft hätte – und ebenso der Egoismus und die Überheblichkeit der Staaten und Kulturen, die eine Abwertung ihrer Sprache fürchten oder die Dimension der Aufgabe scheuen. Es liegt auf der Hand, dass wohlwollende Unterstützung von UNO und UNESCO allein Milliarden Menschen eine einigende Weltsprache nicht einfach so schmackhaft macht. Und die Sprechergemeinschaft der Esperantisten hegt wohl keine Illusionen darüber, dass eine länderübergreifende Politikerriege in Aussicht stünde, die beherzt die Sache in die Hand nähme.

So überzeugend die Klarheit und die einfache Erlernbarkeit des Esperanto auch sein mögen: Sprachen verbreiten sich weniger wegen ihrer Praktikabilität als aus kulturellen oder historischen Gründen: Die Verbreitung von Latein ging mit der Ausdehnung des Römischen Reiches einher; Französisch wurde internationale Sprache des Adels und der Diplomatie, weil der Pariser Hof die Maßstäbe setzte; Englisch ist heute tonangebend, weil die westliche Welt den Erdball wirtschaftlich und politisch weitgehend dominiert und zuerst die Briten, dann die US-Amerikaner den Westen dabei sozusagen anführten. Allerdings war der Ausbreitung des Englischen durchaus zuträglich, dass die Sprache vergleichsweise leicht erlernbar ist und Grundkenntnisse ausreichen, um sich recht gut verständigen zu können. Ob aber Englisch seine Position als wichtigste Sprache der Welt auf lange Sicht wird halten können, hängt auch davon ab, ob die westliche Welt ihre globale Vorherrschaft überhaupt behaupten kann. Für die sprachlichen Konsequenzen wäre diese Frage unerheblich, hätte sich die Welt auf eine neutrale Welthilfssprache geeinigt, die auf dem gesamten Erdball neben der Muttersprache gelehrt wird.

Die Qualität, in der Zamenhofs Plansprache Esperanto gescheitert ist, entspricht in vielen Punkten dem Scheitern der Friedensbewegung oder der Kampagne zur Abschaffung der Todesstrafe: Der damit verbundene – und sie bedingende – Idealismus ist so universell, dass diese Unternehmungen ihren hehren Anspruch, die Menschheit als Ganzes zu erreichen und die Welt nachhaltig zu verändern, nie verwirklichen können. Solche idealistischen Vorhaben scheitern grandios in dem Sinn, dass ihre innere Größe gleichwohl Bestand hat, auch wenn sie sich von Maßstab und Anspruch her als zu groß erweisen. Das Projekt der universellen Weltsprache Esperanto ist nicht an sich selbst gescheitert, sondern daran, dass die Welt nicht nur nicht perfekt ist, sondern auch nicht perfekt gemacht werden kann. Die Mission des Menschen ist es trotzdem, wacker darauf hinzuarbeiten.

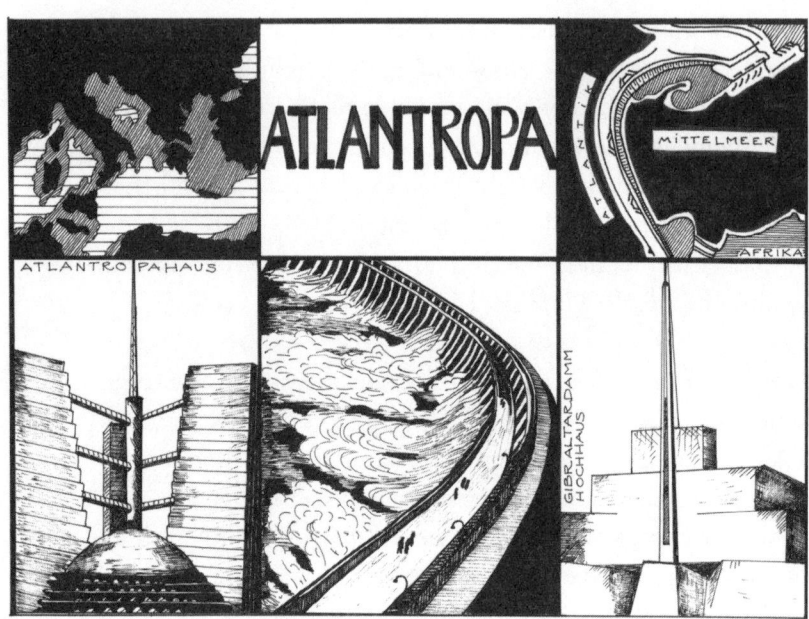

Wie ein Weltenneubaumeister

HERMAN SÖRGELS »ATLANTROPA«

Die Welt im Jahr 2200: Drei große Machtblöcke beherrschen die Welt – Panamerika, Asien und – Atlantropa. Um im globalen Wettkampf mitzuhalten und den drohenden »Untergang des Abendlandes« abzuwenden, hat sich der alte Kontinent Europa nach Süden ausgeweitet, mit einer Absenkung des Mittelmeeres gleichzeitig riesige Flächen Neuland gewonnen und eine Landverbindung nach Afrika geschaffen. Der schwarze Kontinent ist von Europa aus entwickelt worden, sein Rohstoffreichtum kommt dem Norden zugute. Der neue Erdteil Atlantropa, durch eine weitsichtige technische und politische Vision seit 1930 Schritt für Schritt verwirklicht, wird von Bern aus von einer Zentralregierung geleitet.

Seitdem eines der größten Menschheitsprojekte in Angriff genommen wurde, hat Europa seinen inneren Frieden gefunden, die europäischen Völker haben sich zusammengeschlossen. Die so gewonnene Kraft des Kontinents hat das Staatengebilde Atlantropa mächtig genug gemacht, um Aggressionen von außen abzuwehren und ein globaler Machtfaktor zu sein. Die größten Wasserkraftwerke der Welt versorgen den Kontinent mit sauberer Energie, Nordafrika (z. B. die Sahara) wurden fruchtbar gemacht. Nord-Süd-Eisenbahnen verbinden Paris mit Dakar und Berlin mit Kapstadt. Der gewaltige Gibraltardamm aber, das Symbolbauwerk des neuen Kontinents, ist zum Touristenziel Nummer eins geworden. Zwei weitere Staudämme haben ermöglicht, über einen Zeitraum von anderthalb Jahrhunderten den Meeresspiegel des Mittelmeeres

so weit abzusenken, dass das geschrumpfte Binnenmeer zwei-
geteilt und Neuland einer Fläche von Frankreich und Belgien
zusammengenommen gewonnen werden konnte. Entlang der
neuen Küstenlinie sind dank des Beitrags der internationalen
Architektenelite hypermoderne Hafenstädte entstanden, die
den Verlust der Küstenlage für Städte wie Marseille oder Venedig verschmerzbar machen. Die mediterrane Welt hat ihr
Antlitz verändert – zum Wohle der Menschen in Europa und
Afrika.

So dargestellt, hätte der Erfinder von Atlantropa sein Projekt
wohl ins rechte Licht gerückt gesehen. Der Mann, der ein Unternehmen derartiger Größenordnung – ohne jede Aussicht,
seine Vollendung noch selbst erleben zu dürfen – ausgeheckt
hatte, hieß Herman Sörgel und stammte aus der bayrischen
Oberpfalz, also weitab der Gestade des Mittelmeers. 1885 in
Regensburg geboren, studierte er seit 1904 an der Technischen
Hochschule München Architektur und trat 1908 in staatliche
Dienste. Darin folgte er seinem Vater, der sich als Ingenieur
zum obersten bayrischen Baubeamten hochgearbeitet hatte.
Seinem Vater verdankte er auch das Interesse an Wasserkraft-
projekten, das er mit seiner Begeisterung für hochfahrende,
monumentale Architektur sowie Projekte großen Maßstabs
und weltanschaulicher Dimension verband – aus dieser Mischung entstand »Atlantropa«.

Wenig verwunderlich, dass ein Mann mit solchen »Flausen« in einer Staatsverwaltung eher fehl am Platze war. Noch
in seinem Nachruf hieß es, Herman Sörgel sei einer jener
»schöpferischen Geister (gewesen), die sich durch die Kraft
ihrer eigenen Gedanken aus einer glänzenden bürgerlichen
Laufbahn werfen«. Weder in der Bauverwaltung noch als Leh-
rer an der Bamberger Meisterschule für Bauhandwerker sah

sich Sörgel aufgehoben, er strebte nach Höherem, Größerem, Spektakulärem. Da aber seine beiden Doktorarbeiten von der TU München aus nicht mehr nachvollziehbaren Gründen abgelehnt wurden, blieb ihm eine akademische Karriere, die mit sehr viel mehr Freiraum verbunden gewesen wäre, versperrt. Verletzte Eitelkeit nach solcher beruflichen Zurückweisung darf man wohl zu den Beweggründen zählen, die Herman Sörgel all seinen Schaffensdrang, all seine Energie auf ein Projekt konzentrieren ließen, mit dem er sich voll und ganz identifizierte.

Moderne als Lebensgefühl

1914 ging Sörgel zurück nach München und machte sich als Architekt, Publizist und Journalist selbstständig, bereiste 1925 die Vereinigten Staaten und heiratete im Jahr darauf. Im München der Nachkriegszeit war er der klassische, schwärmerisch-intellektuelle Freigeist dieser Epoche und verkehrte in den Kreisen der Schwabinger Künstlerboheme. Er gehörte zu jener Generation, die noch das alte Europa vor 1914 und seinen Untergang im Ersten Weltkrieg erlebt und daraus ihre Lehre gezogen hatte: kein Zurück ins Alte, kein solcher Krieg mehr, der einen daniederliegenden Kontinent zurückgelassen hatte – stattdessen mit Zuversicht und Tatendrang, aber auch einiger Überheblichkeit der entschiedene Aufbruch in eine lichte Moderne. Herman Sörgel besaß daneben einen Hang zu Esoterik, verkehrte mit Lebensreformern und Theosophen und vertrat in Abgrenzung zur verbreiteten Deutschtümelei einen kulturellen Universalismus. Von der Politik hielt er sich fern, war aber Unterstützer der Weimarer Republik und stand der Paneuropa-Idee jener Zeit nahe, Vorläufer des europäischen Einigungsprozesses nach dem Zweiten Weltkrieg. Sein Projekt taufte er denn auch zunächst Panropa, änderte den Namen aber, um nicht zu sehr nach Paneuropa zu klingen.

Als Architekt gehörte Sörgel zur Generation von Le Corbusier und Mies van der Rohe, Walter Gropius und Bruno Taut. In einem frühen Entwurf schlug er für München vor, mit einem Ring von (vorhandenen) Kirchen und (neu zu bauenden) Hochhäusern mit den Türmen der Frauenkirche als Zentrum die Stadt auf modernistischen Kurs zu bringen. Der Mann besaß Visionen und war selbstsicher und effektorientiert genug, um sie auch mit Vehemenz zu vertreten. Er forderte »Vorurteilslosigkeit, das offene Bekenntnis zur Zeit, der Mut zum Neuen«, wie er es beispielsweise in Amsterdam erkannte. Nur ließ man ihn nicht machen: Weder zeigte sich München so innovativ orientiert und mutig, die Ideen umzusetzen, noch waren die deutschen Verhältnisse danach. Die junge Republik erholte sich nur sehr allmählich von den Folgen des Ersten Weltkriegs und des Versailler Vertrags, erlebte immer wieder Rückschläge wie die Inflation 1923 oder die Weltwirtschaftskrise 1929, erwies sich bei aller freiheitlich-demokratischen Ausrichtung der Verfassung als politisch instabil – und ging bereits 1933 mit der Machtübernahme der Nationalsozialisten wieder unter. Die Goldenen Zwanziger waren für ihr Jahrzehnt alles andere als repräsentativ, wenn auch so glanzvoll, dass sie bis heute gern als Charakteristikum der Epoche angesehen werden.

Das Europa der Zwischenkriegsjahre war angesichts der wirtschaftlichen Schwierigkeiten und der politischen, gesellschaftlichen und intellektuellen Radikalisierung von Verunsicherung geprägt, aber ebenso von kontroversen Debatten um die Marschrichtung. Welchen Weg sollte die junge Republik, ja Europa überhaupt einschlagen: den einer bedingungslosen

Modernisierung nach US-Vorbild oder den der Besinnung auf althergebrachte Werte? Lag das Heil im Rückzug auf den Nationalismus oder im Zusammengehen des gesamten Kontinents? Bot ein entfesselter Kapitalismus die größeren Entwicklungschancen als der Weg der Sowjetunion, die damals in ganz Europa viele Fürsprecher besaß? Radikalisierung und Ideologisierung ließen eine Vermittlung zwischen den Extremen kaum zu. In Architektur und Städtebau beispielsweise galten Konstruktivismus und Funktionalität als fortschrittlich, jeder Schnörkel und alles Gewachsene dagegen als reaktionär. Modernität um jeden Preis – das führte zu fragwürdigen Auswüchsen wie Le Corbusiers »Wohnmaschinen« oder seinem »Plan Voisin« für Paris, der den weitgehenden Abriss der gewachsenen Stadt zugunsten von breiten Schnellstraßen mit Hochhausscheiben dazwischen vorsah. Die einen bejubelten die radikale Abkehr vom Alten, die anderen verdammten ebendas als kulturlos. (Die eigentliche Abrisseuphorie griff aber erst nach dem Zweiten Weltkrieg um sich, als in den Städten zugunsten des Wiederaufbaus nicht nur die Kriegstrümmer beseitigt wurden.)

Weit verbreitet war die pessimistische Ansicht, Europa habe unwiderruflich abgewirtschaftet und sei in seiner Zersplitterung im globalen Wettstreit chancenlos. Gänzlich aus der Luft gegriffen war diese Einschätzung in der Tat nicht: angesichts der Dynamik, die in Nord-, aber auch Südamerika zu beobachten war, und angesichts der revolutionären Veränderungen in der jungen Sowjetunion, deren Folgewirkungen durchaus ungewiss waren. Viele befanden, Europa stecke in einem selbstgebauten Käfig, mit dem es sich alle Entwicklungsmöglichkeiten versperre. Dieser Käfig bestand aus der Last von Tradition und Geschichte, der Lähmung als Nachwirkung der Kriegskatastrophe, aber auch der geographischen Begrenztheit. Der Terminus »Lebensraum« wurde zum Modebegriff und umschrieb die angebliche Notwendigkeit, der Kontinent müsse sich seiner geographischen Beschränkungen entledigen, um sich überhaupt noch entwickeln zu können. Das hieß, den Käfig sprengen, in jeder Hinsicht. Technik und Fortschritt erschienen als der richtige Weg, den die Menschheit verfolgen musste. Noch galt Fortschritt als Wert an sich, noch war die Technikeuphorie fast ungebremst. Die nachteiligen Auswirkungen für Umwelt und Gesellschaft zeichneten sich längst ab, konnten dem verbreiteten Glauben an die Segnungen der technischen Entwicklung aber noch nicht gefährlich werden. Mehr als heute bedeutete Kultur – das vom Menschen Geschaffene, die Erde Gestaltende, in die Natur Eingreifende – einen Wert an sich, menschliche Ordnung galt als dem Chaos der Natur entgegengesetzt, klar überlegen und damit gerechtfertigt.

Erhebliche Faszination übte auf die Zwischenkriegszeit die Formel vom »Untergang des Abendlandes« aus, und Oswald Spenglers gleichnamiges Buch aus den Jahren 1918 und 1922 wurde ein Bestseller. Spengler sah den alten Kontinent Europa an seinem historischen Ende angekommen und schaute ohne Zuversicht in die Zukunft. Als begeisterter Anhänger Spenglers überzeugte Sörgel dessen Befund, Europa sei gefährdet, Spenglers Pessimismus aber teilte er ganz und gar nicht. Vielmehr vertrat Sörgel die Auffassung, mit Hilfe der technischen Möglichkeiten der Moderne sei die Krise Europas überwindbar.

Quo vadis, Europa?

Zahllose Künstler und Architekten, Wirtschaftsfachleute und Politiker besuchten in den 1920er-Jahren die Vereinigten Staaten oder die noch junge Sowjetunion. Die dort jeweils spürbare

GRANDIOS GESCHEITERT

Aufbruchstimmung war etwas, das man in Europa schmerzlich vermissen konnte. Aus den USA berichteten die einen voller Abscheu von den Auswüchsen des dortigen Wirtschaftssystems und der chaotischen Hässlichkeit der unkontrolliert wuchernden Städte; die anderen schwärmten von der »wahrhaften Moderne«, die man dort studieren könne. Sörgel empfand Amerika als kulturlos, aber hinsichtlich seiner zivilisatorisch-technischen Errungenschaften als zukunftsweisend. Er war weder der Erste noch der Letzte, den das unbekümmerte Voranschreiten der USA tief beeindruckte. Sörgel aber scheint dort die Überzeugung gewonnen zu haben, seine technischen, architektonischen und weltanschaulichen Überzeugungen in ein großes Ganzes zu bringen und unbeirrt dessen Umsetzung zu betreiben.

Als er nach der Rückkehr aus Amerika seinen Redakteursposten bei der Zeitschrift *Baukunst* verlor, erwog er vorübergehend sogar, in die Vereinigten Staaten überzusiedeln. Die Pläne zerschlugen sich jedoch, und Sörgel wandte sich einem Projekt zu, das zu seiner »Lebensarbeit« wurde, wie er später selbst äußerte: Atlantropa. Nach eigener Aussage trieb es ihn, »gesättigt durch die Niederschrift von ethischen Theorien und Auseinandersetzungen (…) instinktiv und vielleicht unbewusst zu einer mehr praktischen Möglichkeit von ›Weltverbesserung‹«. Dazu gehörte, dass die gemeinsame Anstrengung den Kontinent innerlich befrieden und nach außen konkurrenzfähig machen könnte: »Europa und Afrika vereinigen sich zu einem mächtigen Weltteil, der sich allein, wie ein riesiger Keil zwischen Panamerika und Asien, auf Dauer behaupten können wird.« Angesichts der Notwendigkeit von mehr Lebensraum für Europa kritisierte Sörgel die bisherige Geopolitik als passiv, weil sie in die bestehenden Verhältnisse nicht eingreife: »Der Mensch kann aber – wie wir gesehen haben – mit Hilfe der heutigen Technik zweifellos auch aktiv die geographischen Gegebenheiten ändern, um umgekehrt ein schon vorher gefasstes politisches Wunschbild zu verwirklichen.« Nur fehlte es an der Tatkraft der Entscheidungsträger, seine Vision zu verwirklichen: »Die technische Ausführbarkeit ist gegeben, das Kapital ist vorhanden, wo ist der Wille?«

Man darf aber vermuten, dass Herman Sörgel das Projekt nicht deshalb entwickelte, weil er einen Weg suchte, um Europa zum Befreiungsschlag zu verhelfen. Vielmehr war er ganz offensichtlich auf der Suche nach einer Lebensaufgabe, die seine Überzeugungen und Interessen zusammenbrachte und ihm die Möglichkeit gab, sich zu profilieren, nachdem seine bisherige Karriere durchaus enttäuschend verlaufen war. Auf die Idee zu Atlantropa verfiel er eher zufällig, wie er es später selbst schilderte: 1927, an einem Abend bei einem Freund im Münchner Bohemeviertel Schwabing, als sein Blick in einer Gesprächspause auf einen aufgeschlagenen Atlas fiel, der eine Karte des Mittelmeerraums zeigte. »Die Tiefenlinien des Meeresgrundes traten durch farbige Schattierung der Zwischenflächen stark in Erscheinung. Noch nie war mir der Binnencharakter des Mittelmeeres so aufgefallen wie in diesem Augenblick. (...) Von jenem Augenblick hat mich die Idee, den Wasserspiegel des Mittelmeeres zu senken, beschäftigt. Von dieser Stunde an hat mir die Gewissheit, dass das Mittelmeer in ein Kraftwerk für ganz Europa und Asien verwandelt werden könnte, keine Ruhe mehr gelassen.« Der Blick auf die Mittelmeerkarte verband sich sogleich mit dem Drang zum großen Entwurf und seinen Kenntnissen der Wasserenergie und lieferte dem Architekten und Stadtplaner Entwurfsideen – und die ersehnte Lebensaufgabe. Für fast ein Vierteljahrhundert, bis zu seinem Tod, bildete dieses Projekt den Arbeits- und Lebensmittelpunkt Herman Sörgels.

Die Meerenge von Gibraltar zwischen Spanien und Marokko ist nur 14 Kilometer breit, versorgt das Mittelmeer mit reichlich Frischwasser aus dem Atlantik und gleicht so den enormen Verdunstungsverlust aus. Pro Sekunde, so rechnete Sörgel vor, fließen durch die Straße von Gibraltar fast 90.000 Kubikmeter Wasser, zwölfmal mehr, als die Niagarafälle mit sich führen. Pro Jahr liefert der Atlantik dem Mittelmeer 2.762 Kubikkilometer Wasser. Ohne diesen Zustrom und den sehr viel geringeren aus dem Schwarzen Meer würde das Mittelmeer allmählich austrocknen, denn die Zufuhr durch Flüsse und durch Niederschlag machen nur etwa 30 Prozent des Verdunstungsverlustes aus. Zwischen Tunis und Sizilien verläuft zudem eine Schwelle, die das Binnenmeer in eine flachere Westhälfte und einen tieferen Teil im Osten trennt. Im Westen ist das Mittelmeer durchschnittlich nur 2.000 bis 3.000 Meter tief. Die tiefste Stelle südwestlich des griechischen Peloponnes, das Calypsotief vor Kap Tenaro, erreicht 5.121 Meter.

Sörgel wollte aus dem Mittelmeer ein Wasserkraftwerk machen, allerdings ein gigantisches, dessen Errichtung für das Meer selbst, aber auch seine zwei benachbarten Kontinente immense Auswirkungen haben würde. Ausgehend von der Überlegung, dass ein Meer, das seine Existenz geologischen Veränderungen verdankt, nicht notwendigerweise bis in alle Ewigkeit weiterbestehen muss, entwarf Herman Sörgel seinen Plan: Als Binnenmeer mit der Meerenge von Gibraltar als einziger Verbindung zum Atlantik wollte er am westlichen Ende des europäischen Mittelmeers zunächst drei gestaffelte Dämme, dann nur noch einen, gleichwohl gigantischen Damm bauen, um den Frischwasserzufluss aus dem Atlantik zu unterbinden. Der ersten Planung zufolge sollte das Meer um 500 Meter abgesenkt werden, was Sörgel bald schon zugunsten einer geringeren Absenkung von 100 Metern im westlichen und 200 Metern im östlichen Mittelmeer abmilderte. In einem großen Bogen, entlang der geringsten Meerestiefen, sollte sich der Gibraltardamm 20 Kilometer westlich vor der Meerenge von Gibraltar von Spanien nach Marokko ziehen und den Wasserzufluss ins Mittelmeer begrenzen und kontrollieren. Das Fundament des Dammes sollte 1.600 Meter stark sein, die Dammkrone immerhin noch 100 Meter breit – mehrere Kubikkilometer Baumaterial sollten dafür aufgeschüttet werden. Für den ungeheuren Materialbedarf wäre unter anderem ein Stück der spanischen Costa de la Luz mitsamt der Stadt Tarifa vom Erdboden verschwunden. Ein Kanal sollte das Wasser vom Atlantik zum eigentlichen Kraftwerk an beiden Seiten des Gibraltardamms führen. Auf europäischer Seite, im größten Kraftwerk der Welt von vier Kilometer Länge, würden riesige Turbinen Strom produzieren.

Nicht minder gewaltige Schleusen sollten entstehen, um den Schiffsverkehr zum Atlantik hin aufrechtzuerhalten. Und um den Superlativen einen weiteren hinzuzufügen: Als ein Symbol des kühnen Menschheitsprojekts Atlantropa sollte ebendort, am Gibraltardamm, das höchste Haus der Welt entstehen: 400 Meter hoch, gebaut aus Stahl und Glas, unter dem die riesigen Ozeandampfer hätten hindurchfahren können. Seit 1930 wuchs in New York das Empire State Building in die Höhe, bis Anfang der Siebzigerjahre höchstes Gebäude der Welt, dem das Hochhaus über dem Gibraltardamm aber frühzeitig Konkurrenz gemacht hätte. Wie in New York hätten Touristen die Aussichtsplattform besteigen können, zu Füßen statt einer eindrucksvollen Stadtlandschaft die nicht minder eindrucksvollen Anlagen des Gibraltardamms und in Richtung Westen die Weiten des Atlantiks. Ein Tourismuszentrum nahebei sollte den zu erwartenden Ansturm bewältigen.

Gleichzeitig sollten militärische Anlagen auf dem Wolkenkratzer das Bauwerk ebenso schützen wie ein vorgelagerter, mit Forts ausgestatteter Schutzdamm, denn für den Kriegsfall hätte sich der neue Kontinent namens Atlantropa mit dem Projekt eine verletzliche Flanke geschaffen: Bei einer Zerstörung des Dammes wären die zuvor abgewehrten Wassermassen des Atlantiks wieder unkontrolliert hereingeströmt und hätten das dem Meer Abgerungene vernichtet.

Für die südliche, afrikanische Seite des Gibraltardamms waren Überfallkaskaden geplant, mit denen der Zulauf aus dem Atlantik geregelt wurde. Die geplante Autobahn über den Damm hätten die Touristen zweifellos genutzt, um diese bis zu zwei Kilometer breiten Kaskaden zu bestaunen, die die berühmten Niagarafälle in den Schatten stellen sollten. Die Anlage eines Atlantropa-Nationalparks war geplant, in dem die verschiedenen Landschaften des Mittelmeerraums einen Platz finden sollten. Für die Errichtung des Gibraltardamms veranschlagte Sörgel zehn Jahre Bauzeit.

Ein sehr viel kleinerer Damm bei den Dardanellen im Osten, nahe der türkischen Stadt Çanakkale, sollte dem Zustrom aus dem Schwarzen Meer Einhalt gebieten. Allerdings musste dafür gesorgt werden, dass die Zuflüsse des Schwarzen Meeres, darunter Donau und Dnepr, mit ihren riesigen Wassermengen dort das Wasser nicht über die Ufer treten ließen. Dafür sollte ein Kanal quer durch die Halbinsel Gallipoli sorgen, über den auch Schiffe aus dem Schwarzen über das Marmarameer in die Ägäis gelangen konnten. Ein weiteres gewaltiges Wasserkraftwerk sollte dort Strom produzieren.

Zwei Jahrhunderte abwarten

Danach hieß es mit einigem Langmut abwarten: Wenn das Mittelmeer nicht mehr von außen mit Wasser versorgt wurde, verdunstete auf natürliche Weise mehr Wasser, als Flüsse und Regen wieder einbrachten: Der Meeresspiegel würde ganz allmählich sinken, bei Unterbindung allen Zuflusses pro Jahr sogar um geschätzte 1,65 Meter. Sörgel kalkulierte mit 80 Zentimetern jährlich, um schon in einer frühen Bauphase mit dem gebändigten Zufluss aus dem Atlantik das Gibraltarkraftwerk hochfahren zu können. Weil der westliche Teil des Mittelmeeres um 100 Meter, der östliche Teil aber um 200 Meter abgesenkt werden sollte, war ein weiterer Damm nötig: von Süditalien über Sizilien nach Tunis. Für diesen 66 Kilometer langen Tunisdamm war das zweitgrößte Kraftwerk Atlantropas vorgesehen. Insgesamt sollten drei Haupt- und weitere Nebenkraftwerke eine Menge Strom erzeugen, die der damaligen Gesamtproduktion aller europäischen Kraftwerke entsprach. In Nordafrika schließlich wollte Sörgel die Hauptstadt des neuen Kontinents Atlantropa errichten lassen, gebaut für zwölf Millionen Einwohner an der Stelle des heutigen Tunis.

Allein für die erste Verdunstungsphase im Westen ging Sörgel von 120 Jahren aus, gar 250 Jahre sollte es dauern, bis die Verdunstung das Mittelmeer östlich des Tunisdamms um 200 Meter abgesenkt haben würde. Bei einem Baubeginn um 1930 stünden wir also nunmehr, zu Anfang des 21. Jahrhunderts, noch immer in Projektphase I.

Im Ergebnis wäre das Mittelmeer um ein Fünftel geschrumpft; das gewonnene Neuland hätte der Fläche von Frankreich und Belgien zusammen entsprochen: 576.000 Quadratkilometer. Das Mittelmeer hätte sein Antlitz komplett verändert, der mediterrane Raum, wie wir ihn heute kennen, wäre Vergangen-

heit. In vielen Gebieten, insbesondere des östlichen Mittelmeerraums, wo die Küsten flacher abfallen als weiter westlich,
hätte sich die Küstenlinie weit aufs heutige Meer hinausge-
schoben. Das flache Nordbecken der Adria, das nördlich des
Garganogebirges (der »Sporn« des italienischen Stiefels) ma-
ximal 200 Meter Tiefe erreicht, wäre verschwunden, ebenso
Teile der griechischen Ägäis. Viele der kleinen griechischen
Inseln wären zu größeren zusammengewachsen, ebenso im
westlichen Mittelmeer Korsika und Sardinien, Ibiza und For-
mentera oder Mallorca und Menorca sowie, dazwischen, Sizilien und Malta. Das derart vergrößerte Sizilien wäre mit Italien
zusammengewachsen, weil die Meerenge von Messina der
Absenkung des Meeresspiegels zum Opfer gefallen wäre. (Zugunsten des Schiffsverkehrs plante Sörgel aber, eine Wasser-
verbindung mit Schleusenbetrieb zuzulassen.) Wieder andere
Inseln würden mit dem vorrückenden Festland vereinigt: Djerba
und Elba beispielsweise, ebenso Ischia und Capri, aber auch
Samos, Lesbos und Kos. Zypern hätte seine Landfläche enorm
vergrößert, ebenso Kreta.

Sörgels weiter Blick ging aber über Europa und den Mit-
telmeerraum hinaus. Die nunmehr erreichte Landverbindung
zwischen Europa und Afrika rühmte er wegen des ungeheuren Entwicklungspotenzials. Mittels Bewässerung durch das
überschüssige Mittelmeerwasser sollte nach der Entsalzung in
Afrika weiteres fruchtbares Ackerland, bis zu drei Millionen
Quadratkilometer, in den afrikanischen Anrainerstaaten gewonnen werden. Später ging Sörgel noch weiter und projek-
tierte einen riesigen Süßwasserstausee im Kongobecken (damals Kolonialbesitz des belgischen Königs) im Ausmaß von
900.000 Quadratkilometern, also der annähernd dreifachen
Größe Polens, sowie weitere Seen im Tschad (damals französische Kolonie), im heutigen Sambia (damaliges britisches

Protektorat Nordrhodesien) und Simbabwe (Südrhodesien, damals ebenfalls britisch). Dabei ging es nicht nur um Urbarmachung und Bewässerung, sondern auch um einen klimatischen Effekt, der sich auf Europa positiv auswirken sollte: Es sollte im Norden milder werden; insgesamt sollten sich Afrika und Europa klimatisch einander annähern.

Die klimatischen Veränderungen, die die Umsetzung des Atlantropa-Projekts und seine nord- und zentralafrikanischen Folgepläne mit sich bringen würden, waren Gegenstand erbitterter Debatten. Angezweifelt wurde, ob Afrika wirklich mit mehr Niederschlag zu rechnen hätte, wenn dort riesige Binnenseen aufgestaut würden. Berechtigt erscheint auch die Frage, ob die geringere Verdunstungsmenge durch die kleinere Fläche des abgesenkten Mittelmeeres nicht auch zu geringeren Niederschlagsmengen über Europa führen musste. Andere warnten vor unabsehbaren Auswirkungen auf die ohnehin heiklen tektonischen Verhältnisse unter dem Meeresboden und vor der Gefahr von Erdbeben oder Vulkanausbrüchen für die errichteten Staudämme. Kontroverse Meinungen herrschten auch darüber, wie sich der Gibraltardamm auf den Verlauf des für Europas Klima so wichtigen Golfstroms auswirken würde. Und hatte nicht der Anstieg des ohnehin schon hohen Salzgehalts des Mittelmeeres im Gefolge der Absenkung negative Folgen? Wie fruchtbar konnte überhaupt das Neuland sein, das dem stark salzhaltigen Mittelmeer abgerungen würde? Sogar die Gefahr der sich verschiebenden Erdachse wegen der Umleitung riesiger Wassermassen wurde beschworen. Das Für und Wider mit jeweils wissenschaftlich untermauerten Erkenntnissen erinnert ein wenig an die kontroversen Debatten heutiger Zeit um den Klimawandel. Seltener als heute waren Stimmen zu vernehmen, die die Achtung vor der Schöpfung einforderten und nur bedächtige Eingriffe in die Natur verwirklicht sehen wollten. Herman Sörgel reagierte auf die Vorhaltungen zu möglichen Umweltfolgen wie auf die zur technischen Machbarkeit: Mal beschwor er die große Aufgabe, der natürlich auch Opfer gebracht werden müssten, welche jedoch von den Vorteilen vielfach aufgewogen würden. Mal verwies er auf die lange Konstruktionszeit, während der viele der Probleme durch den technischen Fortschritt mühelos geregelt werden könnten. Das wiederum ähnelt der seit Jahrzehnten frohgemut wiederholten Versicherung der Nuklearindustrie, das Problem der Atommüllendlagerung werde sich schon noch lösen lassen.

Eine Spielwiese für Architekten

Es liegt auf der Hand, dass ein derart gewagtes Projekt in einem so riesigen Maßstab als willkommene Spielwiese auf Architekten und Ingenieure weniger Bedenken und Ängste als vielmehr eine immens große Anziehungskraft ausübte. Immerhin winkte eine Jahrhundertaufgabe, die ihresgleichen kaum kannte: Nicht nur sollten die Dammanlagen mit den benachbarten Einrichtungen wie Schleusen und Kanälen, Verwaltungsbauten und Wehranlagen gestaltet werden – ganze Städte konnten am Reißbrett entstehen, nämlich für das gewonnene Neuland. Herman Sörgel konnte sich rühmen, einige der namhaftesten Architekten als Unterstützer gewonnen zu haben, darunter Erich Mendelsohn, Le Corbusier, Walter Gropius, Hans Poelzig, Ludwig Mies van der Rohe und Bruno Taut, sowie die Architekturlehrer Emil Fahrenkamp und Peter Behrens. Aber auch eine lange Reihe weniger illustrer Namen erklärte sich interessiert, ganze Städte oder Einzelbauten, Kraftwerke, Kanal- und Parkanlagen zu entwerfen. Aus Deutschland, Österreich, den Niederlanden und der Schweiz kamen die Unterstützer der Architektenzunft. Wohl keiner, der mit Architektur und Städtebau zu tun hatte, konnte sich der Faszination entziehen, wenn es auch manchem so gehen mochte wie dem Berliner Architekturkritiker Julius Posener, dem das Projekt gleichzeitig genial und unheimlich erschien. Durchaus zeitgeistkompatibel und den vorbehaltlos Begeisterten aus der Seele sprechend, schrieb der Architekt Fritz Höger dem Projektinitiator von der Hoffnung, dass »nach einem Höllengrund lichte Bergeshöhen für uns und für die Menschheit folgen mögen«, wofür Sörgel mit Atlantropa einen maßgeblichen Beitrag leisten könne.

Die Architekten störte dabei offenbar wenig, dass für die übergroße Zahl der notwendigen Bauten in den Neulandstädten einstweilen gar kein Gestaltungsbedarf bestand. Der Absenkungsprozess hätte so viele Generationen in Anspruch genommen, dass sowohl bautechnisch als auch stilistisch längst ganz andere Zeiten angebrochen wären, wenn die Aufträge dereinst vergeben würden. Aber natürlich benötigte Sörgel zu Werbezwecken eine attraktive Auswahl an Plänen und Entwürfen, um Atlantropa ein Gesicht zu geben. Die Entwürfe üben denn auch tatsächlich bis heute eine erhebliche Faszination aus, zumal die Architekturmoderne der Bauhaus-Generation und ihrer Jünger längst als klassisch angesehen wird. Und doch sind beispielsweise die stadtplanerischen Entwürfe durchaus unterschiedlich ausgefallen. Besonders interessant waren die neuen Hafenstädte, denn durch die Verlagerung der Küstenlinie verloren viele alte Hafenstädte den Anschluss ans Meer, ganz neue Hafenanlagen und Städte mussten sie ersetzen. Das ganze Vorhaben war gerade hier natürlich ausgesprochen heikel, weil nicht nur viel Neues entstehen, sondern auch Altes sein Gesicht und seine Funktion und Wirtschaftsgrundlage verlieren würde, allen voran die alten Hafenstädte der französischen Mittelmeerküste und der italienischen Adria. Man merkt den Detailplanungen des Projekts denn auch an, dass sie vorauseilend die Vorteile des Neuen und auch seine Faszination so vermitteln wollten, dass die Bedenken dagegen weniger ins Gewicht fallen würden. Aber natürlich war von Städten wie Marseille oder Venedig kaum zu erwarten, dass sie sich euphorisch zeigen würden.

Am afrikanischen Ende des Gibraltardamms, neben gewaltigen Hafenanlagen, sollte das neue Tanger errichtet werden: nach den Plänen der Meisterklasse von Peter Behrens an der Wiener Akademie eine hypermoderne Stadt auf fächerförmigem Grundriss mit riesigen gebogenen Scheibenhochhäusern, zwischen denen ein radiales Autobahnnetz hindurchführt. In Südfrankreich sollte die Rhône vor Arles hinter der alten Uferlinie aufgestaut werden und ihr Überlauf durch Neuland und Schleusentreppen zum Mittelmeer geführt werden. Als Ersatz für die Häfen von Marseille und Arles entwarf der Tiroler Architekt Lois Welzenbacher die neue Stadt Port du Rhône, die per Eisenbahn und Schiff mit den alten Städten verbunden werden sollte. Immerhin für die ersten Jahrzehnte der Absenkung sollte Marseille in Richtung der voranschreitenden Küstenlinie mitwachsen.

Für das neue Genua projektierten die Münchner Architekten Willibald Ferber und Georg Appel einen riesigen Hafen mitsamt Wasserflugplatz, an den ein konventioneller Flughafen anschloss. Der Plan ist dem Grundriss einer barocken Musterstadt entlehnt: Eine breite Sichtachse führte von einem Wasserspiel an der neuen Küstenlinie, flankiert von zwei Wolkenkratzern, zur Altstadt über eine Wasserfläche, die die Absenkung überleben sollte, um die pittoreske Ansicht der alten Stadt Genua zu erhalten.

Und auch für den Suezkanal musste geplant werden: Verlängert bis zur neuen Küstenlinie Ägyptens, wo die Schiffe auf das hier um 200 Meter abgesenkte Mittelmeerniveau geschleust werden sollten, hätte Port Said ebenfalls einen Unterhafen mit moderner Neustadt bekommen, ausgestattet mit Flug- und Luftschiffhafen, Wasserflugplatz und Bahnhof. Venedig wäre dagegen zu einer musealen Angelegenheit geworden, denn Sörgel plante einen weit vorgelagerten Damm, um wenigstens den Eindruck aufrechtzuerhalten, die Stadt liege noch immer am Wasser. Immerhin war ein Kanal zum Meer geplant – das nunmehr jedoch in 450 Kilometer Entfernung lag. Für die Bauleitung aller Teilprojekte rund ums Mittelmeer war übrigens vorgesehen, ständig mit einem Schiff zwischen den Baustellen hin und her zu pendeln.

Afrika als williges Vakuum

So monumental das Projekt in seinem Maßstab und in der Form seiner wichtigsten Bauwerke, der drei Staudämme, geriet: Herman Sörgel wollte dem Ganzen auch ein augenfälliges Symbolbauwerk zur Seite stellen, das Atlantropa-Haus. Hier sollte die Generalleitung untergebracht werden, die den neuen Kontinent verwalten sollte. Die Zentrale sollte in der neutralen Schweiz erbaut werden, zunächst war Basel, später Bern vorgesehen. Sörgel machte einen ersten Entwurf, der seine Vorliebe für die Zahl Drei widerspiegelt: Wie bei einem Tempel führen drei Freitreppen auf eine dreieckige Plattform, auf der ein kuppelförmiges Gebäude thront, das für die Erdkugel steht. An den Ecken der Plattform erheben sich drei Hochhäuser, die sich nach oben hin verjüngen und deren Verbindungsbrücken eine Krone bilden. In den Bürotürmen sind die drei Hauptabteilungen der Regierung Atlantropas, Politik, Wirtschaft und Technik, untergebracht.

Die gestalterische Umsetzung erwies sich als schwierig, bis der oben bereits zitierte expressionistische Architekt Fritz Höger, bekannt für mehrere Hamburger Geschäftshäuser und Fabrikbauten der Zwanzigerjahre, ein futuristisches Gebäude entwarf, das bis heute das Symbolgebäude schlechthin für das Projekt Atlantropa ist: Eine 30 Meter hohe, runde Veranstaltungshalle von 100 Meter Durchmesser unter einem Kuppeldach, flankiert von drei 100 Meter hohen Bürotürmen, die zur Mitte der Kuppel hin mit gläsernen Gebäudebrücken verbunden werden. Über dem Mittelpunkt der Kuppel ragt ein Sendemast von 150 Meter Höhe nach oben. Das Atlantropa-Haus sollte zum ideellen Zentrum des Menschheitsprojekts werden, und Herman Sörgels Vorstellung, was sich außer schnöder Büro- und Verwaltungsarbeit dort abspielen sollte, illustriert seine Vision von Atlantropa besonders deutlich. Denn Atlantropa war nicht allein technisches Projekt, sondern hier verschmolzen Technikeuphorie und Machbarkeitsglaube miteinander, postreligiöse Massenbindung und Völkerverständigung und die ideologische Vorstellung einer neuen Supermacht. Auch eine Flagge sollte Atlantropa bekommen: quergestreift in den Farben rot, blau, schwarz für das blühende Europa, das Wasser des Mittelmeeres und den schwarzen Kontinent Afrika.

Afrika? Immerhin schuf das Projekt eine doppelte Landverbindung zwischen Europa und Afrika, das Herman Sörgel allerdings als »erwartungsvolles Vakuum vor Europas Toren« bezeichnete – eine entlarvende Formulierung für den Platz, den er für den Schwarzen Kontinent vorsah. Es ging nicht um eine Vereinigung, sondern eine Erweiterung Europas auf dem Meeresgrund des Mittelmeeres, aber auch auf afrikanischem Territorium, damals ganz überwiegend noch in europäischem Kolonialbesitz. Zwei Eisenbahnlinien sollten nicht nur bessere Verbindungen nach Afrika ermöglichen, sondern auch den Weltverkehr effektiver machen. So wäre eine Linie über den Gibraltardamm bis ins westafrikanische Dakar geführt worden, um von dort aus, wo der Atlantik zwischen Afrika und Südamerika am schmalsten ist, schneller mit dem Schiff nach Brasilien zu gelangen. Eine Eisenbahnstrecke über den Tunisdamm und eine gewaltige Hängebrücke zwischen Sizilien und Tunesien sollte gar bis nach Kapstadt reichen. Während Sörgel allerhand aufbot, um insbesondere in den direkt betroffenen Ländern Europas die Werbetrommel zu rühren und Bedenken zu zerstreuen, sah er keine Veranlassung, solcherlei für die afrikanische Seite zu tun. Afrika war das vermeintliche Vakuum, das es mit Inhalt zu füllen galt. Mit europäischem Inhalt, wohlgemerkt.

Bereits 1928 ging Sörgel mit seinem Projekt an die Öffentlichkeit. Die ersten Reaktionen kamen aber nicht aus Deutschland, sondern aus Spanien und den USA, wo die *New York Times* am 14. April über die »Teutonic Fantasy« berichtete. Der Sensationsgehalt des Megavorhabens führte zu reger, oft wohlwollender Berichterstattung. Geringere Chancen als der technischen Machbarkeit billigte man allerdings der politischen Umsetzung zu. Der italienische *Corriere della Sera* jedoch fand die Idee gar nicht komisch, obwohl Italien mit der umfänglichsten Neulandgewinnung hätte rechnen können. Der Journalist witterte hinter Atlantropa aber nichts anderes als perfides deutsches Hegemonialstreben – damit solle wohl vor allem Hamburg über die italienischen Häfen triumphieren können. Insgesamt hing die Einschätzung der Presse vor allem davon ab, welcher der drei Aspekte in Sörgels Plan als

GRANDIOS GESCHEITERT

maßgeblich angesehen wurde: die technische, die völkerverbindende oder die geopolitische Großtat.

In deutschsprachigen Zeitungen erschienen von 1929 bis
1933 Dutzende Artikel über Atlantropa, 1932 allein waren es
insgesamt 147. Sörgel setzte aber noch mehr auf das Medium
Film, um seine Vision zu propagieren, erzielte damit allerdings nicht den erhofften Erfolg. Vielmehr musste er sich über
einen Film aus dem Jahr 1935 ärgern, der sich das Atlantropa-
Projekt zum Sujet nahm, aber ein Katastrophenszenario entwarf: Ein Erdbeben und die Sprengung des Gibraltardamms
machen darin dem Vorhaben den Garaus. Die erste Ausstel-
lung zum Projekt Atlantropa wurde Ende 1930 in München
eröffnet und ging anschließend nach Essen, Dortmund, Hamburg, Berlin – und sogar nach Zürich. Als weitere Stationen
waren Prag und Barcelona geplant, wozu es aber wegen der
politischen Entwicklungen nicht mehr kam.

Stoff für Science-Fiction-Romane

Auf Schriftsteller hatte das Atlantropa-Projekt eine ähnliche
Wirkung wie auf Architekten und Stadtplaner: Es beflügelte
die Fantasie. Die Erben von Jules Verne, die das 20. Jahrhundert zu ihrem machten, nutzten Sörgels Vision für ihre
Zwecke. Der erste Roman zum Thema erschien bereits 1930,
auch als Fortsetzungsroman in deutschen Zeitungen. Georg
Güntsches *Panropa – Ein Zukunftsroman an der Schwelle des Jahres
2000* spielt in ferner kapitalistischer Zukunft, in der Wirt-
schaftsbosse den Doppelkontinent regieren, nicht Politiker.
Eifersüchtig auf den Erfolg Europas als dritte Weltmacht,
veranlassen Amerika und Asien Anschläge auf den Gibraltar-
staudamm. 1938 setzt in *Eurofrika – Die Macht der Zukunft* Titus

Taeschner die deutsche Expansion gen Osten nach dem Sieg über die Sowjetunion mit der Expansion nach Süden fort. Das Unternehmen wird aber von den Resten der »jüdisch-kommunistischen Weltverschwörung« torpediert, die die Afrikaner dazu bringen wollen, den Gibraltardamm in die Luft zu sprengen. Der Autor hatte Atlantropa schon in einer früheren Technikroman-Klamotte verwurstet und legte nunmehr eine Fortsetzung vor, die auffällig nationalistischer und rassistischer daherkommt. 1939 nahm sich der Bestsellerautor John Knittel des Sujets an und verhalf Sörgels Vision vermutlich zu mehr Bekanntheit als sonst jemand. Im Mittelpunkt seines Romans *Amadeus*, seither weltweit mehr als eine Million Mal verkauft, steht ein junger Ingenieur namens Amadeus Müller, der in den Schweizer Alpen an einem Staudamm arbeitet. Er propagiert dabei eine grenzüberschreitende Kameradschaft und setzt nach Fertigstellung des Alpenprojekts alles daran, zum Wohle der Völkerverständigung das unverwirklichte Friedensprojekt »Atlantropa« doch noch umzusetzen. Auch in Romanen ganz anderer Thematik findet das Projekt als Kuriosum oder Faszinosum Erwähnung, was für den Bekanntheitsgrad der Idee spricht.

Regelrecht geadelt wurde Sörgels Projekt von den Technokraten der jungen Sowjetunion, die sich mit Makroprojekten aus der Rückständigkeit geradewegs in die Zukunft katapultieren wollte. Dort befand man 1932 auf einem Ingenieur- und Technikerkongress, ein Unternehmen solchen Maßstabs könne im Westen gar nicht umgesetzt werden, weil es für das dem Untergang geweihte kapitalistische System ein paar Nummern zu groß sei. Wäre aber dereinst der siegreiche Sozialismus auch im Westen angekommen, würde er dieses Vorhaben in die Tat umsetzen.

Der sowjetische Befund war nicht ganz falsch hinsichtlich der Verwirklichung des Projekts. Auch wenn Atlantropa keineswegs, wie man aus heutiger Perspektive vermuten könnte, von vornherein als abwegige Utopie abgetan wurde, gelang es Sörgel und seinen Mitstreitern nicht, mehr voranzutreiben als Planungen und Werbemaßnahmen. Selbst für das Europa von heute wäre ein solches Unternehmen kaum zu bewältigen, obwohl doch seither ein viel höherer Grad an zwischenstaatlicher und institutionalisierter Zusammenarbeit erreicht wurde. Die europäischen Länder hatten in den Dreißigerjahren angesichts der Weltwirtschaftskrise und ihrer Folgen drängendere Sorgen, als ein Projekt anzugehen, dessen Nutzen erst Jahrhunderte später sichtbar werden würde. Vor allem aber war das politische Klima nicht danach, ein europaweites Projekt anzugehen, dessen Natur und Dimension ein hohes Maß an einvernehmlicher Abstimmung zwischen den Hauptstädten des Kontinents zur Voraussetzung hatte. Weder der Völkerbund, Vorläufer der UNO, noch die Paneuropa-Bewegung des Österreichers Coudenhove-Kalergi fanden damals genügend Unterstützung, um dem um sich greifenden Nationalismus in Europa etwas entgegenzusetzen. Eine Realisierung von Sörgels Lebenstraum wäre wohl überhaupt nur dann vorstellbar gewesen, wenn wenigstens einige europäische Regierungen, darunter mindestens ein Anrainerstaat des Mittelmeeres, sich darauf verständigt hätten, die Mammutaufgabe anzugehen. Vollends obsolet aber wurde die Vorstellung einer europaweiten Unternehmung, seit 1933 Adolf Hitler deutscher Reichskanzler geworden war.

Man könnte vermuten, ein gigantomanisches Projekt des Zuschnitts von Atlantropa, das den europäischen Lebensraum erweitern und für den vereinten Kontinent Großmachtfantasien hegte, müsste das Interesse Adolf Hitlers geweckt haben, der ja ebenfalls expansiv und gigantomanisch orientiert war. Allerdings waren Herman Sörgels Pläne nach Süden ausgerichtet, während Hitler als Marschrichtung einer großdeutschen Expansion den Osten im Sinn hatte. Und während die Idee Atlantropa auf einem föderativen Europa fußte, verfolgte Hitler das Ziel einer deutschen Hegemonie.

Bei allem politischen Opportunismus zum Wohle seines Projekts wurde Sörgel nie Mitglied der NSDAP und schrieb auch weiterhin gegen den Krieg, den er zumindest innereuropäisch mit einem gesamteuropäischen Vorhaben wie Atlantropa ausschließen wollte. Verfolgt wurde Sörgel zur NS-Zeit allerdings auch nicht. Zwar stand man ihm tendenziell misstrauisch gegenüber und behinderte seine Projektarbeit immer wieder, setzte seinem Treiben aber auch kein Ende, ja unterstützte es gelegentlich sogar. Einen Aspekt seines Projekts nutzte Sörgel jedoch einigermaßen opportunistisch, um es nationalsozialistischen Politikern schmackhaft zu machen: Die Vorstellung dreier künftiger Weltmächte Panamerika, Asien und Atlantropa modifizierte er zugunsten der Achsenmächte Italien und Deutschland als »Pfeiler Atlantropas«. Das brachte seiner Idee aber wenig mehr ein als einzelne Unterstützer und die weitgehende Duldung seiner Arbeit. Immerhin ermöglichten die Schwierigkeiten Herman Sörgel, sich nach dem Untergang des Nazireiches als Verfolgter darzustellen. Ungehindert von den alliierten Behörden, konnte Herman Sörgel die PR-Arbeit für Atlantropa nach dem Krieg sogleich wiederaufnehmen, 1950 startete in den Kinos sogar ein Werbefilm für das Vorhaben.

Nach der Katastrophe des Zweiten Weltkriegs und dem sich anschließenden desolaten Zustand Europas erlebte das Projekt nunmehr mit den Aspekten Friedensbewahrung und Völkerverständigung eine kleine Renaissance. Unverdrossen propagierte Sörgel sein Projekt jetzt als friedensstiftende Aufbauarbeit. Die Welt nach zwei verheerenden Kriegen nun wirklich und zum Besseren zu verändern war damals, nach dem Schrecken des Totalitarismus und unter dem Eindruck des heraufziehenden Kalten Krieges, für viele ein ehrenwertes Anliegen. Der schwierige Aspekt von Natureingriff und Umweltfolgen, der heute klar auf der Hand liegt und das Unternehmen höchst fragwürdig macht, blieb noch immer ein Randthema, das Sörgel mit gewohnt großer Geste abtat.

Politiker der zweiten und dritten Reihe, Wirtschaftsvertreter und schließlich sogar die UNO reagierten wohlwollend auf den Relaunch des Unternehmens, zumal die Rohstoffreserven Afrikas allmählich in den Blick der Entscheidungsträger rückten. Und die unterstützende Wirtschaft gehörte solchen Branchen an, die sich von großen Bauprojekten Aufträge erhofften. Nur blieb es abermals bei folgenloser Zustimmung, zumal das nahende Atomzeitalter einen zentralen Aspekt Atlantropas, nämlich die Absenkung des Mittelmeeres zur Energiegewinnung durch Wasserkraft zu nutzen, als überholt erscheinen ließ. Als schließlich Herman Sörgel 1952 auf dem Weg zu einem Vortrag in München bei einem Verkehrsunfall plötzlich zu Tode kam, starb nach dem Erfinder und wichtigsten Propagandisten von Atlantropa bald auch das Projekt selbst. 1958 wurde Sörgels Atlantropa-Institut endgültig aufgelöst.

Wie ein monströser Eingriff in die Schöpfung
DIE KREUZUNG VON AFFE UND MENSCH

In den Zwanzigerjahren des 20. Jahrhunderts stellte die noch junge Sowjetunion für Wissenschaftler ein wahres Mekka dar. Hier schien möglich, woran anderswo kaum zu denken war, weil der bolschewistische Staat die Bedeutung der Wissenschaft als Katalysator für die gesellschaftliche Entwicklung als maßgeblich ansah und sie entsprechend unterstützte – und das als erstes Land überhaupt. Fachübergreifend träumten Forscher gemeinsam mit den kommunistischen Machthabern von einer Zukunft, in der die sozialistische Gesellschaft die Früchte technologischer und wissenschaftlicher Errungenschaften unterschiedlichster Art würde ernten können. Da ist es kaum verwunderlich, dass sich Forscher aus aller Welt in der Sowjetunion die Klinke in die Hand gaben, um an dieser stürmischen Entwicklung Anteil zu nehmen und vielleicht davon zu profitieren.

Zwischen der Oktoberrevolution 1917 und dem Ende der Zwanzigerjahre entstand so eines der größten Wissenschafts- und Forschungssysteme der Welt. Die enormen Investitionen in Forschungsinstitute und Projekte sind erstaunlich unter dem Aspekt, dass das Land nach Revolution und Bürgerkrieg daniederlag und es vielerorts am Nötigsten mangelte. Viele Wissenschaftler wurden sogar privilegiert versorgt: zum einen um eine Abwanderung der dringend benötigten Fachleute zu verhindern, zum anderen weil man Investitionen in die Wissenschaft als in Bälde ertragreich einschätzte. Wessen Arbeit für vielversprechend erachtet wurde, erhielt trotz schlechter

Versorgungslage mehr Lebensmittel als andere, konnte trotz Kollektivierung sein Haus behalten und musste weder Militärdienst leisten noch zum Arbeitseinsatz ausrücken. Noch war dabei gleichgültig, ob man proletarischer oder bürgerlicher Abstammung war, ob man an der Revolution teilgenommen hatte oder nicht, auf welcher Seite man im Bürgerkrieg gestanden hatte.

Zunächst aus der dezentralen Wissenschaftslandschaft des zaristischen Russland weiterentwickelt, wurde der Forschungssektor zwar nach und nach zu einem immer stärker zentralisierten System, in dem der sozialistische Staat bestimmte, was in Forschung und Wissenschaft geschah. Zunächst aber konnten, trotz allen Misstrauens seitens der Bolschewiki, die »bürgerlichen« Wissenschaftler aus der Zarenzeit ihre Arbeit weitgehend ungehindert fortsetzen, da der sozialistische Staat seine eigenen »proletarischen« Wissenschaftskader erst noch heranzüchten musste. In Ermangelung verfügbarer marxistisch indoktrinierter Forscher griff die Sowjetunion auf die alte Garde zurück und ließ sie weiterarbeiten. Es handelte sich also um eine Übergangsphase, die bis Ende der Zwanzigerjahre dauerte und die der Wissenschaft eine erstaunliche Autonomie verschaffte – zunächst.

Nach und nach entstanden diverse Regierungsinstitutionen, die nebeneinander für bestimmte Gebiete zuständig waren, und auch diese Zersplitterung der staatlichen Zuständigkeiten kam der Autonomie der Forschung zupass, weil sie mehr Freiheiten bot als zentralisierte Entscheidungswege. Die altgedienten Wissenschaftler taten also gut daran, etwaige Vorbehalte gegen die neuen Machthaber zu überwinden, um ihre Arbeit fortsetzen zu können. Viele passten ihr Forschungsgebiet auch flugs der neuen Marschrichtung und Erwartungshaltung an, und sei es nur durch einen neuen Namen für das längst getaufte Kind. Und mancher Wissenschaftler schreckte auch nicht davor zurück, die neuen Verhältnisse zu nutzen, um sich zum Nachteil von Fachkollegen ideologisch zu profilieren oder gar die wissenschaftliche Konkurrenz zum eigenen Vorteil unverhohlen zu denunzieren. Unerlässlich für die Förderung eines Instituts oder Forschungsvorhabens aber waren Fürsprecher im zuständigen staatlichen Gremium.

Ein Forschungsgebiet wurde in der Sowjetunion besonders gefördert und erlebte eine Blüte, die die Kollegen weltweit vor Neid erblassen ließ: die Genetik. Die Erforschung der Erbanlagen von Pflanze, Tier und Mensch sollte, beispielsweise auf dem Gebiet der Nutzpflanzenzüchtung zum Zweck der Ertragssteigerung, dem rückständigen Land den Sprung in die Moderne erleichtern. Alsbald aber rückte auch der menschliche Genpool ins Blickfeld, wie es zu dieser Zeit auch in anderen Ländern der Fall war. Um 1900 hatte international der Aufschwung der Eugenik eingesetzt, also der Forschung über Eingriffe in die menschliche Biologie auf der Grundlage humangenetischer Erkenntnisse. Vielerorts befassten sich Wissenschaftler, meist ausgesprochen unbekümmert, mit den Aussichten, die die Anwendung der Genetik bot: von der Ausrottung gefürchteter Erbkrankheiten bis zur genetischen Optimierung ganzer Völker durch strenge Züchtung und Auswahl nach darwinistischen Prinzipien.

Ethische Vorbehalte spielten in den Überlegungen der meisten Eugeniker allenfalls eine nachrangige Rolle. Erst die eugenische Forschung im nationalsozialistischen Deutschland, dort unter dem Label »Rassenhygiene«, mit ihren menschenverachtenden Auswüchsen sollte die Disziplin nachhaltig diskreditieren und strengeren ethischen Vorgaben unterwerfen. Zuvor war vieles möglich und wurde manches versucht, was uns heute abwegig, abstoßend und verwerflich erscheint. Einer der Väter der russischen Eugenik, Nikolai Konstantinowitsch Koltsow, veröffentlichte 1922 im frisch gegründeten *Russischen Eugenischen Journal* einen Artikel mit dem vielsagenden Titel »Die Verbesserung der menschlichen Natur«. In diesem Umfeld reger Forschungstätigkeit, staatlicher Begünstigung und euphorischer Hoffnungen, was die praktische Anwendbarkeit von Forschungsergebnissen betraf, konnte ein russischer Biologe ein Experiment in Angriff nehmen, das zuvor noch nie gewagt worden und bislang auch nicht vermittelbar gewesen war. Dass es der sowjetische Staat war, der dieses Experiment ermöglichte, ist kein Zufall.

Eine zweifelhafte Expedition

Am 4. Februar 1926 machte sich in Moskau ein Experimentalbiologe auf den Weg nach Paris, um nach dieser Zwischenstation zu einer ebenso außergewöhnlichen wie zweifelhaften Expedition nach Afrika aufzubrechen. Der russische Professor Ilja Iwanowitsch Iwanow war ein international renommierter Spezialist auf dem Gebiet der künstlichen Besamung von Tieren und der Kreuzung verschiedener Säugetiere. Damals in seinen Fünfzigern, war er ein freundlich dreinschauender Mann mit weißen Haaren und Spitzbart, ganz dem Bild des Gelehrten seiner Zeit entsprechend. Dass er seine Forscherleidenschaften rücksichtslos würde umsetzen wollen und dabei ethische Skrupel ohne viel Federlesens über Bord warf, traut man dem auf Fotos harmlos-großväterlich wirkenden Mann gar nicht zu. Sein Vorhaben aber war, zumal aus heutiger Sicht, nichts weniger als monströs: Iwanow wollte in einem nie dagewesenen Experiment Mensch und Affe miteinander kreuzen. Im

Ergebnis sollte ein Hybridwesen irgendwo zwischen Mensch und Tier heranwachsen.

Ein solcher Versuch am lebenden Menschen wäre heute undenkbar. Damals aber lagen für die wissenschaftliche Forschung wie für die Eugeniker die ethischen Standards erheblich niedriger. Die Epoche wissenschaftlich motivierter Menschenversuche hatte Mitte des 18. Jahrhunderts eingesetzt – zum Zwecke der Impfforschung und für den Erkenntnisgewinn hinsichtlich des menschlichen Körpers. Systematisiert wurde die Methode im 19. Jahrhundert, und seither kam es in mehreren Ländern zu zweifelhaften Auswüchsen – keineswegs nur in totalitären Staaten, sondern beispielsweise auch in den Vereinigten Staaten vor dem Zweiten Weltkrieg oder in überseeischen Forschungsstationen der Kolonialmächte. Mit den wissenschaftlichen Erkenntnissen in Biologie oder Physiologie, vor allem aber durch Darwins Forschungsergebnisse zur Evolution und Überlegungen zu ihrer praktischen Anwendung stieg das Interesse an gezielter Züchtung und Kreuzung von Tier und Pflanze. Plötzlich eröffneten sich Perspektiven für die Forschung, die im Machbarkeitsglauben der Zeit und bei mangelhaft ausgeprägter ethischer Haltung zumeist euphorisch, mitunter sogar regelrecht größenwahnsinnig ausgelotet wurden. Den schrecklichen Höhepunkt des Missbrauchs von Menschen für die Wissenschaft bildete die medizinische Forschung in Nazideutschland, wo skrupellose Mediziner und Biologen die Verachtung des Menschen auf eine traurige Spitze trieben.

Es war jedoch das Projekt eines russischen Wissenschaftlers in den Zwanzigerjahren, mit dem die Artengrenze zwischen Mensch und Tier überschritten werden sollte – wohl nicht allein um der wissenschaftlichen Ergebnisse wegen, sondern ebenso im Drang nach spektakulärer Grenzüberschreitung. Bemerkenswert daran ist, dass das Experiment keineswegs deshalb scheiterte, weil ethische Zweifel die Oberhand gewonnen und eine Umsetzung verhindert hätten.

Auftraggeber der Expedition Iwanows waren die Sowjetische, vormals Russische Akademie der Wissenschaften und die Regierung der UdSSR, die 10.000 harte US-amerikanische Dollar lockergemacht hatte, um das Unternehmen auf den Weg zu bringen. Das war angesichts des aufwendigen Projekts zwar nicht übermäßig viel, aber ein großer Schritt war getan. Initiator des Projekts war Iwanow selbst gewesen, der die Idee schon mindestens anderthalb Jahrzehnte mit sich trug: 1910 referierte er auf einem Kongress in Österreich über die Möglichkeit, weibliche Menschenaffen mit menschlichem Sperma zu befruchten, und hielt sich seine unbestrittene Erfahrung in der künstlichen Befruchtung zugute. Denn würde dieses Experiment auf dem Weg der künstlichen Befruchtung unternommen, könnten so, befand er, ethische Einwände dagegen ausgeräumt werden.

Doch einstweilen musste ein solches Experiment gleichwohl ein Traum bleiben, denn im vorrevolutionären Russland wäre es undenkbar gewesen. Ebenso war der Öffentlichkeit und den Finanzgebern in anderen Ländern schlechterdings nicht vermittelbar, welcher Nutzen aufwiegen könnte, für einen solchen Versuch eine ethische Grenze zu überschreiten. Und doch hatte sich etwas verändert, seitdem Menschenversuche häufiger durchgeführt wurden und dabei medizinische Durchbrüche ermöglicht worden waren, insbesondere im Kampf gegen Infektionskrankheiten. Um die Jahrhundertwende diskutierten daher Mediziner und Bakteriologen, Zoologen und Biologen, Sexologen und Pathologen in England und den USA, in Frankreich und den Niederlanden, in Deutschland, der Sowjetunion und anderswo Durchführbarkeit und Erfolgsaussichten eines solchen Experiments. Das geschah keineswegs hinter vorgehaltener Hand, einige Bücher und Aufsätze dazu wurden veröffentlicht. Um die Frage, als was denn das angestrebte Hybridwesen anzusehen wäre und was mit ihm passieren sollte, ging es dabei noch am wenigsten. Was zählte, waren das Experiment und die Erkenntnisse, die sich für die Wissenschaft daraus gewinnen ließen. Klar war man sich aber auch darüber, dass die Zeit für eine Umsetzung noch nicht gekommen war.

Die Kolonialstaaten, die über entsprechende Möglichkeiten in subtropischen Besitzungen verfügten, nutzten aber längst anthropoide Affen wegen ihrer Verwandtschaft zum Menschen für medizinische, biologische oder anthropologische Versuche – da lag es umso näher, an die Kreuzung zu denken, sei es um des bloßen Versuchs willen oder um daraus neue Erkenntnisse zu gewinnen. Viele Wissenschaftler hielten den Versuch für durchaus akzeptabel, sofern er weit genug entfernt in den Kolonien unternommen wurde, um auch damit die öffentliche Aufmerksamkeit zu Hause in Grenzen zu halten. Hinzu kommt die rassistische Haltung der damaligen Zeit: Schwarzafrikaner galten als »mindere Rasse«, daher den Affen näher als die weißen Europäer, weswegen ein Kreuzungsversuch zwischen Einheimischen und Menschenaffen als am aussichtsreichsten angesehen wurde.

Günstige Voraussetzungen

Iwanow war also weder der einzige Wissenschaftler, der ein solches Experiment in Erwägung zog, noch der einzige, der Einwände dagegen nicht übermäßig ernst nehmen wollte. Allerdings war er derjenige, der günstige Umstände nutzte und sich um humanitäre oder ethische Belange nicht weiter scherte. Ohne Kommunist zu sein, zögerte er außerdem nicht, sich politisch anzubiedern, um sein ersehntes Vorhaben in die Tat umzusetzen. Dabei liegt auf der Hand, dass im Erfolgsfall Iwanow weltweite Berühmtheit erlangt hätte. Man darf annehmen, dass dies keine geringe Motivation darstellte.

Nach der Oktoberrevolution und dem sich anschließenden Bürgerkrieg hatte sich Iwanow recht schnell mit den neuen Machthabern arrangiert, die ihm Reisen nach Frankreich und Deutschland ermöglichten. Außerdem verlagerte er seinen Forschungsschwerpunkt, wie es viele Kollegen taten, die sich davon bessere Arbeitsmöglichkeiten versprachen. Iwanow richtete sein Interesse nunmehr auf Primaten und insbesondere auf die Kreuzung von Affe und Mensch. In vielen Ländern war Eugenik eine regelrechte Modewissenschaft geworden, deren Vertreter im Vergleich zu vielen Kollegen weniger Mühe hatten, Forschungsgelder zu erhalten.

In der jungen Sowjetunion besaß die Eugenik eine zum Teil andere Ausrichtung als in Frankreich oder Deutschland. Den Hintergrund bildete hier weder die Überlegung, eine postulierte »Rassenreinheit« zu erhalten, noch die, einer schleichenden Degeneration der Bevölkerung entgegenzuwirken. Interessant beim Aufbau einer völlig neuen, sozialistischen Gesellschaft mit einem veränderten, »modernen« Menschenbild waren mögliche Perspektiven, dabei mittels biologischer Maßnahmen den Weg zum »neuen Menschen« zu beschleunigen. Nur eine Woche bevor Professor Iwanow seine Forschungsreise begann, hatte der sowjetische Genetiker und überzeugte Marxist Alexander Serebrowski vor der Akademie der Wissenschaften den Genpool der sowjetischen Bevölkerung als Ressource von unschätzbarem Wert bezeichnet. Damit ließ sich arbeiten.

Neben dem allgemeinen Interesse an Züchtungsforschung aller Art war es zunächst Iwanows langjährig guter Ruf als Wissenschaftler, der ihm die Expedition ermöglichte, denn solch ein Projekt war nur mit höchster politischer Unterstützung umzusetzen. Ebenso bedeutsam war aber auch, dass dieses Vorhaben dem neuen Zeitgeist der jungen Sowjetunion entsprach. Da war es hilfreich, was hochrangige Politiker in Empfehlungen für Iwanows Projekt schrieben: dass damit nämlich ein wichtiges Problem des Materialismus wissenschaftlich angepackt würde und als außerordentlich wirkungsvolle Waffe gegen die Macht von Religion und Kirche dienen könnte, die der Sowjetstaat erbittert bekämpfte. Dass das Experiment religiös, moralisch und ethisch mehr als zweifelhaft war, wurde eher als Positivum verbucht in einer Zeit, die alte Werte zerstören und eine ganz neue Ordnung aufbauen wollte.

Iwanow konnte einen energischen Fürsprecher für seine Sache gewinnen: Nikolai Gorbunow, ehemaliger Sekretär Lenins und Stabschef der Sowjetregierung. Gorbunow war der Wissenschaft überaus gewogen – und er verfügte über hervorragende Kommunikationsmöglichkeiten an höchster Stelle; er dürfte damals der einflussreichste Förderer der Wissenschaften in der UdSSR gewesen sein. Mit seiner Unterstützung wurde das Vorhaben in den zuständigen Gremien offenbar regelrecht durchgewinkt: Im Protokoll des Rats für Arbeit und Verteidigung, der das Geld bewilligen musste, taucht es recht harmlos zwischen der Bewilligung eines Darlehens für eine Veteranenorganisation verdienter Revolutionäre und dem Kauf von Silberbesteck für die sowjetische Botschaft in Berlin auf. Selbst die Sowjetische Akademie der Wissenschaften hat offenbar weder gestutzt noch nachgefragt, was sie da genehmigte, die Zustimmung stellte einen bloßen formalen Akt dar. Abermals erwies sich die Gelegenheit als

überaus günstig: Die noch aus zaristischer Zeit stammende
Akademie und die neuen Sowjetbehörden pflegten zu dieser
Zeit geradezu harmonische Beziehungen, was in Fällen wie
diesem wohl dazu führte, dass die Akademie nicht übermäßig
kritisch war gegenüber Anliegen und Wünschen, die seitens
der Regierung an sie herangetragen wurden. Offenbar galt
diese Strategie, die wohl dem Überleben der eigenen Institution galt, selbst für einen so heiklen Antrag wie den Iwanows,
denn es kam nicht einmal zu Nachfragen.

Vor den Forscherkollegen in der ehrwürdigen Akademie
der Wissenschaften benutzte Iwanow allerdings auch eine etwas andere Sprache als vor den Apparatschiks im Kreml: Hier
war nicht mehr von wissenschaftlichen Argumentationshilfen
für Ideologen die Rede, die sowohl im Kampf gegen die Kirche
als auch in der Legitimierung des Materialismus nutzbar sein
konnten. Streng wissenschaftlich betonte Iwanow nunmehr,
wie wertvoll seine Hybridisierungsexperimente sein könnten, um neue Erkenntnisse über die menschliche Evolution
zu gewinnen sowie für Vererbung, Embryologie, Pathologie
und vergleichende Physiologie. Iwanows Kollegen pflichte-
ten ihm bei und stimmten dem Unternehmen zu. Zu einer
Debatte über ethische Fragen kam es dabei nicht. In die Eugenik wurden große Hoffnungen gesetzt, und Forschungsprojekte, die damit in Verbindung standen, waren chancenreich.

Der französische Beitrag

Iwanow hatte als erste Station auf seiner Reise nach Afrika
Paris ausgewählt. International gut vernetzt und ein etablier-
ter Wissenschaftler, unterhielt er zum Pariser Institut Pasteur
besonders gute Beziehungen. Sie reichten zurück bis zur Jahr-

hundertwende, als er nach seinem Universitätsabschluss nach
Frankreich gegangen war, um seine Studien am Institut des
berühmten französischen Bakteriologen fortzusetzen. 1924
war Iwanow abermals nach Paris gereist, nunmehr das Projekt
Affenmensch im Gepäck. Er hatte darüber mit seinen französischen Kollegen gesprochen, die kurz zuvor in Französisch-
Guinea eine Forschungsstation für Affen eingerichtet hatten,
um mit den Tieren in ihrer natürlichen Umwelt besser experimentieren zu können, als das in Europa möglich war. Iwanow
erwirkte die Erlaubnis, für seinen Versuch auf den Tierbestand
der französischen Forschungsstation zugreifen zu können. Die
Außenstelle des Institut Pasteur im heutigen Guinea existiert
noch immer, einige Kilometer außerhalb der drittgrößten Stadt
des Landes, Kindia. In der gleichnamigen Region werden vor
allem Bananen angebaut, und das Institut befasst sich mit der
Herstellung von Impfstoffen.

Seine Pariser Kollegen waren keineswegs entsetzt von den
Plänen des russischen Wissenschaftlers, ganz im Gegenteil.
Iwanow musste sein Vorhaben nicht verharmlosen, denn die
Institutsdirektoren Émile Roux und Albert Calmette, ihrerseits
Schüler des Gründungsdirektors Albert Pasteur, begrüßten
die Absichten Iwanows ausdrücklich. Sie boten ihm alle er-
denkliche Unterstützung an; möglicherweise hätte man seine
Forschungsreise sogar ausgerichtet, hätte es die finanzielle
Situation des Instituts zugelassen. Abgesehen von der grund-
sätzlichen Faszination, die die Idee der Kreuzung Mensch-Affe
bei so vielen Wissenschaftlern hervorrief, hegten die Franzosen
vermutlich auch ganz praktische Erwägungen: Da Iwanow auch
die künstliche Befruchtung zwischen Affen versuchen wollte,
bot sich ein möglicher Ausweg aus dem Dilemma, dass es in der
Forschungsstation bislang nicht gelungen war, Affen in Gefangenschaft zur Fortpflanzung zu bewegen.

Nach einigen Wochen in Paris reiste Iwanow über Südfrankreich nach Afrika. Ende März traf er in der Hauptstadt Guineas ein: Conakry an der afrikanischen Westküste, wo er von dem französischen Gouverneur überaus freundlich empfangen wurde. Seine erste Enttäuschung erlebte Iwanow nach der Ankunft in Kindia östlich der Hauptstadt im Landesinneren: Er musste feststellen, dass die meisten der Schimpansen in der Station des Institut Pasteur noch nicht geschlechtsreif waren und daher für das Experiment nicht in Frage kamen. Unverrichteter Dinge kehrte er daher zu Beginn der Regenzeit nach Paris zurück, wo er die Zeit für Experimente mit den dort gehaltenen Schimpansen nutzte. In der französischen Hauptstadt erreichte ihn die Nachricht aus den USA, dass ein Jurist aus Detroit 100.000 US-Dollar für Iwanows Experiment auftreiben wolle – auch um damit den starken Widerstand in den Vereinigten Staaten gegen die Darwin'sche Evolutionstheorie ins Wanken zu bringen. Iwanow bot an, zu unterstützenden Werbezwecken in die USA zu reisen, was seine dortigen Gönner aber umgehend ablehnten: Sie befürchteten Aufruhr unter strenggläubigen US-Amerikanern und befürworteten stattdessen, nach erfolgreicher Kreuzung und mit dem »ersten kleinen Hybridwesen« im Gepäck eine Tournee durch die Vereinigten Staaten zu unternehmen. Auch aus der großzügigen Spende wurde nichts, weswegen Iwanow weiterhin mit der kleinen Zuwendung der Sowjetregierung haushalten musste. Zu Ende der Regenzeit, im November 1926, machte er sich abermals auf nach Guinea.

Bei dieser zweiten Reise nach Westafrika wurde der Professor von seinem Sohn Ilja Iljitsch Iwanow begleitet, einem 22-jährigen Biochemie-Studenten der Moskauer Lomonossow-Universität. Der Gouverneur von Französisch-Guinea wies ihnen ein kleines Haus auf dem Grundstück des Botanischen Gartens Camayenne zu, ein paar Kilometer außerhalb der Hauptstadt Conakry. Da mit der Außenstelle des Institut Pasteur in Kindia nicht zu rechnen war, sollten die Experimente hier durchgeführt werden. Um geeignete Versuchstiere zu bekommen, organisierte Iwanow kurzerhand eine Jagd auf Affenweibchen in der Gebirgsregion Fouta Djallon, wo besonders viele Schimpansen lebten. In zwei Autos und in Begleitung eines Kolonialbeamten machten sie sich auf zur Schimpansenjagd. Drei weibliche der erbeuteten Tiere wurden in den Botanischen Garten gebracht, wo Käfige bereitgestellt worden waren.

Vater und Sohn Iwanow waren sich der heiklen Natur ihres Vorhabens durchaus bewusst, denn sie versuchten ihre eigentliche Absicht vor den Mitarbeitern des Botanischen Gartens nach Kräften zu vertuschen. Das einheimische Personal, das die Tiere betreute, sollte nichts davon erfahren, was durch die Tatsache erschwert wurde, dass die Affenkäfige im Freien aufgestellt waren. Um keinen Verdacht zu erregen, führten Vater und Sohn ihre angebliche »medizinische Behandlung« alleine durch: In den Hosentaschen je eine Browning griffbereit, falls die Tiere allzu großen Widerstand leisten sollten, überwältigten die Iwanows am Morgen des 28. Februar 1927 die beiden Schimpansenweibchen Babette und Syvette in ihren Käfigen und fingen sie in Netzen. Brutal und in aller Eile nahmen sie vor, was medizinisch Insemination heißt, dem Charakter nach aber als Vergewaltigung bezeichnet werden muss. »Die Injektion fand unter sehr erregten Umständen und unter ungünstigen Bedingungen statt. Die Bedrohung durch die Affen, die Arbeit im Freien und die Notwendigkeit, es zu verbergen«, notierte Iwanow später in seinem Labortagebuch.

Die künstliche Befruchtung war von keinem Erfolg gekrönt, sodass die Iwanows am 25. Juni 1927 einen zweiten Versuch an einem dritten Schimpansenweibchen namens Black durchführten. Erneut geschah die Durchführung heimlich, diesmal allerdings wurde der Affe in betäubtem Zustand besamt. In allen Fällen stammte das Sperma von einem Einheimischen um die dreißig, der seine Zeugungsfähigkeit beteuert, wenn auch nicht nachgewiesen hatte. Da aber auch hier konspiratives Handeln nötig schien, gaben sich die Iwanows mit seiner Versicherung zufrieden. Trotzdem scheiterte auch dieser dritte Versuch, sodass im Ergebnis keins der drei Schimpansenweibchen trächtig geworden war. Dies war aber angesichts der geringen Zahl an Probanden noch kein Beleg für die Unmöglichkeit einer Kreuzung zwischen Mensch und Affe, denn Kreuzungen unterschiedlicher Arten verlangen im Allgemeinen eine erheblich größere Zahl an Versuchstieren. Jetzt aber standen die Iwanows vor dem Problem, dass inzwischen das Geld der Sowjetregierung fast aufgebraucht war und sie Vorbereitungen für die Rückreise nach Europa treffen mussten.

Zum Erfolg entschlossen

Trotz alledem war Professor Iwanow keineswegs gewillt aufzugeben. Ganz im Gegenteil: Seine Bemühungen wurden noch radikaler und zweifelhafter: Nun entschloss er sich zu dem Versuch, eine Frau mit dem Samen eines männlichen Schimpansen zu befruchten. Dieser Weg war praktikabler und auch billiger. Bereits auf dem Schiff von Bordeaux nach Afrika hatte er mit einem Kolonialbeamten der Gesundheitsbehörde im Kongo über diese Möglichkeit gesprochen und ihn um Hilfe gebeten. Angesichts der Zeitnot nahm er jetzt aber wieder Kontakt auf zum Gouverneur von Französisch-Guinea und zu einem Krankenhaus in der Hauptstadt Conakry. Er ersuchte

GRANDIOS GESCHEITERT

um die Genehmigung, das Experiment auf umgekehrte Weise und mit afrikanischen Frauen als »Probanden« durchführen zu lassen. Ohne ihr Wissen und ihre Einwilligung wollte er Patientinnen aus einem dortigen Krankenhaus mit Affensperma befruchten. Man fragt sich unwillkürlich, wie und zu welchem Zeitpunkt nach erfolgreicher Befruchtung den Frauen hätte mitgeteilt werden sollen, welcher Art Behandlung man sie unterzogen hatte und was sie erwartete. So weit reichten die Überlegungen des Wissenschaftlers offenbar nicht, dessen Scheuklappenblick auf die bloße Durchführung des Experiments gerichtet war. Doch trotz anfänglichen Interesses verweigerte der Gouverneur nunmehr seine Zustimmung, Iwanow war zutiefst erschüttert von diesem neuerlichen Rückschlag. Vater und Sohn blieben noch eine Weile im Land und versuchten weiterhin, ihren Plan B umzusetzen.

Schließlich traf ein Brief des Kolonialbeamten aus dem Kongo ein. Der Mann schrieb Iwanow von der Möglichkeit, das Experiment in einem Krankenhaus in Nola in Französisch-Äquatorialafrika durchzuführen, heute in einem Zipfel im äußersten Südwesten der Zentralafrikanischen Republik gelegen. Iwanow plante eine Reise dorthin, dann aber erzwang seine desolate finanzielle Situation die sofortige Rückkehr nach Europa. Vermutlich hatte er vergeblich versucht, neue Geldmittel aufzutreiben, um seinen Aufenthalt doch noch verlängern zu können. Frustriert traten er und sein Sohn am 1. Juli 1927 die Rückreise in die Sowjetunion an.

Völlig ergebnislos war die Afrika-Expedition des Experimentalbiologen jedoch nicht, denn Iwanow brachte verschiedene Affen mit, die in einer neu gegründeten Zuchtstation im georgischen Sochumi an der Schwarzmeerküste untergebracht wurden. Die Gründung der Primatenforschungsstation hatte

Iwanow kurz vor seiner Abreise nach Afrika noch in die Wege geleitet. Unter den mitgeführten Tieren waren zunächst auch Babette, Syvette und Black gewesen – die drei Schimpansenweibchen, deren Befruchtung fehlgeschlagen war. Allerdings starben Black bei der Ankunft in Marseille und Syvette auf dem Weg nach Russland. In einem neuerlichen Anlauf sollten nun männliche Affen als Samenspender dienen, denn Iwanow wollte das Experiment jetzt auf sowjetischem Boden durchführen.

Zunächst aber musste Iwanow bei seinen Auftraggebern Bericht erstatten, was entschieden weniger reibungslos ablief als die Bewilligung der Gelder im Jahr zuvor. In der Akademie der Wissenschaften rief Iwanows Expeditionsbericht einiges Entsetzen hervor. Die Akademiemitglieder zeigten sich abgestoßen von den Versuchen des Biologen, afrikanische Frauen als Versuchspersonen zu missbrauchen, zumal er dieses Ansinnen vorab nicht hatte genehmigen lassen. Dass die Frauen hätten getäuscht werden sollen, schien den Herren vollends inakzeptabel. Prompt verweigerten sie dem Biologen weitere Finanzmittel. Mit Hilfe seines Gönners Gorbunow aber konnte Iwanow weitermachen – der Sowjetfunktionär hatte kein Problem mit der ethischen Fragwürdigkeit des Unternehmens, sondern allein den vermeintlichen wissenschaftlichen Fortschritt im Auge. Die beiden profitierten nun außerdem von den Umwälzungen in der sowjetischen Forschungslandschaft, denn inzwischen hatte die Kommunistische Akademie an Bedeutung gewonnen und befasste sich im Frühling 1929 mit Iwanows Projekt.

Noch mehr als zuvor wurde die politisch-weltanschaulich progressive Dimension des Projekts hervorgekehrt und unter anderem die Tatsache, dass sich in den Vereinigten Staaten der rassistische Ku-Klux-Klan darüber hochgradig erregt hatte, als ein Beleg dafür angeführt. Wichtiger war aber offenbar ein weiteres Mal das überaus günstige Timing: Stalin hatte die Sowjetunion innenpolitisch radikalisiert und in einer Kulturrevolution triumphierte nunmehr die junge Generation der Sowjetwissenschaftler gegen ihre älteren »bürgerlichen« Kollegen. Die Stalinisierung der sowjetischen Wissenschaft hatte begonnen – und Iwanow war fest entschlossen, sich im veränderten System weiterhin zu behaupten.

Als am Ende des Jahrzehnts kommunistische Wissenschaftler aus den Hochschulen und Akademien drängten, wollte Stalin ausdrücklich, dass die nachrückende Generation mit der bürgerlichen Wissenschaft gründlich aufräumte. Vor dem Kommunistischen Jugendverband, Komsomol, erklärte Stalin im Mai 1928 in militärischer Terminologie, die Festung Wissenschaft müsse um jeden Preis von jungen Leuten gestürmt werden, und verlangte umgehend einen Massenangriff auf die Bastionen der »alten Garde«. Diese Marschrichtung hatte bereits 1922 in der Komintern-Monatsschrift *Unter dem Banner des Marxismus* kein Geringerer als Lenin vorgegeben: Der schrieb von der Notwendigkeit zu »begreifen, dass sich ohne eine gediegene philosophische Grundlage keine Naturwissenschaft, kein Materialismus im Kampf gegen den Ansturm bürgerlicher Ideen und gegen die Wiederherstellung der bürgerlichen Weltanschauung behaupten kann. Um diesen Kampf bestehen und mit vollem Erfolg zu Ende führen zu können, muss der Naturforscher moderner Materialist sein, das heißt, er muss dialektischer Materialist sein.« Aber erst Stalin konnte eine junge Garde ideologisch geschulter und gefestigter Wissenschaftler aufbieten, die Lenin noch nicht zur Verfügung gestanden hatte. Nunmehr aber wurde es für die »bürgerlichen Wissenschaftler« eng, wenn nicht lebensgefährlich. Rücksichtslos sollten nach

Stalins Wunsch die nachrückenden Wissenschaftler die ältere Forschergeneration aus Labors und von Kathedern vertreiben.

Stalin veränderte die Sowjetunion, seitdem er nach Lenins Tod die Kämpfe um die Nachfolge für sich entschieden hatte. Am bekanntesten sind die Terrorjahre 1936 bis 1938, denen rund eine Million Menschen zum Opfer fielen, aber Stalin schuf sich auf allen Ebenen den Staat, der auf ihn allein zugeschnitten war, und verfolgte mit Brachialgewalt eine Politik der Industrialisierung. Die Wissenschaft blieb davon nicht verschont, auch sie musste sich fortan uneingeschränkt den Vorgaben des Staates stellen: Wissenschaft im Dienst des Aufbaus des Sozialismus, hieß das Motto. Ein zentralistisches, gut überwachtes Wissenschaftssystem ersetzte die weitgehende Autonomie, von der so viele Forscher enorm profitiert hatten. Strenge Hierarchien und straffe Planung, dazu eine rigide Personalpolitik im Sinne der Partei und Überwachung der Forschungsarbeit, außerdem Repression – nunmehr gab es sogar Arbeitslager für Wissenschaftler zur Forschung im Dienste von Industrie oder Militär.

In dieser Atmosphäre nahm sich die 1918 gegründete Kommunistische Akademie des Anliegens Iwanows an, und eine Kommission namhafter Biologen und anderer Wissenschaftler untersuchte den Fall. Wegen der möglichen Erkenntnisse für die Vererbungslehre, möglicher Belege für Darwins Evolutionstheorie sowie möglicher Perspektiven für die genetische Forschung sprach sie im Frühjahr 1929 die Empfehlung aus, die angestrebten Versuche in Sochumi so bald wie möglich durchzuführen. Man beschloss, das Ganze aber einstweilen geheim zu halten. Vertreter von Eugenik und Genetik als Wunderwissenschaften für den Aufbau der sozialistischen Gesellschaft stellten damals Unglaubliches in Aussicht: Alexander Serebrowski, einer der führenden Genetiker der Sowjetunion, hielt es für denkbar, Sowjetmenschen zu züchten, deren Physis Außergewöhnliches ermöglichen sollte: »Zählt man zusammen, welche Kraft, Zeit und Mittel freigesetzt würden, wenn es uns gelänge, die Bevölkerung unserer Sowjetunion von jeglichen Erbleiden zu reinigen, so könnte man wahrscheinlich ein Fünfjahressoll in zweieinhalb Jahren erfüllen.« Um sich abzusichern, verankerte Serebrowski seine Überlegungen tief im Fundament der marxistischen Lehre: »Die Lösung des Problems, wie die Auslese in der menschlichen Gesellschaft zu organisieren sei, wird zweifellos nur im Sozialismus möglich – nach der endgültigen Zerstörung der Familie, dem Übergang zur sozialistischen Erziehung und der Trennung von Liebe und Zeugung.« Dann könnten die enormen Potenziale der Eugenik ausgeschöpft werden, denn sie sei überaus vielversprechend für die »Verbesserung des Menschen selbst, den man in vielerlei Hinsicht tatsächlich verbessern kann und muss«. Serebrowski forderte dafür die Entkoppelung der Fortpflanzung von Familie und Sexualität – statt mit dem eigenen Partner Kinder zu zeugen, sollten Frauen sich mit dem Sperma ausgesuchter Spender künstlich befruchten lassen.

Wer auf Grundlage des wissenschaftlichen Sozialismus mit umfassender Planung einen neuen Staat und eine neue Gesellschaft aufbauen wollte, dem konnte die planmäßige Beeinflussung der Bevölkerungsentwicklung mittels solch drastischer Eingriffe in den Genpool der Menschen als durchaus folgerichtig erscheinen. Das Ziel, auch auf diesem Weg den Staat nach vorn zu katapultieren, hätte dabei einen nicht unerwünschten Nebeneffekt: Die Familie als Keimzelle der Gesellschaft sollte ausgedient haben, um dem Staat mehr Einflussmöglichkeit zu geben und mit als reaktionär verstandenen Werten gründlich aufzuräumen.

Die Suche nach Freiwilligen

Für Iwanows Kreuzungsvorhaben sollten nunmehr Freiwillige gesucht werden, also Frauen, die sich dem Experiment, mit Affensperma befruchtet zu werden, aus freien Stücken unterzogen. Man sprach von »ideellem Interesse«, finanzielle Vorteile sollten damit also nicht verbunden, wohl aber ein klarer Klassenstandpunkt vorhanden sein. Mindestens fünf Frauen sollten sich dafür zu einem Jahr strenge Isolation in der Zuchtstation Sochumi bereiterklären. Zumindest eine Freiwillige wurde auch tatsächlich gefunden: Eine Frau aus Leningrad (Sankt Petersburg) schrieb an Iwanow: »Da mein Leben in Trümmern liegt, sehe ich keinen Sinn mehr darin, weiterzuleben. Aber die Idee, der Wissenschaft von Nutzen sein zu können, gab mir den Mut, Kontakt mit Ihnen aufzunehmen. Ich flehe Sie an, weisen Sie mich nicht ab. (...) Bitte nehmen Sie mich für Ihr Experiment an.« Der Professor korrespondierte daraufhin mit der verzweifelten Frau und hatte offenbar die Absicht, sie zu verpflichten.

Als einziges Zuchttier in Sochumi kam ein 26 Jahre alter Orang-Utan namens Tarzan in Frage, weil er als einziger unter den Menschenaffen der Station geschlechtsreif war. Zwar ergaben Untersuchungen seine Zeugungsfähigkeit, dann aber starb Tarzan im Frühsommer 1929, womit das Experiment ein weiteres Mal gescheitert war. Der lebensverzweifelten Freiwilligen in Leningrad schrieb Iwanow in einem Telegramm, dass nach einem Ersatz gesucht werde. Ein neuer Anlauf sollte im Jahr darauf gemacht werden, dafür sollten neue Tiere angeschafft werden. Noch sah Iwanow keine Veranlassung, daran zu zweifeln, dass er sein Lebensprojekt weiter würde verfolgen können.

Diesmal aber scheiterte die Fortsetzung der Bemühungen

an den politischen Entwicklungen, die doch zuvor für Iwanow so günstig verlaufen waren. Mochte sein Projekt ideologisch auch überaus wünschenswert sein – der Wind drehte nun abermals. Jetzt geriet Iwanow als »bürgerlicher« Wissenschaftler der alten Generation selbst unter Beschuss, Parteivertreter und auch einige seiner Schüler verlangten seine Ablösung. Gleichzeitig sanken auch die Sterne anderer namhafter Unterstützer des Projekts, darunter der Gorbunows im Zusammenhang mit Flügelkämpfen innerhalb der KPdSU 1930/31.

Iwanow wurde Ende 1930 von der Geheimpolizei verhaftet und beschuldigt, mit Kollegen aus der Agrarbiologie eine Konterrevolution angestrengt zu haben. Man würde vermuten, die ethisch verwerflichen Experimente zur Kreuzung von Affe und Mensch hätten bei den Anschuldigungen gegen Iwanow eine Rolle gespielt oder wären zumindest instrumentalisiert worden. Das war aber nicht der Fall, die diesbezüglichen Experimente des Biologen tauchen in der Kritik an keiner Stelle auf. 1930 ging es nicht um ein ethisch verwerfliches oder auch nur spektakuläres Forschungsprojekt; wichtiger waren Aspekte wie seine Unterstützung durch die Zarenfamilie, als Russland die Revolution noch bevorstand und Iwanows Forschungsgebiet die künstliche Befruchtung zum Zwecke der aristokratischen Pferdezucht war.

Das Urteil lautete auf fünf Jahre Verbannung nach Kasachstan. Zwar wurde Iwanow bereits ein gutes Jahr später vorzeitig entlassen, als Stalin die radikale Phase der Kulturrevolution wieder beendete. Obwohl rehabilitiert, starb Iwanow aber bald darauf an den gesundheitlichen Folgen seiner Haft in Alma-Ata – an einem Herzschlag –, nur einen Tag vor seiner geplanten Rückkehr nach Moskau. Sein außergewöhnliches, monströs gescheitertes Experiment blieb bis in die Sechzigerjahre hinein vergessen, zumal er nie darüber publiziert hatte. Und selbst dann, als Iwanows Biograph das Thema erwähnte, blieb es ohne jeden öffentlichen Widerhall. Erst nach dem Ende der Sowjetunion hat der Moskauer Wissenschaftshistoriker Kirill Rossijanow das düstere Kapitel wieder ausgegraben.

Soweit bekannt, wurden seither keine Versuche mehr unternommen, Mensch und Affe miteinander zu kreuzen, obwohl ein gewisses Interesse daran weiterhin bestand und wissenschaftliche Debatten darüber noch Jahrzehnte danach geführt wurden. Auch die Science-Fiction-Literatur konnte sich der Versuchung nicht entziehen, mit ähnlichen Szenarien zu hantieren. In der Sowjetunion fanden die eugenischen Visionen ebenfalls keine Umsetzung: Zum einen verordnete Stalin seinem Volk schon bald einen gesellschaftlich konservativen Kurs und verbot beispielsweise die Abtreibung, die erst einige Jahre zuvor erlaubt worden war. Zum anderen verlor die Eugenik an Boden, weil eine klare Abgrenzung von den Vorstellungen der »Rassenhygiene« NS-Deutschlands geboten schien.

Vielleicht angeregt durch das Wissen einiger weniger um die Versuche Iwanows tauchten jedoch immer wieder Gerüchte auf, irgendwo in Afrika sei ein Affenmensch gezüchtet worden. Inzwischen gehen Experten aber davon aus, dass die Kreuzung zwischen Mensch und Menschenaffe auf dem Weg der künstlichen Befruchtung nicht durchführbar ist. Gleichwohl ermöglichen die Fortschritte der Genetik seither, Erbmaterial von Affe und Mensch zu mischen. Zur Erforschung von Erbkrankheiten wurden in den USA beispielsweise menschliche Hirnzellen in Affen verpflanzt. Immerhin spielen heute ethische Erwägungen eine gewichtigere Rolle als zu Zeiten Professor Iwanows und seiner interessierten Forscherkollegen in aller Welt. Doch eine Gewähr dafür, dass die Wissenschaft in Zukunft keine ethischen Grenzen mehr überschreiten wird,

gibt es natürlich trotzdem nicht. Das ist auch deshalb frag-
lich, weil ethische Grenzlinien in unterschiedlichen Ländern
unterschiedlich gezogen werden. Hinzu kommt, dass Gen-
Experimente in Nährstofflösungen und Petrischalen klinisch
sauber erscheinen – ganz im Gegensatz zur monströsen Affen-
vergewaltigung eines Professor Iwanow. Die Fortschritte in
der genetischen Forschung aber und die Möglichkeit, beispielsweise durch Präimplantationsdiagnostik (PID) ins menschliche
Erbgut einzugreifen und die Spezies Mensch auf diesem Weg
zu »optimieren«, erinnern nicht zu Unrecht an die düstere
Vergangenheit der Menschenversuche – denn die können
durchaus auch im Reagenzglas stattfinden.

Wie eine Zähmung des Urwalds
HENRY FORDS »FORDLANDIA«

Millionen Jahre wuchs im Amazonas Südamerikas unbemerkt die Quelle des Stoffes, nach dem das 19. Jahrhundert so süchtig wurde wie das 20. nach Erdöl: Kautschuk, der geronnene Milchsaft verschiedener tropischer Baumarten. Mitte des 19. Jahrhunderts löste die Entdeckung der Vulkanisation durch Charles Goodyear, der durch Zugabe von Schwefel unter Hitze aus Kautschuk den einmaligen Werkstoff Gummi machte, einen ebenso folgenreichen wie kreativen Wettstreit der Erfinder zur Anwendung des neuen Materials aus: Keilriemen und Dichtungsringe, Walzen und Schläuche, Eisenbahnpuffer und Isolierkabel – der auf Eisen und Dampf gestützten Spätphase der Industrialisierung hatte der Stoff gerade noch gefehlt.

Als an Kunststoffe noch nicht zu denken war, kam Gummi wie ein Wunder über die Welt: elastisch und leicht zu bearbeiten, luft- und wasserdicht, ein hervorragender Isolator, stoß- und schalldämpfend, reißfest, weitgehend unempfindlich gegen extreme Temperaturen und Chemikalien – und zudem mit anderen Materialien mühelos kompatibel. Er lässt sich dehnen, pressen, biegen oder drehen und kehrt doch jedes Mal wieder in seine ursprüngliche Form zurück. Industrie, Dampfschifffahrt, Eisenbahn, Telegraphie und schließlich die Autobauer kamen ohne Kautschuk nicht mehr aus. Weder hatte es zuvor ein vergleichbares Material gegeben, das die unzuverlässigen Stoffe Kork, Leder oder Schafsdarm ersetzen konnte, noch wurde seither ein gleichwertiger Ersatz gefunden oder entwickelt. Denn selbst die synthetische Herstellung aus Erdöl, die nach langen Mühen Mitte des 20. Jahrhunderts glückte, konnte den Pflanzenrohstoff nicht vollständig verdrängen.

Noch heute wird ein Drittel des weltweit verbrauchten Kautschuks natürlich gewonnen, so wie jeder Autoreifen aufgrund einiger auch in künstlicher Herstellung unerreichter Eigenschaften des Pflanzenrohstoffs weiterhin zu einem Drittel aus Naturkautschuk hergestellt wird. Kein Bereich der modernen Technik kommt ohne den Einsatz von Gummi aus. Schlichtweg unvorstellbar also, wie ohne den Kautschuk die Industrialisierung weiter verlaufen wäre und ohne welche nützlichen Errungenschaften wir heute auskommen müssten.

Bei aller Vielfalt der Anwendungen: Den größten und dauerhaftesten Nachfrageboom bescherte dem Kautschuk der Siegeszug des Automobils. 1886 in Deutschland erfunden, kam es zuerst in Frankreich *en vogue*. Im Pariser Bois de Boulogne fuhren reiche Damen ihre kleinen Elektromobile aus, als wären es Rassehunde. Aber während das neue Verkehrsmittel in Europa aufgrund des hohen Anschaffungspreises und erklecklicher Unterhaltungskosten noch über Jahrzehnte ein Luxushobby blieb, wurden zum Schauplatz der ersten Massenmotorisierung die Vereinigten Staaten. Noch bevor der Erste Weltkrieg begann, hatten die USA bei der Automobilproduktion den Marktführer Frankreich überrundet. In Nordamerika produzierte man weniger für den Luxussektor; für den rasanten Aufstieg der US-Automobilbranche sorgte vielmehr der Massenmarkt mit preiswerten, robusten Wagen. Und umgekehrt zu Europa ging die Motorisierung vom Land aus und erfasste erst dann die Städte.

Der Mann, der in den USA das Automobil zum Massenvehikel machte, war der Sohn eines Farmers: Henry Ford, 1863 in Michigan geboren. Sein atemberaubender Aufstieg verkörpert wie kaum ein zweiter den Mensch gewordenen *american dream*. Schon als Halbwüchsiger reparierte der leidenschaftliche Tüftler die Uhren der gesamten Nachbarschaft und konstruierte seinen ersten Motor, wurde Maschinist in Detroit, später Besitzer eines Sägewerks und schließlich Ingenieur im Unternehmen des berühmten Erfinders Thomas Alva Edison. Zehn Jahre nach dem Deutschen Carl Benz baute Henry Ford seinen ersten Motorwagen, gründete ein paar Jahre später die Detroit Automobile Company und schließlich 1903 die Ford Motor Company, die älteste der »Big Three«, wie die drei großen Autoproduzenten der USA noch heute genannt werden. (Die anderen sind General Motors und Chrysler, Letzterer inzwischen eine Fiat-Tochter.) Die Massenproduktion des Autos begann Henry Ford 1908 mit seinem Model T und führte als Erster in seiner Fabrik die Fließbandfertigung ein. Fords Bedeutung für den Aufbruch der USA ins industrielle Massenzeitalter ist immens, und seine Erfolgsgeschichte als Autobauer so überzeugend, dass bis heute mancher US-Amerikaner darauf wetten möchte, Ford habe nicht nur das Auto zum Massenprodukt gemacht, sondern es überhaupt erfunden.

Henry Ford war um 1900 das, was ein Jahrhundert später Bill Gates verkörperte, der den Computer ja auch nicht selbst erfand, aber einen ebenso rasanten wie beeindruckenden Aufstieg zum reichsten Mann der Welt hinlegte, ohne dass es ihm in die Wiege gelegt worden wäre. Henry Ford war ein Tycoon, ein Titan, ein Industriemogul, ein kapitalistischer Tausendsassa – zu seinen Lebzeiten überschlugen sich Journalisten und Biographen mit Begriffen, die die schier übermenschliche Lebensleistung dieses Mannes in eins fassen sollten. Sogar als Jesus Christus der Industrie betete man ihn an. Und ins Fiktive verlängert, wurde dieser gottesfürchtige Teufelskerl sogar zum Angelpunkt einer neuen Zeitrechnung: Aldous Huxley ließ in seinem satirischen Zukunftsroman *Schöne neue Welt* die Menschen in den Jahren »nach Ford« zählen, mit dem Ausgangsjahr 1908 christlicher Zeitrechnung, als Fords erstes Modell T vom Band lief. In den über sechs Jahrhunderten seither, bis zur eigentlichen Handlung des Romans, wurde Ford zum Maß aller Dinge, die Menschen sagen »Ford sei Dank« und »Oh Ford«, Wichtigkeiten werden mit »Fordschaft« angesprochen, statt des Kruzifixes verehrt man das große F, und die Babys kommen, wie sollte es anders sein, vom Fließband.

Börsenliebling Urwaldkautschuk

Die ersten fünfzig Jahre nach Goodyears Entdeckung der Vulkanisation hatte Brasilien den Kautschukhunger der westlichen Welt stillen können und daran gut verdient. Aber mit beständig wachsender Nachfrage stieg der Preis – immer tiefer mussten die Kautschukzapfer auf der Suche nach zapfreifen Bäumen in den Amazonasurwald vordringen, um den Bedarf zu decken. Schon Mitte der 1850er-Jahre forderte daher ein weitsichtiger britischer Kautschuk-Industrieller, Großbritannien müsse den Anbau von Kautschukbäumen in seinen tropischen Kolonien versuchen. Aber obwohl das Empire Erfahrung hatte mit botanischen Verpflanzungen wie der des chinesischen Tees nach Indien, sah die britische Regierung keine Veranlassung zum Handeln. In welch schwindelerregende Höhen der Bedarf noch steigen würde, war Jahrzehnte vor Erfindung und Siegeszug des Autos und der ihr zuliefernden Reifenindustrie ja auch noch gar nicht absehbar.

Die fahrlässig-unbekümmerte Haltung ihrer Regierung weckte den Ehrgeiz einer Handvoll hartnäckiger Engländer, die mit einer Weitsicht, die heutigen Entscheidungsträgern zumeist abgeht, sich der Sache annahmen. Sie gehörten zur sich gerade formierenden naturwissenschaftlichen Elite Großbritanniens, die den Fortschrittsglauben des imperialen Zeitalters auf die eigene Arbeit übertrug. Im Zentrum standen die Royal Botanic Gardens in Kew bei London, die seit Mitte des 19. Jahrhunderts britische Pflanzer in Übersee mit Samen und Setzlingen von kommerziell vielversprechenden Nutzpflanzen sowie dem dazugehörigen Knowhow versorgten. So war die Korkeiche nach Vorderindien, die Macadamianuss von Australien auf die Westindischen Inseln oder die brasilianische Brechwurzel nach Trinidad gekommen. In Kew heckte man das Unternehmen Kautschuk aus, denn inzwischen entstand allmählich ein Risikobewusstsein für die Versorgung mit jenem Naturrohstoff. 1876 sammelte der 30-jährige Abenteurer Henry Alexander Wickham, eigentlich ein Verlierertyp und miserabler Geschäftsmann, am Tapajós, der in der Nähe von Santarém in den Amazonas fließt, 70.000 Samenkapseln, die er gut verpackt nach England verschiffte. Aus denen wurden Setzlinge gezogen und in britische Besitzungen nach Südostasien verschifft, um dort den Grundstock für Kautschukplantagen zu bilden.

Als das 20. Jahrhundert anbrach, war der im Vergleich zu anderen Rohstoffen ohnehin stolze Preis für Kautschuk auf immer neue Spitzenwerte geklettert, vor allem durch den Aufschwung der Reifenindustrie, aber auch wegen seiner wachsenden Bedeutung als Rüstungsgut. Und schließlich wurde zu dieser Zeit mehr denn je auf den Kautschukpreis spekuliert, was den Markt nur noch mehr unter Druck setzte. Kein anderer Naturrohstoff hatte im freien Wettbewerb jemals vergleichbare Gewinnspannen erzielt; die Anleger frohlockten. Am anderen Ende der Welt aber, in Südostasien, waren fast unbemerkt von der Weltöffentlichkeit ausgedehnte Kautschukplantagen entstanden. Ein weiterer weitsichtiger und hartnäckiger Mann namens Henry Ridley, Direktor am Botanischen Garten von Singapur, hatte vorausschauend dafür vorgesorgt, dass die aus Brasilien über Kew nach Asien exportierten Kautschuksamen ihre Mission erfüllten: mit botanischer Forschung, mit dem Aufbau einer Samenreserve und mit Kautschuk-PR bei den Pflanzern vor Ort. Gegen alle Widerstände machte Ridley, der dafür als »mad Henry« verspottet wurde, den Überraschungscoup des Plantagenkautschuks möglich. Als in Britisch-Malaya und Ceylon Tee und Kaffee unter Schädlingsbefall und Krankheiten litten, wurde Hektar nach Hektar unter Kautschuk gebracht.

Brasilien wiegte sich noch eine Weile in Sicherheit, dabei drängte immer mehr asiatischer Plantagenkautschuk auf den Markt – und erwies sich als besser als selbst der beste Urwaldkautschuk. Zudem machte sich der Standortvorteil Südostasiens bemerkbar: Billige Arbeitskräfte waren leichter zu bekommen als im Amazonas, und das kostenintensive System mit vielen profitverwöhnten Zwischenhändlern entfiel. Die Plantagen arbeiteten auch deshalb effektiver, weil weder wilde Bäume im Regenwald gesucht, noch der Kautschuk den endlosen Amazonas flussabwärts transportiert werden musste. Außerdem zahlte sich die jahrelange Forschung aus: Die Ausbeute pro Baum lag in Asien viel höher als im Amazonas. Mit anderen Worten: Wirtschaftlich und qualitativ war der Plantagenkautschuk der Urwald-Konkurrenz haushoch überlegen. 1913 wurde zum letzten Mal mehr Urwald- als Plantagenkautschuk produziert. Dann ging die Zeit des brasilianischen Kautschuks zu Ende, während Britisch-Malaya in kürzester Zeit zum größten Kautschukproduzenten der Welt aufstieg. Damit war Großbritannien der Platzhirsch im internationalen Kautschukhandel, die Kolonialmächte Frankreich und Niederlande mussten sich mit einer Nebenrolle begnügen.

An der steigenden Nachfrage nach Kautschuk kam Henry Ford ein entscheidender Anteil zu, hatte er doch inzwischen die Welt auf vier motorisierte Räder gesetzt. Sein Modell T sollte über Jahrzehnte den Rekord als meistverkauftes Auto der Welt halten – bis ihm der VW Käfer den Rang ablief. Folglich hatte die Ford Motor Company, von deren Bändern damals die Hälfte aller weltweit produzierten Autos rollte, einen Riesenbedarf an Kautschuk. Das war der große Haken am US-amerikanischen Autoboom – oder besser gesagt: ein Hindernis. Denn über 90 Prozent der Kautschukproduktion stammte damals aus Südostasien, drei Viertel davon aus britischen Kolonien; sehr viel weniger kam aus französischen und niederländischen Überseebesitzungen. Mehr als 70 Prozent dieses Kautschuks aber ging in die USA, die eben keine Kolonien besaßen, welche für den Anbau von Kautschuk geeignet gewesen wären.

Als Unternehmer in den Vereinigten Staaten und erklärter Patriot ärgerte Henry Ford die britische Vorherrschaft auf dem Weltmarkt für Rohkautschuk. Als vollends unerträglich aber empfand er die Situation nach dem Ende des Ersten Weltkriegs. Denn als im Gefolge des Friedensschlusses die Nachfrage für Rohkautschuk sank, begann London mit dem Aufbau eines Kautschukkartells, um die Preise zu stützen. Dagegen liefen die Vereinigten Staaten als größte Kautschukabnehmer Sturm; ein regelrechter Handelskrieg entbrannte zwischen Washington und London. Drei US-Industrielle nahmen die Herausforderung an und reagierten auf das Kartell mit eigenem Plantagenanbau: Die Reifenhersteller Firestone und Goodyear ließen im westafrikanischen Liberia beziehungsweise auf Sumatra und den Philippinen Plantagen anlegen. Und auch Henry Ford beschloss kurzerhand, seinen eigenen Kautschuk anzubauen. Noch forschte zwar sein betagter Erfinderfreund

Edison nach Möglichkeiten der Kautschukgewinnung aus Pflanzen, die in den Vereinigten Staaten angebaut werden konnten. Aber als das nicht gelang, verlegte sich auch Ford auf den Plantagenanbau im Mutterland des Kautschuks. Er kaufte 1927 riesige Ländereien im brasilianischen Amazonas-Regenwald.

»Mad Henry« Ford

Damit fügte Ford der wechselvollen Geschichte des Kautschuks ein weiteres Kapitel an und gesellte sich zur langen Reihe von Abenteurern und Eigenbrötlern, Naturwissenschaftlern, Erfindern und Unternehmern, stolzen und tragischen Helden, die sich mit dem Kautschuk einließen. Dass er aber zu denjenigen gehören würde, deren Unternehmen fehlschlug, kam für den selbstgewissen Selfmademan zweifellos nicht in Frage. Er verstand sich stets als stolzen, nicht als tragischen Helden. Viele Zeitgenossen dagegen sahen im Autoindustriellen Ford längst auch eine Art »mad Henry«. Er war wie Henry Ridley ein überaus eigensinniger Mann, der sich ungern reinreden ließ und als engste Mitarbeiter Männer auswählte, die ihm nicht widersprachen. Im Unterschied zum Botaniker Ridley wirkte Ford allerdings nicht im Verborgenen, sondern zog mit allem, was er tat, die Blicke einer interessierten bis neugierigen Öffentlichkeit auf sich – was er zumeist auch genoss.

Das brasilianische Vorhaben wies eine Größenordnung ganz nach Fords Geschmack auf. Er wollte ja nichts weniger, als dem wilden Amazonas einen großen Happen Urwald entreißen, diesen bändigen und dem industriellen Fortschritt dienstbar machen. Wohlwollende Beobachter überschlugen sich in der Würdigung dieses mutigen Projekts, beschworen die Schrecken des unbezähmbaren Regenwaldes und machten klar, dass nur ein Einziger auf der Welt diese Wildnis domestizieren und zum Nutzen der industrialisierten Welt ausbeuten konnte: eben Henry Ford. Ein maßgeblicher Teil der US-Presse zeigte sich enthusiastisch, als die ersten Ford-Schiffe zum Amazonas fuhren, an Bord die Ausrüstung, um dem Dschungel Zivilisation beizubringen. Die *Washington Post* titelte am 27. Juli 1928: »Brasilianisches Gebiet größer als New Jersey soll Gummi für jährlich 2 Millionen Reifen liefern«.

Die Begeisterung der Medien und mancher speichelleckerische Tonfall muten befremdlich an, zumal angesichts des schonungslosen Eingriffs in ein einzigartiges Ökosystem wie den Amazonas. Aber zu Fords Lebzeiten waren weder die kindlich-uneingeschränkte, skepsislose Begeisterung für Führerpersönlichkeiten noch der Triumph des Menschen über die Natur so grundlegend in Zweifel gezogen worden, wie das seither der Fall ist. Auf viele US-Amerikaner musste ein solches Unternehmen inmitten der Wildnis auch deswegen faszinierend wirken, weil es der Vorstellung der *american frontier* entsprach, der Zivilisationsgrenze, die die Siedler auf ihrem Zug nach Westen bis an den Pazifik vorgeschoben hatten. Ähnlich wurde Jahrzehnte später der Drang in den Weltraum mit der Ausdehnung des Staatsgebietes nach Westen verglichen. Heute dagegen versteht man den Amazonas, wie die wenigen weltweit verbliebenen Teile intakter Natur insgesamt, nicht mehr als bedrohlichen Gegensatz zur Zivilisation, der domestiziert werden muss, sondern vielmehr als gefährdet und schützenswert.

Es wäre in der Tat durchaus falsch, Fords brasilianisches Abenteuer auf die rein kommerzielle Seite des Kautschukanbaus zu reduzieren. In den Zwanzigerjahren besaß er längst eine internationale Reputation nicht nur als Industrieller, sondern auch als idealistischer Utopist. Studierte Intellektuelle und umfassend gebildete Entscheidungsträger belächelten die hemdsärmelige Philosophie des Farmerssohnes und Selfmademillionärs, zu der Pazifismus und Vegetarismus gehörten, eine Politik hoher Löhne zugunsten des Arbeiters als Konsument und die Kritik an gesellschaftenlichen Verwertungen durch wuchernde Städte und verfallende Sitten, allerdings auch die moralinsaure Gängelung seiner Arbeiter und sogar ein abwegiger, gleichwohl zeitgemäßer Antisemitismus. Mit Leidenschaft stritt er für Soja als kommendes Nahrungsmittel und stellte die Zukunft der Kuh als Nutztier in Frage. Sein ausgeprägter missionarischer Eifer machte auch vor seinen Arbeitern nicht halt, für die er noch außerhalb der Fabrik eine Verantwortung reklamierte. Durch die Bewirtschaftung eines eigenen Gartens sollten die Fließbandarbeiter einer die Fabrikmonotonie ausgleichenden Beschäftigung nachgehen. Im Ersten Weltkrieg war der überzeugte Pazifist zusammen mit weiteren bekannten Friedensaktivisten an Bord eines Schiffes namens *Oscar* auf dem Weg nach Europa, um dem Morden in der Alten Welt ein Ende zu machen. Die Aktion verlief erfolglos, und nach dem Kriegseintritt der USA 1917 stellte Ford ohne großes Federlesen seine Fabriken auf Rüstungsproduktion um.

Es sind die widersprüchlichen Persönlichkeiten, die im Weltgedächtnis besonders gut haften bleiben, und Henry Ford steckte zweifellos voller Widersprüche. Obwohl er mit stattlichen Löhnen seinen Arbeitern den Besitz eines Autos ermöglichte und ihnen viele Wohltaten zukommen ließ, degradierte seine Fließbandfertigung den Arbeiter zum stumpfen Roboter, dessen Handgriffe zum Wohl der Effizienz exakt festgelegt waren. Damit stellte er ungewollt eine Frage, die bis heute ihre Brisanz bewahrt: Ist der Mensch Subjekt oder

Objekt im System der Marktwirtschaft? Ein anderer Widerspruch wurde leitmotivisch für sein Leben und Arbeiten: Obwohl (oder weil) er dem Weg der USA ins Massenzeitalter tatkräftig zu einem maßgeblichen Schub verhalf, trachtete er doch stets danach, Fabrik und Scholle miteinander zu versöhnen. Ohne industrielle Entwicklung gab es für ihn keinen Fortschritt, aber ohne Tradition und Wurzeln war für ihn der Fortschritt unnütz.

Ford strebte danach, sein Land und am liebsten die Menschheit von seiner ganzheitlichen Sendung zu überzeugen, dass Industrie und Landarbeit ein Team seien. Ford wollte nicht nur, dass seine Arbeiter nach seiner Fasson selig wurden, also im eigenen Garten Gemüse anbauten, auf Alkohol verzichteten und in anständigen Häusern wohnten. Er wollte, darin ganz der Industrielle mit landwirtschaftlichen Wurzeln, die Segnungen und Strukturen der Industrie mit dem Einfachen, Bodenständigen, Kleinteiligen des Landlebens versöhnen. Das zielte auf nichts Geringeres als einen Kapitalismus mit menschlichem Antlitz, obwohl Ford wie sonst kaum jemand der Entfremdung des Menschen von seiner Arbeit mit der Fließbandproduktion und streng normierten Arbeitsgängen Vorschub geleistet hatte. Und doch wollte der Tycoon den entfesselten Kapitalismus wieder bändigen wie Goethes Zauberlehrling seinen Besen.

Sein Interesse im Amazonas war daher auch das des idealistischen, selbstgewissen Weltverbesserers, der die elenden Lebensverhältnisse der Menschen am Tapajós zum Besseren wenden wollte. Die Segnungen der industrialisierten Zivilisation sollten den Bewohnern des Amazonas zugutekommen, wenigstens denen, die ihr betrübliches, perspektivloses Dasein im Einzugsgebiet der Ford-Besitzungen fristeten. Vielleicht bewog ihn dieser Drang, sein Vorhaben auch dann noch zu verfolgen, als der eigentliche Anlass dafür gar nicht mehr bestand. Das britische Kartell begann nämlich, noch bevor es im Amazonas richtig losging, seinen Zweck zu verfehlen, und Kautschuk wurde billiger, weil die zunächst hohen Preise vielerorts Pflanzer veranlassten, ihre Produktion auszubauen. Tatsächlich sank der Preis für Rohkautschuk unter den der Vorkriegsjahre. Trotzdem sah Ford keine Veranlassung, sein Projekt noch im Keim zu ersticken.

Die brasilianische Regierung empfing den Industriellen mit offenen Armen – zu diesem Zeitpunkt lag der Anteil brasilianischen Kautschuks am Weltmarkt auf dem Allzeittief von nur 2,3 Prozent – 20 Jahre zuvor waren es noch 94,4 Prozent gewesen. Brasilien erhoffte sich die Wiederbelebung des Kautschukbooms, der so jäh geendet hatte, als die Briten mit ihrem Plantagenkautschuk den Markt überschwemmten, und einen Entwicklungsschub für den chronisch unterentwickelten Norden des riesigen Landes. Man wollte aber nicht das alte System der Kautschukgewinnung wiederaufnehmen, sondern mit Plantagen nach dem südostasiatischen Vorbild verlorene Marktanteile zurückgewinnen. Dafür schien Henry Fords US-amerikanischer Unternehmergeist im Verbund mit seiner Finanzkraft als geeigneter Kandidat. Ganz abgesehen davon, dass die Ford Company sich in Lateinamerika längst breitgemacht hatte und das Modell T ganz ähnlich wie zuvor in den ländlichen Gegenden der USA auch auf den unwirtlichen Straßen und Pisten entlegener Landstriche der riesigen brasilianischen Landmassen zum gefragten Allroundvehikel geworden war. Und zumal seit der brasilianischen Ausgabe von Fords Autobiographie *Mein Leben und Werk* war der Mann auch hier eine weithin verehrte Berühmtheit, die in den Augen vieler die richtigen Rezepte für die wirtschaftliche Entwicklung des größten lateinamerikanischen Landes zu bieten hatte. Grund genug, Fords Blick zum Amazonas die richtige Richtung zu geben und daraus einen Handschlag zu machen: ein Deal im beiderseitigen Interesse.

Die Größenordnung des Projekts war schon durch seine räumlichen Ausmaße beeindruckend: Über 10.000 Quadratkilometer umfassten die Ford'schen Besitzungen – eine Fläche größer als die der Mittelmeerinsel Zypern. Von der Handelsmetropole Belém an der Amazonasmündung waren es sechs Tage Fahrt auf dem Boot, erst westwärts in Richtung der einstigen Kautschuk-Kapitale Manaus, dann aber auf halber Strecke bei Santarém in südlicher Richtung auf dem Tapajós, mit knapp 2.000 Kilometer Länge einer der wichtigsten Zulieferer des mächtigsten Flusssystems der Erde. Der Preis war bescheiden: Gerade mal 125.000 US-Dollar musste der Industrielle auf den Tisch legen. Und der Deal war in Rekordzeit perfekt: Keine drei Monate der Verhandlungen vor Ort bedurfte es, bis Ende September 1927 alle Papiere unterschriftsreif waren. Nach dem fix absolvierten Vertragsabschluss aber ging nichts mehr so glatt und rasch vonstatten.

Großprojekt ohne Masterplan

Ob man Ford nun gewogen war oder nicht – dass der Mann die Sache richtig anpacken würde, stellte wohl kaum jemand in Frage, weder in den USA noch in Brasilien. Und wohl auch nicht, dass dieses Anpacken kompetent und planvoll vor sich gehen würde, jeder wohlüberlegte Schritt der ambitionierten Unternehmung auf den vorherigen aufbauen und in absehbaren Etappen die Eckpfeiler einer beeindruckenden Erfolgsgeschichte sichtbar werden würden. Es wäre zu erwarten gewesen, dass ein US-Industrieller, der reichste Mann der Welt, ein hochkarätiges Expertenteam berufen würde, um die notwendigen Schritte generalstabsmäßig vorzubereiten, also Wirtschaftsberater mit guter Brasilienkenntnis, erfahrene Manager von Großprojekten, Regenwaldfachleute, Geographen und Geologen sowie weitere Fachleute verschiedenster Disziplinen. Ein Vorhaben dieser Größenordnung, zumal auf so schwierigem Terrain wie dem des Amazonasregenwaldes, verlangte nach einem durchdachten Masterplan. Den aber gab es gar nicht.

Wer Henry Ford kannte, hätte gewarnt sein können. Wie ein Feldherr, der in einen Krieg zieht, ohne Karten studiert und die Stärke des Feindes in Erfahrung gebracht zu haben, machte sich der Automobilgigant an sein Kautschuk-Abenteuer. Er hegte keine Zweifel, dass er mit seinen brasilianischen Plantagen Erfolg haben würde. Überaus siegessicher, zog er ein Scheitern gar nicht in Erwägung – ja, er prüfte nicht einmal die spezifischen Bedingungen und Hindernisse vor Ort, die der Umsetzung im Wege stehen könnten. Und wenn man als Kern des Ganzen den Aufbau ertragreicher Kautschukplantagen verstand, musste vor allem dieser Teil des Projekts gut vorbereitet sein: von der Auswahl des Terrains über die Ermittlung der geeignetsten Baumarten bis hin zur ergiebigsten Zapfart mit dem richtigen Werkzeug. Da es sich nicht um die erste Plantage handelte, hätte man auf bereits gewonnene Erkenntnisse anderswo zurückgreifen können. Die Fachleute in Südostasien konnten auf ein halbes Jahrhundert an Erfahrung verweisen. Auch dass andere vor ihm im Amazonas mit dem Aufbau von Plantagen gescheitert waren, ließ Ford gänzlich unbeeindruckt. Als Selfmademan mit einfacher Schulbildung, deren Lücken zu überheblichem Gespött der gebildeten Schichten geführt hatten, pflegte er eine ausgeprägte

Abneigung gegen Experten und vertrat eher den entschlossen zupackenden als den planvoll-bedächtigen Unternehmer. Insgesamt erweckt die Ford'sche Strategie den Eindruck, als seien nur einige wenige Aspekte in Gesprächen des Ford-Managements besprochen und eine Chronologie nur grob festgelegt worden. Tatsächlich war es also zunächst nicht der widerspenstige Amazonas, der dem Erfolg des Unternehmens im Wege stand. Sein Status als größter Industrieller und die Art seines Aufstiegs schienen Ford zwar recht zu geben, das Projekt unkonventionell anzugehen. Aber damit ging er ein immenses Risiko ein.

Es kam, wie es kommen musste: Probleme bestimmten die Agenda. Die Fortschritte ließen sich Zeit, überwundene Widerstände wuchsen nach wie die Köpfe der Hydra und die Geduld der zuständigen Männer in Dearborn, Michigan wurde auf eine harte Probe gestellt. In einer Mischung aus überzogener Selbstgewissheit, Blauäugigkeit und fordtypischer hemdsärmeliger Herangehensweise machte sich eine Truppe aus Detroit an die Arbeit im Dschungel. Fassungslos mussten brasilianische Beobachter mit ansehen, wie diese Abgesandten der Firma Ford, die wie niemand sonst für Effektivität und straffes Management stand, am Amazonas einen Arbeitsstil an den Tag legten, der allenfalls und mit viel Schönfärberei eine Art kreatives Chaos zum Ziel haben konnte. Eigentlich waren schon bei den Verhandlungen die Augenbrauen der brasilianischen Gesprächspartner voller Unverständnis nach oben geschnellt. Die Vertreter Fords hatten nämlich strikte Anweisung, den ehrenhaften Prinzipien ihres Arbeitgebers zu folgen und weder jemanden zu bestechen, noch auch nur die harmloseste Form von Lobbyarbeit zu betreiben. Das aber widersprach den brasilianischen Usancen und erwies sich als Indiz für die verhängnisvollen Geburtsfehler des ehrgeizigen

Projekts. Auch schiere Unfähigkeit seitens der Ford-Beauf-
tragten stellte von Anfang an ein Problem dar. So ließ man
mit dem brasilianischen Bundesstaat Pará ausgehandelte Privilegien, darunter vor allem die Steuerbefreiung für den Import
der Ausrüstung, die man für den Aufbau der Plantage benötigte, nicht von der Bundesregierung in Rio de Janeiro be-
stätigen, weshalb sie keine Gültigkeit erlangten. Das sollte
sich als keineswegs unerheblich erweisen, denn die Ford Company schickte alles, bis hin zum Sägewerk und einer Eisenbahn, aus den Vereinigten Staaten an den Tapajós.

Zumindest über den ersten notwendigen Schritt bestand
kein Zweifel: die Rodung großer Urwaldflächen, um Unter-
künfte bauen zu können und erste Pflanzungen anzulegen.
Allerdings waren die mitgeführten Gerätschaften zur Rodung
und Planierung des Geländes dem feuchten Klima nicht gewachsen und versagten den Dienst. Übereilt und fahrlässig
hatte Ford außerdem kalkuliert, die Kosten des Aufbaus von
Fordlandia wären durch den Verkauf der gerodeten Bäume
mühelos wieder hereinzuholen. Auch das misslang kläglich.
Zwar erhielt Fordlandia das größte Sägewerk Brasiliens, doch
zum einen eignete sich das Holz ganz überwiegend nicht zur
Verarbeitung, weil es zu hart war. Zum anderen verrottete der
Großteil des dafür geeigneten Bestandes während der Lage-
rung, denn wegen der abgeschiedenen Lage Fordlandias und
monatelangem Niedrigwasser des Tapajós konnte es nicht sogleich abtransportiert werden. Andere Holzsorten wiederum
durften gar nicht exportiert werden. Weitere Pläne sahen vor,
Karosserieteile aus Holz vor Ort zu produzieren, ebenso Zie-
gel für den Hausbau in der Region. Zu den Versprechungen
brasilianischen Behörden gegenüber hatte auch die Fabrika-
tion von Autoreifen und Schläuchen gehört. Nicht der einzige, aber ein wesentlicher Grund dafür, dass daraus nichts

GRANDIOS GESCHEITERT

wurde, waren die enormen Schwierigkeiten, Arbeitskräfte zu gewinnen. Denn die Rekrutierung einheimischer Arbeitskräfte hatte sich längst als überaus problematisch erwiesen. Das Amazonasbecken ist sehr dünn besiedelt, und Menschen aus weiter entfernten Gegenden wurden von den Bedingungen im Urwald abgeschreckt. Wer aus wirtschaftsschwachen Regionen im brasilianischen Norden stammte und gewillt war, anderswo sein Glück zu versuchen, zog eher in die wachsenden Industriestädte des Südens. Eine ausreichende Anzahl an Arbeitern zu gewinnen war also von Anfang an aussichtslos und konnte zu keinem Zeitpunkt umgesetzt werden.

Aber auch bei den US-amerikanischen Mitarbeitern im Amazonas gab es viel Fluktuation, was dem Fortschritt beim Bau der Siedlung und dem Aufbau einer Plantage hinderlich sein musste. Viele vertrugen das Klima nicht, und die Abgeschiedenheit von Fordlandia, das heißt ohne Zerstreuungen, wie man sie aus den USA gewohnt war, empfanden andere als zu große Belastung. Schon der erste Manager verließ seine neue Wirkungsstätte nach seiner Ankunft mehr oder weniger postwendend. Auch seine Nachfolger blieben nicht lange, mal gingen sie freiwillig, mal wurden sie wegen Unfähigkeit abberufen. Da nachkommende Ford-Entsandte sich ihrerseits akklimatisieren und mit den regionalen Bedingungen vertraut machen mussten, verrann wertvolle Zeit, und sowohl terminliche als auch finanzielle Erwartungen an Fordlandia erwiesen sich schon sehr bald als obsolet. Ein Masterplan hätte Neuankömmlingen ermöglicht, den Faden der Arbeit rasch wiederaufzunehmen – so aber musste sich jeder ganz neu einarbeiten. Und jeder war mit dem Maßstab der Aufgabe und der mangelnden Vorbereitung auf die eine oder andere Weise überfordert. Ein Ford-Abgesandter schrieb voller Entsetzen an die Zentrale in Dearborn: »Auf den Besitzungen gibt es keinerlei Organisation. Niemand hat eine Vorstellung vom großen Ganzen. Die Verschwendung schreit zum Himmel. Derzeit ist es ein Fass ohne Boden.«

Als Fass ohne Boden erwies sich auch der Teil des Unternehmens, den man als US-zivilisatorische Mission à la Ford bezeichnen könnte. Er uferte in jeder Hinsicht aus, sodass das eigentliche Anliegen, der Aufbau ausgedehnter, profitabler Kautschukplantagen, zeitweise völlig aus dem Blick geriet. Dafür war Henry Ford höchstpersönlich verantwortlich, denn er hatte ja mehr im Sinn als profitable Plantagen: ein umfassendes Projekt, das in jeder Facette seiner Philosophie und seinem ganz persönlichen Missionsgedanken entsprechen sollte. Statt sich also mit dem Aufbau der Pflanzungen und der sachgemäßen Pflege der Setzlinge zu befassen, konzentrierte man sich auf die Errichtung eines kleinen nordamerikanischen Musterstädtchens. Ein Dokumentarkurzfilm aus dem Hause Walt Disney, der mit Ford persönlich befreundet war, zeigt noch 1944 die stolzen Ergebnisse des US-Außenpostens am Tapajós. Kamerafahrten durch saubere Teerstraßen entlang gepflegter Vorgärten, emsige Arbeiter beim Roden des Dschungels, Krankenhauspersonal in blütenweißen Kitteln, dankbare brasilianische Kinder, die die Schulspeisung verschlingen – die Aufnahmen mochten die nordamerikanischen Zuschauer mit Stolz auf das eigene Land und Respekt vor der Leistung Fords erfüllen. Dem Urwald ein Städtchen mit geteerten Straßen und Vorgärten, mit Telefon, Straßenbeleuchtung und Kanalisation sowie anderen zivilisatorischen Errungenschaften abzuringen war ja auch eine durchaus beachtliche Leistung.

Allerdings hatte Fordlandia keineswegs ausschließlich Schokoladenseiten zu bieten. Beispielsweise entsprach die Bauweise der Wohnhäuser in keinster Weise den klimatischen

Bedingungen des Regenwaldes, und ihre Bewohner schwitzten darin wie im Backofen, weil sich unter den Metallspitzdächern die feuchte Hitze staute, anstatt die Bewohner davor zu schützen. Grund dafür war Fords verstockte Entschlossenheit, Fordlandia nach US-Vorbild bauen zu lassen. Immerhin sorgten in den Alleen Mangobäume für Schatten. Andere westliche Errungenschaften überzeugen aber durchaus: Ein Kraftwerk sorgte für die Stromversorgung, ein Abwassersystem für Hygiene, Dutzende Kilometer Straße und Schienen für kurze Wege. Das moderne Krankenhaus war stets gut ausgelastet und bot eine medizinische Qualität, die im Amazonas sonst nirgendwo anzutreffen war, schon gar nicht in den entlegenen Gegenden des Regenwaldes. Ford ließ außerdem einen Hafen bauen, drei Schulen, mehrere Kirchen und Clubhäuser, daneben Tennisplätze, einen Golfplatz und Schwimmbäder sowie Parks.

Drei Jahre nach Beginn der Arbeiten in Fordlandia konnten die Ford-Mitarbeiter erstmals das Gefühl haben, ein Etappenziel erreicht zu haben. Zum Symbol für die ersten sichtbaren Erfolge wurde der typisch US-amerikanische Wasserturm, der bis heute von weither den Ort markiert. Er war mit 45 Meter Höhe das höchste Bauwerk des Amazonas. Als er 1930 errichtet wurde, war zu seinen Füßen eine funktionierende Kleinstadt entstanden, die ebenso gut in einem südlichen Bundesstaat der USA hätte stehen können.

Ein Fass ohne Boden

Die Brasilianer, die sich im Regenwald unter Fords Fittiche begaben, bildeten aber keine bloße Staffage im Urwald-Musterstädtle. Sie waren gleichzeitig seiner ideologischen Hartnäckigkeit ausgeliefert, denn Henry Ford wollte, dass sie nach seiner Fasson selig würden. Sie sollten sich sogleich den Regeln und der Disziplin des Unternehmens unterwerfen und den *american way of life* annehmen, was sich bei ganz anderen Lebensbedingungen und anderer Mentalität als kaum durchsetzbar erwies. Da jedoch ließ die Ford-Zentrale nicht mit sich reden. Allerdings waren die frisch engagierten Arbeiter weder feste Arbeitszeiten gewohnt noch ohne Weiteres gewillt, einer Werkssirene zu gehorchen. Ebenso wenig wollten sie auf Alkohol verzichten oder Kontrollbesuche zu Hause hinnehmen, mit denen Ford sicherstellen wollte, dass seine Arbeiter eine hygienische, gesunde Lebensweise führten. Ein Ergebnis der unsensiblen Reglementierung war ein enorm hoher Krankenstand und eine riesige Fluktuationsrate, die den chronischen Mangel an Arbeitskräften zusätzlich verschärfte.

Immer wieder gab es Unmut seitens der Brasilianer, der meist kulturell begründet war und sich gegen das Fremde am Leben und Arbeiten in Fordlandia wehrte. Nordamerikanische Effizienz widersprach dem Zeitgefühl der Einheimischen, die sich eher an den träge dahinfließenden Wassermassen des Tapajós orientierten, weshalb Pünktlichkeit oder gar eine Stechuhrdisziplin kaum durchsetzbar waren. Eine der Revolten, mit denen die Nordamerikaner zu kämpfen hatten, richtete sich denn auch gegen die als demütigend empfundene Stechuhr für die Arbeiter. Dass sich der Unwillen zum Widerstand auswuchs, war ebenso verständlich wie unausweichlich. Blutig wurde es 1930, als brasilianische Arbeiter gegen die Einführung des Cafeteria-Systems beim Mittagessen protestierten und verlangten, wie bisher bedient zu werden. Das war wohl eher Anlass als Ursache der ausbrechenden Unruhen, die vom brasilianischen Militär beendet werden mussten. Als später ein Vertreter des brasilianischen Bundesstaates Pará die

Arbeits- und Lebensbedingungen vor Ort inspizierte, war er positiv überrascht und legte seinen Landsleuten nahe, statt aufzubegehren lieber Gott auf Knien für das zu danken, was Ford ihnen an Wohltaten zuteilwerden ließ.

Bei aller überheblichen Ignoranz den landestypischen Eigenheiten gegenüber: Wer in Fordlandia Arbeit fand, genoss Dinge, wie sie anderswo im Amazonas schlichtweg nicht zu finden waren. Die Lebensbedingungen waren hervorragend, die Ernährung vorbildlich. Nicht ohne Grund kamen daher die häufigsten Krankheiten, ob Wurmbefall, Nahrungsmittel- oder Vitaminmangelerkrankungen wie Beri-Beri, kaum vor, zumal beste medizinische Versorgung kostenlos verfügbar war. Auch Malaria und Gelbfieber waren seltener als anderswo im Amazonas. Die Löhne lagen weit über dem üblichen Ortsniveau, während Wohnen kostenfrei war und viele Lebensmittel von Ford bezuschusst wurden. Nur bedeutete die Arbeit in Fordlandia einen täglichen Kampf um die eigene kulturelle Identität – noch dazu im eigenen Land.

Als letzten Endes entscheidend für das Scheitern des Projekts erwiesen sich jedoch die Unzulänglichkeiten und Probleme, wo es um den eigentlichen Zweck des Unternehmens ging: die Gewinnung von Kautschuk im Plantagenanbau. Denn nicht einmal das Herzstück der Unternehmung, der Aufbau einer effizienten Kautschukplantage, war sachkundig vorbereitet. Schon die Auswahl des Ortes für die Pflanzung war dilettantisch erfolgt, weil das höher gelegene, hügelige Gelände erosionsgefährdet war und häufig im Morgennebel versank, was der Ausbreitung von Pflanzenkrankheiten Vorschub leistete. Außerdem war es schwierig zu bewirtschaften, und noch dazu wurde die erste Rate der Kautschuksetzlinge für die Plantage aus lauter Unkenntnis falsch und nachlässig gepflanzt, sodass fast alle Setzlinge eingingen. Die zuständigen, aber inkompetenten Mitarbeiter in Fordlandia folgten nämlich einem sehr simplen Rezept: Sie säten aus und erwarteten, dass ohne weitere Pflege starke Bäume heranwachsen würden, die in acht Jahren die Zapfreife erreichten.

Rückblickend mutet es abenteuerlich an, mit welcher Unbedarftheit ein Weltkonzern dieses Unternehmen in Angriff nahm und mit welcher Hartnäckigkeit er sich weigerte, aus eigenen Fehlern heilsame Schlüsse zu ziehen. Ford vertrat die Ansicht, jedermann mit Tatkraft und gesundem Menschenverstand könne sich in jedes beliebige Arbeitsgebiet einarbeiten und erfolgreich sein. Das erwies sich natürlich als allzu blauäugig, und man ist abermals erstaunt über die Ignoranz der Verantwortlichen, nicht zuletzt Henry Fords selbst. In Singapur hatte Henry Ridley über viele Jahre unermüdlich geforscht, um den Plantagenbesitzern detaillierte Anweisungen zu geben, wie die Setzlinge zu pflanzen und zu pflegen waren, wie und mit welchem Werkzeug und zu welcher Tageszeit das Zapfen der Bäume die größte Ausbeute garantierte und vieles mehr. Auch an anderen Orten der Welt wurden seit mehreren Jahrzehnten Erfahrungswerte mit dem Aufbau von Kautschukplantagen gewonnen, die sich Fords Männer ebenfalls hätten zunutze machen können. Aber dergleichen geschah einstweilen nicht.

Für das Gelände sprach, dass es die Heimat der südostasiatischen Kautschukbäume war, denn Fords Erwerbungen im Amazonas befanden sich nicht weit von der Gegend, wo genau ein halbes Jahrhundert zuvor Henry Wickham Samen des Hevea-Baumes gesammelt hatte. Diese Tatsache diente als Ausweis der besonders guten Eignung des Gebietes für die Zwecke einer Plantage. Schließlich stammte die überwältigende Mehrheit der Bäume in den ertragreichen überseeischen Kautschukplantagen der Briten, Franzosen und Niederländer von Samen dieser Provenienz ab.

In Dearborn war aber offensichtlich nicht bedacht worden, dass die Plantagenbäume in Singapur oder Malaysia unter anderen Bedingungen wuchsen als im Amazonas. Vor allem mussten sie keine Resistenzen gegen solche Schädlinge haben, die in Asien nicht vorkamen – dafür aber in Südamerika. Die natürlichen Feinde der *hevea brasiliensis*, insbesondere Blattrost und Netzwanze, aber auch bestimmte Raupen, Ameisen, Motten und Milben taten sich gütlich an der Monokultur der Plantagen und vermehrten sich entsprechend, während sie dem natürlichen Baumbestand des Regenwalds nur begrenzt gefährlich wurden, weil die Kautschukbäume vereinzelt wuchsen, weit verstreut zwischen zahllosen Bäumen anderer Sorte. Auf den Plantagen aber war der Anblick schrecklich, denn das Ungeziefer entlaubte die eigentlich majestätisch wirkenden Bäume komplett.

Magere Ausbeute, zufriedenes Ungeziefer

Erst 1933, sechs Jahre nach dem Beginn des Unternehmens Fordlandia, zog die Ford-Zentrale in Dearborn einen ausgewiesenen Experten für Kautschukplantagen hinzu. Der wies auf all die Mängel hin und schlug vor, an geeigneterer Stelle mit Samen aus asiatischen Plantagen neu zu beginnen. Mit Samen, die einerseits von brasilianischen Bäumen abstammten, andererseits durch Veredelung zu ertragreichen Varianten herangezüchtet worden waren. Ein Jahr später wurde weiter flussabwärts in Belterra, nur 50 Kilometer südlich der Stadt Santarém ein großes Stück Regenwald gerodet und mit über dreieinhalb Millionen Pflanzen eine neue Plantage aufgebaut, während das abgelegene Fordlandia 1936 aufgegeben wurde. Die örtlichen Bedingungen waren in Belterra weitaus besser: übers Wasser ganzjährig auch mit großen Schiffen erreichbar, das Gelände eben, die Erde gut. Nur musste abermals die nötige Infrastruktur aufgebaut werden: Häuser, Straßen, Strom- und Wasserversorgung und so weiter. Nunmehr war das Unternehmen sogar noch größer angelegt: Statt zweihundert wurden achthundert Wohnhäuser errichtet, zu den Einrichtungen kamen außerdem noch Fußballplätze, um dem brasilianischen Volkssport Rechnung zu tragen. Und abermals musste die Plantage gepflanzt werden. Jetzt ging man professioneller ans Werk, indem man Pflanzen heranzüchtete, die gegen ihre natürlichen Feinde Resistenzen herausbildeten. Ebenso war der Umfang groß genug: Nach fünf Jahren waren bereits 50 Quadratkilometer bepflanzt, und diesmal versprach das Unternehmen ein Erfolg zu werden. Trotzdem fiel der Erfolg nur mäßig aus, bevor die Bäume abermals von Ungeziefer und Krankheiten befallen wurden – und dieses Mal in einem bisher unbekannten Ausmaß.

Henry Fords Sohn Edsel, der schon seit Jahren nomineller Ford-Chef war, aber gegen den väterlichen Starrsinn meist wenig ausrichten konnte, wollte nun endlich dem langjährigen Misserfolg Rechnung tragen. Anstatt den verlorenen Dollar-Millionen an Investitionen weiteres Geld hinterherzuwerfen, sollten die Ford-Besitzungen im Amazonas an brasilianische Investoren verkauft werden. Allerdings fand sich angesichts des Ford'schen Misserfolgs niemand, der es mit der Kautschukproduktion hätte versuchen wollen. Um nicht ganz aufzugeben, wurden die Anstrengungen fortgesetzt in der Hoffnung, eines Tages doch noch vorzeigbare Erfolge zu erzielen. Ebenfalls ermutigend war das beiderseitige Interesse der Regierungen von Brasilien und den USA an der Kautschukgewinnung

GRANDIOS GESCHEITERT

im Mutterland des Naturrohstoffes, als im Zweiten Weltkrieg die Versorgungslage schwieriger wurde und es möglich schien, dass Südostasien als Produzent ausfallen könnte. Allerdings schwand dieses Interesse bald zugunsten der Ausbeute wild wachsenden Kautschuks, weil der Aufbau ertragreicher Plantagen viel zu lange dauerte.

Für die Ford Motor Company schwand in den Vierzigerjahren auch ein letzter Rest an Motivation, das brasilianische Projekt aufrechtzuerhalten. 1942 wurde die firmeneigene Reifenfertigungsanlage in Michigan in die Sowjetunion verkauft, und ein Jahr später gelang nach langem Wettrennen der großen Industriestaaten die Herstellung von synthetischem Gummi. Als gleichzeitig die Hevea-Bäume in Belterra von der bisher schlimmsten Raupenplage heimgesucht wurden, auf die überdies der bisher übelste Befall von Blattrost folgte, waren die Tage von Henry Fords brasilianischem Abenteuer gezählt. 1945 übernahm nach dem Tod seines Vaters Edsel der junge Henry Ford II die Firmengeschäfte, dessen striktem Sparkurs die Besitzungen im Regenwald zum Opfer fielen. Zu diesem Zeitpunkt bezifferte man die Ford-Investitionen in Fordlandia und Belterra auf insgesamt stattliche 25 Millionen US-Dollar, ohne dass man damit jemals in kommerzieller Größenordnung Kautschuk gewonnen hätte. Kaum ein Jahr, in dem mehr als 1.000 Tonnen Rohkautschuk produziert worden wären. Für gerade einmal eine halbe Million Dollar verkaufte Henry Ford II an den brasilianischen Staat, der ohne Erfolg noch für eine Weile sein Glück mit dem Kautschukanbau versuchte, bis man sich am Tapajós auf die Viehzucht verlegte.

Heute ist Fordlandia ein gleichzeitig gespenstischer und anrührender Ort. Von einem Großteil der einstigen Ford'schen Besitzungen hat die Natur Besitz ergriffen, der Asphalt hat vor der Kraft des Pflanzenwachstums kapituliert. Das Krankenhaus aber ist noch intakt, nur fehlen für die Apparaturen aus den Dreißigerjahren die Patienten. Noch immer unverkennbar hat hier jemand ein Stück Vereinigte Staaten in den Regenwald verpflanzen wollen. Henry Ford starb hochbetagt 1947. Das Versuchslabor seines Missionseifers und seiner Bemühungen um wirtschaftliche Autarkie, das seinen Namen trug, hat er nie besucht.

Wie ein rasender Triumph
HITLERS BREITSPURBAHN

Im März 1943 erschien in der deutschen Illustrierten *Signal*, einer in Stil und Aussehen dem US-amerikanischen *Life Magazine* nachempfundenen, inhaltlich jedoch auf Nazi-Propaganda getrimmten Zeitschrift, ein in mehrerlei Hinsicht bemerkenswerter Artikel. Unter der Überschrift »Aus 9 wird 1 – Bericht über ein sensationelles Eisenbahnprojekt« beschrieb der ungenannte Verfasser das Vorhaben der Deutschen Reichsbahn, eine neue Eisenbahn auf vergrößerter Spurweite zu bauen. Nichts weniger werde damit erreicht als »die Revolutionierung eines gewaltigen Teils im gesamten Weltverkehr. (…) Dieser Schritt wird getan werden, und die Eisenbahn wird damit eine phantastisch anmutende Umwälzung erfahren.«

Eindrucksvolle Zeichnungen lieferten den Größenvergleich mit der herkömmlichen Eisenbahn gleich mit: »So groß wie neun normale D-Zug-Wagen ist jeder einzelne Wagen des imponierenden Fernzuges. Die Personenwagen haben je 1.450 Kubikmeter Rauminhalt und fassen in zweistöckiger Ausführung 60 Abteile mit Sitzplätzen für 480 Personen. (Ein D-Zug heutiger Bauart hat nur 160 Kubikmeter Rauminhalt.) Ein Güterzug von 15 Wagen mit je 25 Meter Länge kann so viel Güter transportieren wie ein ansehnliches Frachtschiff von 7.000 bis 8.000 BRT.« Stolz vermerkt der Artikel, ein geplanter »Mammutbahnhof« für den neuen Zug wäre so lang wie die Pariser Champs-Élysées, die Wege zum Zug so weit, dass Rollbänder den Passagieren das Laufen abnehmen müssten. »Von hier aus startet der 800 m lange Zug mit 4.000 Passagieren zu einer Fahrt quer über den europäischen und asiatischen Kontinent. Auf Schienen mit vier Meter Spurweite erreicht der Zug schon in 8 bis 10 Minuten seine normale Geschwindigkeit von 250 Kilometern in der Stunde. Das alles ist keine Utopie, sondern ein Projekt, an dem Verkehrswissenschaftler und Techniker ernsthaft arbeiten und das ohne Zweifel Wirklichkeit werden wird.«

Der Artikel dürfte bei den zuständigen Stellen für einige Verärgerung gesorgt haben, denn das Projekt unterlag strengster Geheimhaltung und war daher kein Gegenstand der Propaganda und schon gar nicht der freien Berichterstattung. Deshalb ist die Breitspurbahn bis heute eines der weniger bekannten unter den Großprojekten des nationalsozialistischen Deutschland – ganz im Unterschied zum »KdF-Wagen«, für den man seit 1938 sparen konnte, auch wenn er erst nach dem Krieg und dann ideologisch entschlackt als VW Käfer auf den Markt kam, oder zur Reichsautobahn, die immerhin gebaut wurde, wenn auch das Fahrzeugaufkommen darauf sehr übersichtlich blieb. Außerdem begann die Planung für die Breitspurbahn erst sehr spät, nämlich mitten im Zweiten Weltkrieg. Im Deutschen Reich sollte sie einstweilen kein Thema sein, weil angesichts der enormen Kriegsanstrengungen nicht zuletzt der Reichsbahn umfängliche Planungen für ein solches Projekt und für die Zeit nach dem Krieg schwer vermittelbar erschienen.

Ob die Redaktion des *Signal* durch eigene Recherche oder durch gezielte Indiskretion seitens des Reichsverkehrsministeriums Wind von der Sache bekommen hatte, lässt sich nicht mehr ermitteln. Sogar die sonst allgegenwärtige Zensur versagte in diesem Fall, wohl weil der zuständige Referent chronisch überlastet war. Vielleicht konnte der Artikel nur deshalb erscheinen, weil in Deutschland selbst die Zeitschrift gar nicht verkauft wurde. Das Vorzeigemagazin *Signal* erschien, in der jeweiligen Landessprache und mit großem Erfolg, ausschließlich im Ausland – in den von Deutschland besetzten oder mit ihm verbündeten Ländern. Aber auch englischsprachige, iranische und sogar arabische Ausgaben wurden produziert. Insgesamt in 25 Sprachen konnte es gelesen werden – halbmonatlich und bei einer Gesamtauflage von rund 2,5 Millionen Exemplaren. Von der Breitspurbahn lasen also dem Nazireich mehr oder weniger gewogene Franzosen und Rumänen, Norweger und Spanier, aber auch in den besetzten Ländern stationierte Angehörige der Wehrmacht und der diplomatischen Vertretungen des Deutschen Reiches.

Der Zwang zum Gigantischen

Für die Propagandazwecke der Zeitschrift *Signal* eignete sich das technische Großprojekt ausnehmend gut. Seit 1940 warb man mit Bildern von ansehnlichen Soldaten in Kampfeinsätzen und den stets fröhlich absolvierten Mußepausen dazwischen sowie auf Farbseiten mit gelegentlich sparsam bekleideten Damen und tatkräftigen Müttern an der »Heimatfront« für die Sache des Nationalsozialismus und der deutschen Kriegführung. Nur die besten Journalisten, Layouter und Fotografen arbeiteten für *Signal*, das die Modernität und die Leistungsfähigkeit des Deutschen Reiches vermitteln und dem Kontinent das Ziel schmackhaft machen sollte, Europa unter deutscher Führung zu »einen«. Ein »neues Europa« in all seinen verlockenden Farben und Facetten wurde propagiert, und ab Oktober 1941 führte eine Artikelreihe in lockerer Folge die Vorzüge eines »Verkehrs ohne Grenzen«, eines kontinentalen Schiffs-, Luft- und Schienenverkehrs an, darunter war eben auch die geheime Planung einer Breitspurbahn. »Die ungeheuren Vorteile einer Bahnlinie, die den Fernen Osten mit Europa verbindet, auf der ein Personenzug in 5 Tagen, ein Güterzug in 10 Tagen die 9.931 Kilometer lange Strecke Berlin – Wladiwostok überwinden kann, liegen auf der Hand«, heißt es dort. Eine derart große Aufgabe, auch das macht der Artikel deutlich, vermag nur ein kraftstrotzendes Land wie das »Großdeutsche Reich« zu bewältigen.

Für die Maßstäbe herkömmlicher Eisenbahnen hegt der Autor denn auch wenig Sympathie. Die mitteleuropäische Normalspur nennt er abfällig »Postkutschenmaß«, und die größeren Spurweiten Russlands (1.570 Millimeter) und der Iberischen Halbinsel (1.668 Millimeter) für ein gesamteuropäisches Bahnnetz kaum lohnenswert. »Eine Eisenbahn alter Bauart kann auch den Anforderungen, die an eine solche Linie gestellt werden müssen, nicht genügen. (…) Erst eine Spurweite von ganzen vier Metern gibt einer neuen weltweiten Entwicklung im Eisenbahnverkehr Luft und Raum. Jetzt können die Techniker ungehindert von den einengenden Bedingungen, die ihnen die Normalspur auferlegte, schnelle, gewaltige Lokomotiven mit phantastischen Maschinenleistungen bauen und Züge, die Hunderte von Metern lang sind.«

In die gigantomanischen Vorstellungen des nationalsozialistischen Deutschland passte das Projekt der Breitspurbahn ganz vortrefflich. Die herkömmliche europäische Spurweite dagegen entsprach dem zwanghaften Drang seines »Führers«, den Maßstab in jeglicher Hinsicht aufzublasen, überhaupt nicht. Ob Herrschaftsraum oder Titelschwelgerei, ob Architektur oder Technik: Alles wurde überdimensioniert und wie aus einem unüberwindlichen Minderwertigkeitskomplex heraus stets mit Superlativen weltweit verglichen. Mal musste das

Römische Reich herhalten, mal Metropolen wie New York oder London, mal architektonische oder technische Höchstleistungen, die das Deutsche Reich mühelos zu übertrumpfen gedachte. Und so protzt *Signal* in Sachen Breitspurbahn mit den angestrebten Proportionen:

»Die Lokomotive des Fernzuges ist allein etwa 70 Meter lang und leistet 24.000 PS. (Die normale D-Zug-Lokomotive ist etwa 25 Meter lang und hat 2.100 PS.) Der ganze Zug ist windschnittig verkleidet. Jeder der 15 zweistöckigen Wagen ist 50 Meter lang und sechs Meter breit, das heißt: genau doppelt so lang und mehr als doppelt so breit wie ein normaler D-Zug-Wagen.« Aber nicht nur die technische Großleistung sollte beeindrucken, sondern gleichermaßen die Aussichten auf bequemes Reisen nach dem »Endsieg«: »Schlafwagen, in denen es nur Einzelabteile gibt. Bars, Lesezimmer, Bade- und Duschräume, Speisewagen, Aussichtswagen und Frisier-Salons stehen den Passagieren zur Verfügung. (…) Die großzügige Weiträumigkeit der Wagen ermöglicht einen Komfort, wie er in dem schönsten D-Zug-Wagen von heute unbekannt ist. Die Abteile sind wesentlich geräumiger und länger, jeder Passagier hat einen breiten Sitz. Die Gänge in den Wagen, die heute 70 cm breit sind und immer als eng empfunden werden, sind bedeutend breiter.«

Architektur im Größenwahn

Adolf Hitler verstand sich als Architekt eines Weltreiches, sowohl politisch als auch baulich, und scheiterte in beidem. Während des Krieges, und zumal seit den ersten militärischen Problemen im Winter 1941, äußerte Hitler gegenüber Vertrauten, er habe eigentlich Architekt und nicht Feldherr werden wollen. Zur Entspannung befasste er sich mit architektonischen Entwürfen, insbesondere mit Plänen zur Umgestaltung der fünf sogenannten »Führerstädte«, die nach dem siegreichen Krieg triumphierend ausgebaut werden sollten: Berlin als »Welthauptstadt Germania«, München als »Hauptstadt der Bewegung« und Nürnberg als »Stadt der Reichsparteitage«, außerdem das österreichische Linz, wo Hitler seine Jugend verbracht hatte, sowie Hamburg als »Hauptstadt der deutschen Schifffahrt«. Sie sollten mit Prachtstraßen und Großbauten ausgestattet werden, um damit alles andere weltweit mühelos in den Schatten zu stellen. Die größten und noch heute bekanntesten dieser nie errichteten Bauwerke waren die »Große Halle« und ein Triumphbogen in Berlin. Die Halle sollte bis zur Kopffeder des Reichsadlers auf der Kuppelspitze 320 Meter hoch werden und im Inneren Platz bieten für 180.000 Menschen. Der davor befindliche Reichstag wäre hinsichtlich der Größenverhältnisse zur Pförtnerloge degradiert worden. Der Triumphbogen wenige Kilometer südlich sollte 170 Meter breit und 117 Meter hoch werden und damit mehr als doppelt so hoch und vom Bauvolumen her vieldutzendfach größer als der Pariser Arc de Triomphe. In Nürnberg begann man mit dem Bau eines monströsen Parteitagsgeländes, für Hamburg war eine gigantische Elbbrücke geplant. Im Zentrum der Planung für München aber stand ein riesiger kreisrunder Kuppelbahnhof.

Wann die Idee zur Breitspurbahn aufkam, ist nicht ganz klar. Hitler war erklärtermaßen Autofan und befand, die Eisenbahn sei ein »Relikt aus früheren Zeiten« und sowieso »zu kleinspurig«. Dem Konstrukteur des berühmten Schnellzugs »Schienenzeppelin« Franz Kruckenberg war das wohl nicht bekannt, sonst hätte er sich mit seinen kleinspurigen Ideen nicht an den Reichskanzler gewandt. Kruckenberg schrieb nach dem Krieg, Hitler habe seine Vorschläge für ein Schnell-

bahnnetz auf herkömmlicher Spurweite mit den Worten abge-
schmettert: »Ich habe mir auch Gedanken über die Eisenbahn
gemacht und möchte die Spur auf vier Meter verbreitern.«
Das war bereits 1934. Allzu dringlich schien Hitler die Sache
aber zunächst nicht zu sein, denn einstweilen tat sich nichts.
Irgendwann aber beschloss er, seine fünf »Führerstädte« mit
einer Eisenbahn zu verbinden, die vom Maßstab her angemessen sein sollte. Hitler ging es zunächst um ein im wahrsten
Sinne des Wortes großspuriges Verbindungsglied zwischen
den architektonischen Großprojekten. Zwischen Berlin und
München, Hamburg, Nürnberg und Linz sollte eine Breitspurbahn von vier Metern Spurweite verkehren. Im übersteigerten
Maßstab der Planungen hätte eine Normalspurbahn in der Tat
wie eine lächerliche Spielzeugeisenbahn gewirkt.

Anfang 1941, wenige Monate vor dem Überfall auf die Sowjetunion, erging ein Führerbefehl an die Reichsbahn, Vorschläge
für ein Schnellbahnnetz für den Reise- und Massengüterverkehr
zu machen. »Der Führer hat die Deutsche Reichsbahn veranlasst, die Schaffung eines besonderen umfangreichen Schnell-
verkehrsnetzes zu prüfen, wobei die Güterzüge mit wesentlich
größeren Gewichten und die Schnellzüge und Triebwagen mit
viel höheren Geschwindigkeiten befördert werden sollen als
im heute vorhandenen Bahnnetz.« Eine Vorgabe bezüglich der
Spurweite gab es dabei nicht. Das Deutsche Reich schickte
sich gerade an, seine größte Ausdehnung, besser gesagt Überdehnung zu erreichen: von Nordafrika bis zum Nordkap, von
den Pyrenäen bis nach Moskau, vom Ärmelkanal bis nach
Kreta. Zwei von drei Europäern befanden sich Ende des Jahres
unter deutscher Oberherrschaft. Für den Verkehr bedeutete
das nicht nur die Ausrichtung auf das »Altreich«, sondern auch
die Erfüllung größerer Aufgaben, weil neue Transportwege

hinzukamen: aus den rumänischen Ölfeldern, aus den Kohlegruben des Donezbeckens. Schon wegen der alliierten Seeblockade waren vor allem die Liefergebiete im Osten Europas mit ihren großen Vorkommen an Rohstoffen unverzichtbar. Es ging um den »Großverkehr auf dem Kontinent«, und der Kontinent war weitgehend deutsch. Dass er es nicht lange bleiben würde, kam in der Vorstellungswelt Hitlers nicht vor. Nach dem Krieg aber, so kalkulierte er, musste der Kontinent weiterhin autark bleiben, einen Welthandel zog Hitler nicht in Betracht. An Wassertransportwegen war ihm dabei nicht gelegen, weder den Binnen- noch den Überseetransport erachtete er als zukunftsfähig – ganz im Unterschied zu Straße, Schiene und Luftverkehr. Den Massentransport nach dem »Endsieg« sollte das Verkehrsmittel Eisenbahn übernehmen.

Die Experten der Reichsbahn sahen keine Notwendigkeit, für die gestellte Aufgabe die bewährte europäische Normalspur aufzugeben. Höhere Zuglasten und Geschwindigkeiten könnten auch auf bestehender Spurweite problemlos erreicht werden. 1939 bereits hatte eine Untersuchung des Ministerialrats im Reichsverkehrsministerium Günther Wiens vorgeschlagen, das bestehende Bahnnetz durch ein Schnellbahnnetz zu ergänzen. Viergleisig sollten Schnellzüge aus dem Rhein-Main- und dem Ruhrgebiet bis nach Ostpreußen bzw. Schlesien sowie von Hamburg nach Bayern verkehren, dabei nur in ausgewählten Bahnhöfen halten und für den Personenverkehr eine Geschwindigkeit von 200 Stundenkilometern erreichen. Personen- und Güterverkehr sollten jeweils eigene Gleise bekommen. Von einer Änderung der Spurweite war auch da keine Rede.

Die Reichsspurbahn des Führers

Als im Oktober 1941 Hitler dem Autobahnbauer und Rüstungsminister Fritz Todt von seiner Idee einer Breitspurbahn für die Führerstädte erzählte, soll Todt vorgeschlagen haben, für den eroberten Osten Europas nicht nur, wie beschlossen, dreispurige Autobahnen planen zu lassen, sondern für den Güterverkehr eine »Reichsspurbahn«, um die Rohstoffe aus der Ukraine, aus Russland und Rumänien nach Deutschland transportieren zu können. Die Reichsautobahn wollte er für den Personenverkehr reservieren und den Güterverkehr vollständig über die Schiene abwickeln lassen. Das war ein gutes Vierteljahr nach dem Überfall auf die Sowjetunion und kurz vor ihrem erwarteten Zusammenbruch – der dann aber nicht eintrat. Hitler war sogleich begeistert.

Seither geisterte die Idee einer Breitspur durch Eisenbahn-Publikationen und die Kantinengespräche der Bahningenieure. Der Chronist des Breitspurbahnprojekts, Anton Joachimsthaler, spricht von einer regelrechten Breitspurpsychose, die damals eingesetzt habe, weil Gutachter und Ingenieure sich mit ihren Vorschlägen gegenseitig überboten und die Tatsache, dass die gestellte Aufgabe auch mit der Normalspur geleistet werden konnte, mit einem Mal gar keine Rolle mehr spielte. Professor Neesen von der Danziger Technischen Hochschule schlug eine Spurweite von 3,70 Meter vor – mit dem Argument, die Zugkapazitäten ließen sich bei einer Waggonbreite von 5,20 Meter mit einem Schlag verdoppeln. Andere zeigten sich bescheidener und plädierten beispielsweise für 1,80 Meter. Auch Ministerialrat Wiens modifizierte seine mit einem Mal allzu bescheidene Vorkriegsplanung und referierte über die Vorteile der russischen und der iberischen Spurweite. »Macht man sich aber auch hiervon frei, so lohnt nur ein besonders großer Sprung auf eine Spur von etwa 4.000 mm.« Wer seinen Vorschlag verwirklicht sehen wollte, musste die Dimensionen eben den Vorstellungen des »Führers« anpassen. Nach dem Krieg bezeichnete Wiens die Breitspurdimension als von vornherein abwegig.

1942 wurde es schließlich konkret. Der zurückliegende, sehr strenge Winter war für die Reichsbahn überaus schwierig gewesen und hatte die schon zuvor konstatierte Überforderung durch militärischen Dienst und die immer größeren Distanzen verstärkt. Zwei Drittel der Lokomotiven kapitulierten vor Schnee und Eis und versagten den Dienst. Weil der Russlandzug vor Wintereinbruch hatte beendet sein sollen, hatten für die winterlichen Bedingungen auch keinerlei Vorkehrungen getroffen werden dürfen. Für den Fall, der nicht eintreten durfte, musste auch nicht geplant werden. Nun aber war Hitler über die Maßen erbost wegen der Schwierigkeiten, drohte der Eisenbahn im Allgemeinen und verfrachtete im Besonderen einige Bahnchefs in Weißrussland und der Ukraine vorübergehend ins KZ. Aber sobald im Frühjahr 1942 die Lage sich besserte, erging der Befehl an die Reichsbahn, die Planung der Breitspurbahn in Angriff zu nehmen.

Zu diesem Zeitpunkt war ein Sieg Deutschlands im Zweiten Weltkrieg jedoch bereits höchst unwahrscheinlich. Der Vormarsch der deutschen Wehrmacht war vor Moskau zum Erliegen gekommen und der Kriegseintritt der USA erschwerte die Lage für das Deutsche Reich zusätzlich. Hitler aber plauderte in seinem Lieblingslokal »Osteria« im Münchner Künstlerviertel Schwabing im Frühling 1942 unverdrossen von der Zeit danach. Er plädierte für zweistöckige Waggons, die im oberen Stockwerk beste Aussicht bieten müssten. Vor allem sah er die Notwendigkeit, zwischen dem Donezbecken, dem Kohlerevier der Ukraine, und den schlesischen Industriegebieten einen leistungsfähigen, vierspurigen Güterverkehr herzustellen, um die eroberten Gebiete effektiv ausbeuten zu können. Gleiches galt angesichts der geplanten Rolle der Ukraine und des Wolgabeckens als »Kornkammern Europas«. Ein Protokollant notierte: »Nur so sei es möglich, den Ostraum – insbesondere wirtschaftlich – so zu erschließen, wie es unseren Plänen entspreche. Wenn die Durchführung dieses Eisenbahnprogrammes auch selbstverständlich eine Fülle von Schwierigkeiten enthalte, so dürfte man sich dadurch doch nicht abschrecken lassen.« Auch in seinem ostpreußischen Hauptquartier Wolfsschanze kam Hitler gern auf das Eisenbahnprojekt zu sprechen.

Für die Beteiligten brachte die Arbeit an der Breitspurbahn den Vorteil, unabkömmlich gestellt zu werden und damit einem Fronteinsatz entgehen zu können. Das galt nicht nur für die betreffenden Reichsbahnmitarbeiter, sondern auch die Vertreter der Fremdfirmen, die an der Entwicklung beteiligt waren. Im Laufe des Jahres 1942, als die zuständigen Reichsbahndirektoren, Ingenieure und Architekten sich noch weitgehend im Unklaren darüber befanden, wie genau das Breitspurbahnprojekt aussehen sollte (nicht einmal die Spurweite war festgelegt, die Angaben schwankten zwischen 2,50 und 4 Meter), wurde im Reichsverkehrsministerium eine eigene Abteilung eingerichtet, die das gesamte Projekt planen und koordinieren sollte. Allmählich bekam man das Planungschaos einigermaßen in den Griff und wurden die wichtigsten Koordinaten festgelegt: Spurweite 3 Meter, Achsdruck 35 Tonnen, Metergewicht 19 Tonnen/Meter. Ende des Jahres lag eine »Denkschrift« vor, die endlich die nötigen Details enthielt. Folgende Linien wurden dabei erarbeitet: Paris–Ruhrgebiet–Berlin–Breslau–Kiew-Rostow/Don; Hamburg–Berlin–München–Wien–Budapest–Belgrad-Bukarest–Istanbul; Berlin–Dresden–Prag–Wien; München–Stuttgart–Paris.

Am 18. Juni unterrichtete Hermann Giesler, Generalbaurat für die »Hauptstadt der Bewegung« München, den Hitler auch zum Architekten seines Grabmals bestimmt hatte, das Verkehrsministerium von den Plänen des »Führers«. Darunter war der Befehl, die neue Bahnlinie durch den geplanten neuen Münchner Hauptbahnhof zu führen – vor allem für Berlin und München bedeuteten das neue Projekt und seine erzwungene Integrierung in die bereits fortgeschrittenen Planungen einen herben Rückschlag. Staatssekretär Ganzenmüller erklärte, nach dem siegreichen Ende des Krieges werde das bestehende Bahnnetz an seine Grenzen stoßen, weshalb ein Großraumnetz zu bauen sei, das den beträchtlich erweiterten Größenverhältnissen des Reiches Rechnung trage. Inzwischen war die Breitspurbahn sowohl für die Personen- als auch für die Güterbeförderung vorgesehen; bis zu 250 Stundenkilometer schnelle Züge sollten zwischen Berlin und Wladiwostok, zwischen Rotterdam und Kiew, zwischen Hamburg und Istanbul verkehren.

Geringe Euphorie der Eisenbahner

Die Mehrheit der Eisenbahner war aber alles andere als begeistert von dem neuen Lieblingsprojekt Hitlers, nicht jeder gab vorauseilend sein vernünftiges Augenmaß auf. Allzu großer Widerspruch verbot sich jedoch. Immerhin gaben Fachleute zu bedenken, dass zwei unterschiedliche Bahnsysteme zu Problemen führen mussten, ganz abgesehen vom unnötig großen Maßstab. Selbst die Militärs winkten ab: Sie befanden die Breitspurbahn nur begrenzt nutzbar für die Bedürfnisse der Wehrmacht, außerdem stelle sie ein hervorragendes Ziel für feindliche Angriffe dar. Ein eng geknüpftes Normalspurnetz könnte auf Feindeingriffe außerdem schneller und flexibler reagieren als ein weitmaschiges Breitspurnetz.

Vor allem aber hatte die Deutsche Reichsbahn ganz andere Sorgen. Nach der deutschen Niederlage im Ersten Weltkrieg hatte sie eine enorme Reparationslast tragen müssen, sodass für Ausbau und Modernisierung wenige Kapazitäten übrig blieben. Die wirtschaftlich günstigeren Zeiten vor Beginn des Zweiten Weltkriegs waren zu kurz gewesen, um Schienennetz, rollendes Material und Personalstand so auszubauen und vorzubereiten, dass die enormen Anforderungen des Militärs an die Eisenbahn hätten erfüllt werden können. Zudem hatten die Nazis den Schienenverkehr nach ihrer Machtübernahme lange als nicht wichtig genug erachtet – beispielsweise gegenüber dem Autobahnbau. Jahrelang war die Eisenbahn von der Reichsregierung links liegen gelassen worden, nun sah sie sich von der plötzlichen Zuneigung förmlich erdrückt.

Trotz wachsender Aufgaben, größerer Entfernungen und steigender Ansprüche an die Kapazitäten: Prinzipiell bestand gar keine Notwendigkeit, von der gängigen Spurweite abzuweichen. Nichts sprach dagegen, die gesetzten Ziele mit einem effektiven und hochtaktigen Bahnnetz der Normalspur zu erreichen. Mühelos würde die bisherige Spurweite von 1.435 Millimetern eine Steigerung auf das Zehnfache ermöglichen, wie Bahnexperten in Gutachten ausführten. Weder für größere Lasten noch für höhere Geschwindigkeiten oder eine kürzere Zugfolge war eine breitere Spur nötig – allein das Fassungsvermögen der Waggons und damit vor allem die Höhe des rollenden Materials konnten auf diese Weise enorm vergrößert werden – die Dreimeterspur ermöglichte eine Steigerung um das 30- bis 50-Fache! Allerdings wäre auch das Gewicht der Waggons angewachsen und somit das Verhältnis von Eigenlast und Ladelast mehr oder weniger gleich geblieben. Die

Größenordnung der Breitspurbahn, ob Last- oder Personen-
beförderungskapazitäten, überstieg auch die kühnsten Kalku-
lationen für künftige Erfordernisse. Weder aus verkehrswirt-
schaftlichen noch aus wirtschaftspolitischen Gründen war eine
Breitspurbahn also überhaupt notwendig. Das wussten alle Beteiligten, auch die Bahningenieure, die mit der Konstruktion
beauftragt wurden.

Wenige Wochen nach dem Debakel der Wehrmacht vor
Stalingrad Anfang 1943 trugen Bahn-Staatssekretär Ganzen-
müller und Ministerialrat Wiens, der nunmehrige Projektleiter,
Hitler den Stand der Planungen vor. Der billigte die meisten
Details und erklärte die Arbeit an dem Projekt, das nach dem
Krieg umgehend umgesetzt werden müsse, für kriegswichtig.
Immer öfter hatte er nun Anlass, sich mit Träumereien vor den
Modellen der Planungen für Berlin, Linz oder München zu zerstreuen, während in der Realität die Wehrmachtsverbände vor
dem Feind zurückwichen und alliierte Geschwader mit dem
Bombenhagel des Luftkrieges die deutschen Städte in Schutt
und Asche legten. Noch 1945 im Führerbunker, als sein Herrschaftsgebiet angesichts des alliierten Vormarschs aus Ost und
West in Windeseile zusammenschnurrte, bis es nur noch aus ein
paar Kilometern rund um die Berliner Wilhelmstraße bestand,
äußerte Hitler seine Dankbarkeit für die Zerstörungen der Alliierten. Denn dadurch sei es ihm möglich, Berlin und andere
Städte nach dem Krieg umso prachtvoller wiederaufzubauen.

Kriegswichtige Arbeiten für die Zeit nach dem »Endsieg«

Weil es der »Führer« so wollte, wurden die Planungen für die
Breitspurbahn mit Hochdruck weitergeführt, während anderswo
wegen des Krieges die Belegschaften ausdünnten. Ende 1943

schließlich sah die Planung des Breitspur-Streckennetzes folgende Hauptlinien und Ergänzungsstrecken vor: von Berlin über das Ruhrgebiet nach Paris, Ergänzungsstrecke nach Brest in Nordwestfrankreich; Berlin–Hamburg; Berlin–Breslau–Kiew–Rostow, mit Ergänzungen von Breslau über Minsk nach Leningrad (Sankt Petersburg) bzw. nach Moskau und Kasan, sowie von Kiew über Charkow nach Stalingrad (Wolgograd) bzw. nach Odessa und von Rostow nach Baku; von Berlin über Prag, Wien, Belgrad und Bukarest nach Varna bzw. Istanbul, mit Ergänzung Wien–Triest–Rom; von Berlin über Leipzig und Nürnberg nach München; von München aus sollte es nach Paris gehen sowie in östlicher Richtung über Linz nach Wien und mit einer Ergänzungsstrecke gen Westen über Marseille bis an die spanische Grenze.

Für Berlin waren im Zuge einer kompletten Umgestaltung der Streckenführung der Fernbahn zwei neue zentrale Bahnhofsbauten geplant, die nun auch Gleise der Breitspurbahn erhalten sollten: der Nordbahnhof (nördlich des heutigen Hauptbahnhofs) sowie der weitgehend identisch aussehende Südbahnhof neben dem Zentralflughafen Tempelhof. Die Ausmaße beider Bahnhöfe, denen ganze Stadtviertel hätten weichen müssen, sollten gigantisch werden und vor allem der größere Südbahnhof neben Tempelhof hätte den größten Bahnhof der Welt, die New Yorker Grand Central Station, im Vergleich wie einen piefigen Vorortbahnhof wirken lassen. Zwölf Bahnsteige mit 22 Fernbahngleisen waren vorgesehen, hinzu kamen zwei Gleise für die Breitspur. Das setzte die Planer unter erheblichen Druck, weil der Platz für die mächtigen Breitspuranlagen irgendwie geschaffen werden musste.

Die Anlage war auf Effekt gebaut. Ankommende Reisende, bereits von der Fahrt im luxuriösesten und größten Zug der Welt über die Maßen beeindruckt, sollten beim Heraustreten aus dem Bahnhof schier erschlagen werden vom Blick auf den ein Kilometer langen, mit Beutewaffen bestückten Bahnhofsvorplatz, hinter dem der riesige Triumphbogen aufragte, dessen Bogen den Blick auf die »Große Halle« weiter nördlich freigab. Ob zustimmend oder ablehnend – der Anblick wäre zweifellos atemberaubend gewesen.

In München arbeitete als einzige Planungsgruppe der dortigen Reichsbahndirektion die Arbeitsgruppe Breitspurbahn bis Kriegsende, wenn zuletzt auch nur noch mit vier Mann besetzt. Die aber dürften heilfroh gewesen sein, in einem längst verlorenen Krieg nicht noch als letztes Aufgebot verheizt zu werden. In der bayrischen Hauptstadt waren die Planungen am weitesten fortgeschritten, weil der Münchner Generalbaurat Hermann Giesler die Arbeiten vorantrieb und bis zum Untergang des Reiches ungerührt fortsetzen ließ. Außerdem sollten der Planung zufolge die Umbauten Münchens abgeschlossen sein, bevor es in Berlin damit richtig losging: zum dreißigjährigen Jubiläum der NSDAP im Jahr 1950. Ein neuer Bahnhofsbau westlich des alten Hauptbahnhofs wäre durch eine 80, später 120 Meter breite Prachtstraße mit der Innenstadt verbunden worden, die in Richtung Westen durch den Bahnhof bis nach Pasing reichen sollte – gut 6,6 Kilometer lang. An die Stelle des alten Bahnhofs sollte eine riesige, 215 Meter hohe »Säule der Bewegung« treten – zur Würdigung der Bedeutung Münchens für den Aufstieg Hitlers und des Nationalsozialismus. Der als Rundbau im Rippenbogenstil geplante neue Bahnhof hätte eine 265 Meter weite, fast 117 Meter hohe Kuppel erhalten, unter der, unterhalb des Straßenniveaus, die Züge hindurchfahren sollten.

Im Frühjahr 1942 hatte Hitler Giesler persönlich davon in Kenntnis gesetzt, dass nach Kriegsende eine Breitspurbahn gebaut werden solle und daher der bereits geplante neue

Münchner Hauptbahnhof entsprechend neu konzipiert werden müsse. Hitler verlangte, die riesigen Personenzüge der Breitspurbahn mittig durch die Kuppelhalle durchzuführen, links und rechts ehrfurchtsvoll flankiert von den kümmerlichen Zügen der Normalspur. Für die Planer in München bedeutete die Umplanung einen besonders herben Rückschlag, denn die ursprünglichen Pläne lagen bereits seit 1940 vor und die Streckenführung hatte man längst festgelegt. Sogar die Erdarbeiten zum Bau der riesigen Kuppel waren bereits im Gange, ebenso weitere vorbereitende Maßnahmen. Nun aber musste alles umgeplant werden – angesichts der viel größeren Dimensionen und technischen Anforderungen der Breitspurbahn alles andere als eine Petitesse. Um Platz für die Breitspurgleise zu schaffen, musste der Hallendurchmesser um mindestens 20 Meter erweitert werden – bei einer Spurweite, die nach provisorischem Planungsstand irgendwo zwischen 2,50 und 4 Meter liegen sollte. Für den Architekten des Bahnhofs, Paul Bonatz, scheint damit ein gut gefülltes Fass endgültig zum Überlaufen gebracht worden zu sein, zumal die Breitspurgleise noch tiefer als die Normalspurgleise liegen mussten, was zu Problemen mit dem Grundwasser führte. In der Folge kamen beständig neue Vorgaben und ein nicht enden wollender Streit um den endgültigen Kuppeldurchmesser hinzu. Bonatz hatte schon im Herbst 1941 in einem Privatbrief geäußert: »Wenn ich aber aufs Ganze schaue, was in Berlin wie in München entstehen soll, dann wird das Grauen immer größer.« Er sprach von einem »babylonischen Vorhaben«. Jetzt nutzte er die erstbeste Gelegenheit, seinen Arbeitsmittelpunkt in die Türkei zu verlegen, und resümierte nach dem Krieg in seinen Erinnerungen: »Wenn ich einen Einzelgrund für mein Auswandern in die Fremde angeben sollte, dann wäre es wohl die Flucht vor diesem Wahnsinn.«

Günther Wiens übertrug noch 1944 die Hitler'sche Sucht nach Größe in einer Denkschrift über die Breitspurbahn in kühle Argumente: Man müsse einfach in größeren Maßstäben denken, um voranzukommen. Im klaren Bewusstsein, dass eine Breitspurbahn alles andere als notwendig war, argumentierte Wiens, die Erörterung einer Breitspurbahn sei analog zu den Reichsautobahnen vor allem mit dem Argument einer Wohlstandssteigerung vertretbar, dank der sich immer mehr Menschen ein Auto und eine Bahnreise würden leisten können. Steigender Wohlstand führe auch zu mehr Güterverkehr, der die enormen Transportkapazitäten einer Breitspurbahn durchaus auslasten könnte. »Weshalb soll sich also die Eisenbahn immer bescheiden und in den Fesseln ihrer Spur, in denen sie seit 100 Jahren verharrt, auch weiter verbleiben, während andere Verkehrsmittel, die nicht die Fessel einer Spurweite mit sich herumschleppen, sich ständig weiterentwickeln?« Und ganz im Tenor der Europa-Propaganda des *Signal* schrieb er weiter:

»Ein ›neues Europa‹ unter ›Führung eines starken Großdeutschen Reiches‹ gibt mit seinen weiten Entfernungen, seinen großen Gütermengen sowie den Zukunftsaussichten des Schnellverkehrs der Eisenbahn überhaupt erst die Möglichkeit, ihre Leistungsfähigkeit voll zu entfalten und eine neue Epoche im Eisenbahnwesen einzuleiten, die die Erstarrung des Schienennetzes aus seinem gegenwärtigen Rahmen mit den Bindungen an Spurweite und Profil sprengt. Die Größe der Aufgabe erhebt aber einen Totalitätsanspruch: ›Ganz oder gar nicht!‹ Die Beurteilung der Frage nach dem Bau von Breitspur-Fernbahnen kann daher nur einer weit vorausschauenden politischen und wirtschaftlichen Entscheidung unterliegen.«

Wiens war aber sehr bewusst, dass der Aufwand enorm

sein würde. Eine veränderte Spurweite welcher Größe auch immer bedeutete nicht nur den Bau größerer Waggons und Lokomotiven sowie die Verlegung neuer Gleise. Auch neue Bahnhofs- und Rangieranlagen mussten gebaut werden, eine ganz neue Fahrzeugindustrie mit Fabriken, Betriebs- und Ausbesserungswerken und neuem Maschinenpark musste her, deren Anlagen dem vergrößerten Maßstab entsprechend rund doppelt so groß ausfallen mussten. Gleichzeitig durften die beiden Systeme Normal- und Breitspur nicht komplett getrennt sein. Sollte die Breitspurbahn durch große Distanzen und kurze Transportzeiten punkten, waren weniger Bahnhöfe sinnvoll. Dann aber mussten für Passagiere Umsteigemöglichkeiten zwischen Breitspur und Normalspur geschaffen werden, und auch Güter mussten umgeladen werden können.

Zweistöckige Hotelzüge quer durch Europa

Die Vorplanungen lagen inzwischen in einer umfangreichen Unterlagensammlung vor: Fünf Textbände mit je einem Anlagenband fassten die Entwürfe zu Lokomotiven verschiedener Antriebsarten sowie für Personen- und Güterwagen zusammen. Mehrere Firmen waren unter der Auflage strengster Geheimhaltung mit den Entwürfen beauftragt worden: die deutschen Konzerne Henschel, Schwartzkopff, Krupp, Siemens, die Wiener Lokomotivfabrik Floridsdorf und die Schweizer BBC, Vorläufer des Konzerns ABB. Allein für Lokomotiven im Eigenantrieb wurden 33 Entwürfe erstellt, die für Geschwindigkeiten zwischen 100 Stundenkilometer für Güterloks und 250 Stundenkilometer für Schnellzugloks im Passagierverkehr ausgelegt waren. Als Zuggewicht waren 1.000 Tonnen einkalkuliert, was die Zahl der Wagen auf sieben beschränkte. Je nach Art der Züge konnten 576 Reisende (Luxus-Tagezug), 738 bzw. 946 Reisende (Schlafwagenzug mit oder ohne Badewagen) oder 1.484 Reisende (Normal-Tageszug) aufgenommen werden. Bei einem vom Gewicht her vierfachen Fassungsvermögen der Züge gegenüber der Normalspur stieg die Zahl der Reisenden im Normal-Tageszug auf das Doppelte – in größeren Abteilen und mehr Nebenräumen, also insgesamt mit erheblich gesteigertem Reisekomfort.

Denn nicht nur Lokomotiven wurden an den Reißbrettern der Entwickler entworfen, vor dem geistigen Auge der Planer erstanden auch ganze Züge mitsamt Innenausstattung. Anhand dieser Planungen lässt sich gut nachvollziehen, wie anders das Reisen mit solchen Zügen hätte werden sollen – und wie die Entwickler sich von der repräsentativen Gestaltung der großen Ozeandampfer inspirieren ließen.

Das Mehr an Platz führte zu ausgesprochen eindrucksvollen Ensembles. Die enorme Breite des Zugmaterials ermöglichte regelrechte rollende Hotelzüge mit zweistöckigen Waggons. Ein Schlafwagen dritter Klasse unterscheidet sich angesichts enger und einfacher Schlafkabinen nur durch die Zahl der Abteile und die Länge des Korridors von den gewohnten Schlafwagen, außerdem sind die Abteile links und rechts eines Mittelgangs angeordnet. Der Entwurf für einen Schlafwagen erster Klasse jedoch zeigt einen gediegenen Empfangsraum in Karo- und Rautenmustern auf Brokatstoffen und Holzpaneelen. Der betuchte Reisende tritt rechter Hand zur Pförtnerloge, dann geht es über dicke Teppiche zur Treppe in den ersten Stock. Dort liegen an einer Seite des langen Gangs die Abteile, die wie kleine Hotelzimmer wirken: kleiner Vorraum mit Kleiderschrank und Tür zum kleinen Badezimmer. Für das eigentliche Abteil wurden Entwürfe verschiedener Stile vorgelegt – mal heller Schleiflack mit floralen Ornamenten, mal Wandbespannung in Aubergine aus geblümter Seide, mal polierte Mahagonitäfelung. Das stets vorhandene breite Kanapee kann zum Bett umgebaut werden, gegenüber lädt ein Fauteuil zum Blick auf die vorbeiziehenden Landschaften ein. Eine Tür führt ins Badezimmer, das mit Toilette und Dusche ausgestattet ist. Die Herren vertreiben sich die Zeit ansonsten beim Spiel auf dem Schachbretttisch, die Damen am Frisiertisch, mit denen jedes Abteil ausgestattet ist.

Eine Schuhklappe zum Gang erleichtert dem Nachtschaffner, die Schuhe der Passagiere zum Putzen einzusammeln. Am Ende des Korridors befindet sich der Frühstücksraum mit großen Panoramafenstern. Im Erdgeschoss-Foyer bietet eine Sitzgruppe die Möglichkeit, vor den mehr oder weniger nackten Tänzerinnen der Wandbemalung auf Mitreisende zu warten, um gemeinsam zum Abendessen in Richtung Speisewagen zu flanieren, der besonders eindrucksvoll mit den Raummöglichkeiten der Breitspurbahnzüge umgeht.

Ein detaillierter Entwurf eines Speisewagens des Reichsbahnzentralamtes München aus dem Jahr 1943 beispielsweise zeigt drei Reihen Tische mit jeweils vier Plätzen, zwischen denen zwei großzügige Gänge hindurchführen. In vier Meter Höhe sorgen Kronleuchter für eine festliche Beleuchtung, wenn hinter den deckenhohen, zweigeteilten Fenstern die Sonne untergegangen ist. In grüner Schleiflackausführung sollten die Fenster goldgelbe Vorhänge erhalten, dazu passend gemusterte Teppiche zwischen den Tischen. Für die Wandpaneele waren Malereien mit touristischen Motiven vorgesehen. Die Naturholzausführung mit Holzintarsien kam bedeutend ruhiger, aber kaum weniger exklusiv daher. Auf den normalspurgewohnten Reisenden wirkt aber vor allem die schiere Größe beeindruckend: 30 Meter lang, sechs Meter breit, 45 Tische in 15 Reihen hintereinander, mithin Platz für 180 Speisende. An den beiden Stirnseiten des Waggons sind Emporen vorgesehen, auf denen es sich ein bisschen exklusiver speisen oder loungen ließe. Ebenfalls im oberen Stockwerk sollte die Küche untergebracht sein, was die Geruchsbelästigung für die Passagiere in Grenzen gehalten hätte. Der Waggon sollte mit je einem Lasten-, Speisen- und Geschirraufzug nach unten ausgestattet werden, wo die Kellner arbeiten würden.

Die eigentlichen Personenwagen besaßen ebenfalls beeindruckende Ausmaße: sechs Meter breit, 42 Meter lang, fast sieben Meter hoch. Insgesamt boten sie das Achtfache an Platz, verglichen mit herkömmlichen Normalspurwaggons, zwischen vierhundert und fünfhundert Passagiere sollten dort in Sechserabteilen Platz finden. Im Inneren waren die zweistöckigen Waggons jedoch mit Abteilen konventioneller Größe kleinteilig geplant – die Abteile verteilten sich auf zwei Stockwerke und waren zu beiden Seiten eines Mittelgangs angeordnet. Großzügige Abmessungen erhielten dagegen die Gesellschaftsräume, vorgesehen waren eine Bar, ein Aufenthaltsraum mit bequemen Sitzgruppen sowie ein Leseraum. Die Innenentwürfe lieferte der Architekt Theodor Dierksmeier, der auch die beiden neuen Bahnhöfe für Berlin plante. Auf seiner Zeichnung der Bar stechen die großen, bequemen Sessel um Rauchglastische hervor, auf denen Cognacgläser stehen. An der Bar unterhalten sich der Barmann und ein eleganter Gast. Die Holzpaneele hinter breiten Polsterbänken im Leseraum des ersten Waggonstocks zieren Landkarten. In Dierksmeiers Entwurf eines Speisesaals mit einer Uhr über den Schiebetüren geht es besonders großzügig zu: Links und rechts vom Durchgang stehen Tische mit je fünf sehr großen gepolsterten Armlehnstühlen.

Ein rollender Kinosaal

Mit den Wagen für die Fahrgäste sollte es aber nicht getan sein, denn die Personenzüge sollten daneben einen Gepäck-, Automobil- und Postwagen mitführen, auch in Ausführung mit Flakständen für den Verteidigungsfall. Die lag Hitler wie bei seinem eigenen Normalspur-Sonderzug »Amerika« besonders am Herzen. Er bestimmte, die Zugstrecken dürften nicht mit Oberleitungen versehen werden, um die Flugabwehr im Angriffsfall ungehindert arbeiten zu lassen. Die Gepäckwagen waren ebenfalls zweistöckig und hatten unter anderem den Vorzug, dass die Automobile der Reisenden bequem quer hineinfahren konnten – durchaus ein Vorteil gegenüber dem klassischen Autoreisezug. Sogar Hundeställe waren eingeplant. Einrichtungen zur Betreuung von Kindern finden sich in den Plänen übrigens an keiner Stelle, auch Reisewagen für kinderreiche Familien, wie sie das NS-Regime unermüdlich propagierte, waren nicht vorgesehen.

Insgesamt legten die weiten Entfernungen im angestrebten großdeutschen Herrschaftsraum zwischen Atlantik und Ural nahe, die Züge für längere Reisen auszurüsten. So sehen einige Entwürfe vor, dass für längere Fahrten tagsüber zwei Abteile erster Klasse miteinander verbunden werden können, sodass man auf bequemen Polstern quer zur Fahrtrichtung einander gegenübersitzen konnte. Aber auch an Sonderwaggons wurde gedacht: ein Badewagen mit getrennten Friseursalons für die Dame und den Herrn, 20 Duschräumen und vier Wannenbädern sowie Gesellschaftsräume jeweils für Raucher und Nichtraucher. Dort sorgen Küche und Konditorei für das leibliche Wohl der Reisenden, in den Gesellschaftsräumen sind aber auch abendliche Tanzveranstaltungen möglich. Zudem wurde ein Kinowagen entworfen – mit knapp 200 Sitzplätzen vor einer großen Leinwand mitsamt Bühne, auf der auch Vorträge und andere Darbietungen abgehalten werden konnten. Für ungestörten Kinogenuss war dadurch gesorgt, dass auf beiden Seiten des Kinosaales Korridore den Durchgang ermöglichten, mutmaßlich mit dicken Teppichen, um Schrittgeräusche abzudämpfen.

Eigens entworfen wurde schließlich noch ein Schlusswaggon mit abgerundeter Rückpartie zur Verringerung des Luftwiderstandes – bei angestrebten Geschwindigkeiten von bis zu 250 Stundenkilometern und angesichts der enormen Größe der Züge durchaus notwendig. Geplant war, wegen der guten Aussicht hier einen großen Panorama-Salon mit Galerie einzurichten, der zweifellos großen Zulauf erhalten hätte. Wohl aus diesem Grund wurde auch ein Büfett vorgesehen.

Weniger vergnüglich wäre es in den geplanten »Ostarbeiterzügen« zugegangen, die insbesondere für die Landwirtschaft Großdeutschlands »große Arbeitermassen in kurzer Zeit von einem Ende Europas zum anderen zu befördern vermögen«, wie es in einem Projekttext heißt. Gegebenenfalls sollten sie auch für Soldatentransporte Verwendung finden. Pro Abteil sollten acht Personen untergebracht werden, nachts auf jeweils vier Pritschen übereinander. Die kleinen Essensausgaben sollten aus einer Großküche versorgt werden, die im Gepäckwagen untergebracht und für täglich mehrere Tausend Essensportionen ausgelegt wurde. Knapp 3.000 Plätze waren pro Zug vorgesehen.

Von da war es nur noch ein kleiner Schritt zur Planung der eigentlichen Güterzüge, die zum Teil konventionell ausgelegt waren, zum Teil aber wegen ihrer Abmessungen für Spezialzwecke genutzt werden sollten: Neben den gängigen offenen und geschlossenen Güterwagen (Kipp-, Selbstentlade-, Kessel- und Kühlwagen) wurden auch verschiedene Spezialwagen für Großtransporte entworfen – ausgelegt sogar für den Transport von Schiffen bis 1.000 Tonnen.

Zum Be- und Entladen der Güter und um sie effektiv auf die viel kleineren Normalspur-Waggons umladen zu können, wurde ein »Behälterverkehr« konzipiert, der recht genau dem heutigen Containersystem entspricht, mitsamt der Ladekräne, die heutige Güterbahnhöfe kennzeichnen. Beispielsweise sollte Kohle in Breitspurbahnhöfen der ukrainischen Fördergebiete in offene Container verladen werden, von denen zwei nebeneinander auf einen Breitspur-Untersatz passen sollten. Auf einem großen »Behälter-Umschlagbahnhof« beispielsweise im Norden Münchens sollten Kräne die Container zum Weitertransport auf Normalspur-Güterzüge umladen, deren Ladefläche so breit war wie einer der Container.

So gesehen, war die Planung also enorm weit vorangeschritten – aber der Eindruck täuscht, denn all diese Detailplanungen fanden fast ausschließlich auf dem Reißbrett statt. Weder wurde je eine Versuchsstrecke gebaut noch Prototypen für Lokomotiven oder Waggons. Lediglich Wagen- und Abteilmodelle konnte Hitler 1943 persönlich in Augenschein nehmen. Sie sind ebenso wenig erhalten wie das Holzmodell von einem vierachsigen Drehgestell für die Wagen der Breitspurbahn, 1943 im Reichsbahnausbesserungswerk Potsdam im Maßstab 1:10 gebaut – davon existiert immerhin noch ein Foto.

Die Planungen für das Großprojekt gingen selbst dann noch weiter, als das Deutsche Reich zusammengeschrumpft und von Hitlers einst riesigem Herrschaftsgebiet nicht mehr viel übrig war. Als die meisten Ingenieure, Bauzeichner und Projektleiter bei der Reichsbahnverwaltung längst ihre Reißbretter und Zeichentische verlassen hatten, saß Hitler in seinem Bunker noch immer über einem Modell seiner

österreichischen Heimatstadt Linz, die ebenfalls an das Breit-
spurbahnnetz angeschlossen werden sollte. In München ging
der vom Architekten Bonatz konstatierte Wahnsinn jedoch
weiter – die offenbar letzte Besprechung am 23. März 1945
fand die Muße, Ringhallenverglasung, Eingangsgestaltung
Südwest, Zugang für Fahrradfahrer zu beraten – und die »An-
legung von bombensicheren Luftschutzräumen für 25.000
Personen«. Fünf Wochen später hatte die 7. US-Armee die
Stadt an der Isar erobert und Hitler sich im Berliner Führerbunker das Leben genommen. Das Deutsche Reich war Geschichte – und damit auch das Projekt der Breitspurbahn. Im
Ganzen sollen in wenigen Kriegsjahren geschätzte 1,2 Milliarden Reichsmark dafür aufgewendet worden sein. Niemand
hatte diese Eisenbahn ernsthaft für nötig befunden, niemand
hatte sie gebraucht – nur Adolf Hitler.

GRANDIOS GESCHEITERT

KYBERNETIK

Im Jahr 1968 erschien in Ostberlin ein Buch mit dem schönen
Titel *Wirtschaftswunder DDR*, ein entschieden tendenziöser Abriss zweier Jahrzehnte ostdeutscher Wirtschaftsgeschichte aus
staatlicher Sicht. Es ist das Jahr, in dem der Staatschef Walter
Ulbricht die Anstrengungen der DDR, mit mehr oder weniger sozialistischen Methoden den kapitalistischen Konkurrenten BRD wirtschaftlich zu überrunden, auf die nicht minder
schöne Formel brachte: »Überholen, ohne einzuholen«. Allerdings war da die Zeit seines »Neuen Ökonomischen Systems« (NÖS), das Ulbrichts dialektischer Überholaktion zugrunde lag, schon fast wieder vorbei. Auf dem VII. Parteitag
der SED im Jahr zuvor war das NÖS als ÖSS (Ökonomisches
System des Sozialismus) zwar bestätigt worden, allerdings
in modifizierter Form. Der Wind begann sich zu drehen, um
bald darauf den Befürwortern des neuen Wirtschaftskurses in
eisiger Form geradewegs ins Gesicht zu blasen. 1971 schließlich wurden die Prioritäten erneut verschoben; der nunmehr
eingeschlagene wirtschaftliche Kurs gilt als einer der Sargnägel der DDR. Spätestens jetzt bewegte sich der ostdeutsche
Teilstaat auf seinen Bankrott zu, der sich 1989/90 vollziehen
sollte.

Historiker sprechen von den »langen Sechzigerjahren« der
DDR-Geschichte, die von 1957 bis 1971 reichen. Am Anfang
steht wie eine euphorisierende Droge der Start des ersten
künstlichen Erdsatelliten Sputnik 1 der UdSSR im Jahr 1957,
mit dem der Sozialismus dem Westen eine lange Nase machte

und sich auf der Überholspur wähnte. An ihrem Ende steht die Machtübernahme durch Erich Honecker, dessen Kurs in den Niedergang führte. Vor allem das Jahrzehnt nach dem Bau der Berliner Mauer gilt als reformfreudig und wirtschaftlich durchaus vielversprechend. 1963 schlug die DDR einen radikal neuen Wirtschaftskurs ein: Mittels Reform-, Innovations- und Rationalisierungskurs sollte die behäbige Staatswirtschaft des Sozialismus auf Trab gebracht werden. Recht sperrig definierte der VI. Parteitag der SED im Januar 1963 den neuen wirtschaftlichen Weg als »die organische Verbindung der wissenschaftlich fundierten Führungstätigkeit in der Wirtschaft und der wissenschaftlich begründeten, auf die Perspektive orientierten zentralen staatlichen Planung mit der umfassenden Anwendung der materiellen Interessiertheit in Gestalt des in sich geschlossenen Systems ökonomischer Hebel«. Das hieß so viel wie Planwirtschaft 2.0, angereichert nämlich mit Funktionselementen der eigentlich verpönten Marktwirtschaft sowie modernsten Methoden von Wissenschaft und Technologie. Zwar hatte man schon Ende der Fünfzigerjahre die Modernisierung der Wirtschaft angestoßen und als ein Rezept dafür die Automatisierung erkannt. Namentlich die Wirtschaftsreform durch das NÖS sollte die DDR jetzt aber so radikal modernisieren, dass die Zukunftsversprechen des Sozialismus auch eine materielle Grundlage erhalten würden. Technologischer Fortschritt wurde der Öffentlichkeit als Wert vermittelt – als der Nährboden, auf dem der Sozialismus mit vereinten Kräften aufgebaut werden konnte, als fruchtbarer Acker, der Wohlstand für alle abwerfen würde.

Auf ihrem Modernisierungskurs scheiterte die DDR jedoch. Verschiedene Projekte der Hochtechnologie wurden mit großem Aufwand verfolgt, waren aber nur vereinzelt von Erfolg gekrönt, so in der Chemieindustrie – jedenfalls solange billiges russisches Erdöl verfügbar war. Das Scheitern hatte verschiedene Ursachen und war zum Teil äußeren, zum Teil inneren Umständen geschuldet. Jedenfalls gelang der Durchbruch aus eigener Kraft weder in der zivilen Luftfahrtindustrie noch in der Kernenergie, weder in der Halbleitertechnik noch in der Mikroelektronik, und der Status als Hochtechnologieland blieb für den ostdeutschen Staat ein ferner Traum.

Die Anstrengungen um eine Wirtschaftsreform in den Sechzigerjahren gelten den einen als der von vornherein zum Scheitern verurteilte Versuch, das hoffnungslose Mangelsystem der Planwirtschaft mit kapitalistischen Methoden zu optimieren. Andere sehen darin den bedauerlichen Fall, bei dem Halbherzigkeit in der Umsetzung und ein voreiliges Ende aus ideologischem Starrsinn den Nachweis verhinderten, dass der Marktwirtschaft nach westlichem Vorbild durchaus erfolgreich Paroli geboten werden kann. Wie auch immer – beim Versuch, die sozialistische Planwirtschaft auf Erfolgskurs zu bringen, zählten die Reformer auf die Hilfe der noch jungen Wissenschaft der Kybernetik. Besagter Wirtschaftswunder-Report berichtet denn auch unter anderem vom Beschluss des auf dem Parteitag verabschiedeten Programms, die kybernetische Forschung zu beschleunigen, um mit deren Erkenntnissen ein »dynamisches Volkswirtschaftssystem« herauszubilden. Die Kybernetik sollte als eine Art Wirtschaftswunderwaffe zum Einsatz kommen.

Kriegskind Kybernetik

Der Begriff Kybernetik wurde 1948 mit einem Buchtitel in die Welt geworfen. Autor des Werkes war der US-amerikanische Mathematiker Norbert Wiener, und sein Buch befasste sich zunächst einmal mit den Parallelen zwischen Mensch und Maschine bei ihren Steuerungs- und Kommunikationsfunktionen. Das griechischstämmige Wort Kybernetik bedeutet eigentlich »Steuermannskunst« und ist mit dem englischen Wort *govern* für »regieren« verwandt.

Zwar war weder der Mensch-Maschine-Vergleich neu noch die Idee der Regelungstechnik, aber hier begann die Karriere einer neuen Disziplin, die mal verherrlicht, mal verteufelt und immer wieder neu verstanden wurde. Der vereinfachten Definition des Kybernetik-Historiographen Philipp Aumann folgend, will die Kybernetik »Nachrichten- und Regelungsprozesse in Organismen analysieren, als wären sie Computer, und Computer nach dem Vorbild von Organismen konstruieren«. Etwas ausführlicher erklärt derselbe Autor an anderer Stelle: »Kybernetik ist eine Wissenschaft, die informationsverarbeitende, sich selbst regulierende Systeme analysiert und die Ergebnisse dieser Analyse für eine technische Synthese bereitstellt. Sie ist gleichfalls eine Technologie, die solche Systeme künstlich nachzubilden versucht und diese Nachbildungen einerseits als technische Entwicklungen dem Einsatz in der Praxis, andererseits der analysierenden Wissenschaft als Hilfsmittel zur Verfügung stellt. Sie erhebt den Anspruch, all diese Systeme mit denselben Begriffen beschreiben und mit denselben Fragestellungen, Theorien und Methoden analysieren und synthetisieren zu können.«

Das klingt nicht nur kompliziert, sondern riecht auch nach einer Universalwissenschaft, und als solche wurde die Kybernetik auch vielerorts gepriesen. Mit diesem Anspruch trat sie durchaus an, denn sie wollte Theorie und Praxis zugleich sein, Grundlagenforschung und angewandte Wissenschaft in einem – und noch dazu viele Wissenschaftszweige erfassen. Bei einer solchen interdisziplinären Wissenschaft hatten also viele Fachleute unterschiedlicher Couleur mitzureden, von Biologen bis Informatikern, von Physikern bis Psychologen, von Philosophen bis, in manchen Ländern, zu Ideologen. Und mit der Vielfalt möglicher Anwendungen kamen weitere Fachleute ins Spiel, in deren Gewässern die Kybernetiker zu fischen gedachten. Unter dem Dach Kybernetik etablierten sich diverse Hybridwissenschaften: Biokybernetik, die technische Kybernetik der Nachrichten- und Computertechnik, Humankybernetik und Wirtschaftskybernetik, um nur die wichtigsten zu nennen. Kein Wunder also, dass während der kurzen Blütezeit der Disziplin Hunderte, wenn nicht Tausende Definitionen davon in Umlauf kamen, was denn Kybernetik nun eigentlich sei.

Geburtshelfer der Kybernetik war der Zweite Weltkrieg, als der Mathematiker Wiener für die Verbesserung der Abwehr feindlicher Fluggeschwader an einem Rechenautomaten arbeitete, der den Kurs der Piloten vorhersagen sollte. Dabei ging es sowohl um technische Aspekte als auch um Pilotenentscheidungen – ein höchst komplexer Vorgang der Interaktion von Mensch und Maschine sollte also zuverlässig prognostiziert werden. Das gelang damals zwar nicht, doch war damit eine neue Disziplin geboren, die nach einer Theorie von Steuerungsabläufen und Informationsvermittlung forschte, die für Mensch und Maschine gleichermaßen gilt. War eine solche Analogie zwischen Mensch und Maschine in ihrem System, sich zu regeln, theoretisch gefasst, ließen sich damit komplexe Systeme, in denen Mensch und Maschine zusammenwirken, besser verstehen und konzipieren, steuern und optimieren. Und es ließen sich lernfähige Systeme entwickeln, die die eigenen Fehler ausmachen und selbst beheben können. Noch einmal nach Aumann: »Wiener verwischte die Grenzen zwischen Mensch und Maschine. Der Mensch war lediglich ein mechanistisches Element in einem Untersuchungssystem, und die Maschine wurde vermenschlicht, indem ihr Strategiefähigkeit verliehen wurde.« Wieners Kybernetik arbeitete also an der Schnittstelle von Natur und Technik und bezog daher Forschungserkenntnisse aus beiden Gebieten ein.

Zu den Jahrzehnten nach dem Zweiten Weltkrieg, von technischem Fortschritt, umfassender Modernisierung und allseitiger Beschleunigung geprägt, passte dieser neue Wissenschaftszweig vortrefflich. In einem wissenschaftlichen Umfeld von Machbarkeitsgläubigkeit, technischer Euphorie sowie mathematisch-rationaler Herangehensweise auch an Fragen der Biologie stieß die Kybernetik auf reges Interesse. Erinnern wir uns: Das Atomzeitalter war angebrochen, das Computerzeitalter stand ebenso bevor wie das der Raumfahrt. Und als gefügige Disziplin ließ die neue Wissenschaft sich den Erwartungen, Bedürfnissen und Zielen von Staaten und Gesellschaften und sogar Ideologien passend machen. Insofern erhielt sie in verschiedenen Ländern unterschiedliche Ausformungen, wobei beispielsweise der marxistischen Auslegung zupasskam, dass die neue Disziplin auch gleich eine neue, ideologisch einstweilen unbelastete und hübsch wissenschaftlich klingende Terminologie mitlieferte.

Zunächst aber stellte die Kybernetik eine US-amerikanische Angelegenheit dar. Von Nordamerika aus kam sie um 1950 nach England, Frankreich und (West-)Deutschland – wo es, ebenfalls im Zweiten Weltkrieg, unter dem Namen »Regelungstechnik« bereits einen wissenschaftlichen Vorlauf gegeben hatte. Jenseits des Eisernen Vorhangs jedoch hatte es die Kybernetik als Westprodukt zunächst schwer, noch dazu auf einem ersten Höhepunkt des Kalten Krieges und in einer Phase staatssozialistischen Misstrauens gegenüber den Wissenschaften. Aber wenn auch der Wissenschaftsbetrieb der sozialistischen Länder von der herrschenden Ideologie abhängig war und mit den Prinzipien des wissenschaftlichen Sozialismus vereinbar sein musste, konnte sich doch eine verfemte Disziplin in ein Hätschelkind verwandeln. So erging es der Kybernetik in der Sowjetunion: In den frühen Fünfzigerjahren wurde sie als reaktionäre, bürgerliche, zutiefst obskure Pseudowissenschaft verteufelt, und das sowjetische *Philosophische Handwörterbuch* schrieb 1954 von einer »reaktionären Pseudowissenschaft«, die der unmenschlichen Tendenz des Kapitalismus entspreche, den Arbeiter zu einem bloßen Anhängsel der Maschine zu degradieren.

Am Ende des Jahrzehnts jedoch avancierte sie zur anerkannten Disziplin, nunmehr in den Dienst für den Kommunismus gestellt. War also eben noch die kybernetische Analogie zwischen menschlichem und Computergehirn und ihre praktische Anwendung in komplexen Systemen als inhuman und antiproletarisch, als aggressiv und zynisch sowie als Produkt des dem Untergang geweihten kapitalistischen Westens abgeurteilt worden, avancierte sie nunmehr zur supermodernen technologischen Wunderwaffe, mittels der sich die theoretische Überlegenheit des Marxismus-Leninismus auf dem Boden greifbarer Tatsachen erweisen würde.

Um die Anwendung des Westimports zu rechtfertigen, unterschied man zwischen der Disziplin als solcher und ihren kapitalistischen Entstellungen und verankerte sie ideologisch lupenrein auf dem Boden der marxistisch-leninistischen Lehre. Mancher verstieg sich sogar darauf zu behaupten, der Westen habe die Kybernetik aus reiner Niedertracht absichtlich so aussehen lassen, als sei sie inakzeptabel für die sozialistische Welt – um sie ganz für sich zu behalten und gegen den Feind einsetzen zu können. Doch das sollte nun ein Ende haben.

Der sowjetische Mathematiker Ernst Kolman verkündete 1956 frohgemut, die Kybernetik sei »die Technologie der Gesellschaft, die den Sozialismus errichtet«. Dies alles geschah in der sogenannten Tauwetterperiode in der Sowjetunion, in der Parteichef Chruschtschow seinen 1953 gestorbenen Vorgänger Stalin demontierte und für einige Jahre eine offenere Atmosphäre auch die Wissenschaften begünstigte. Außerdem war nach sowjetischer Auffassung der »Vater der Kybernetik« Norbert Wiener inzwischen zum Antikapitalisten mutiert – und das Militär interessierte sich für die »imperialistische Wissenschaft« in besonderem Maße.

Sozialistische Vereinnahmung

Das kybernetische Tauwetter der Sowjetunion führte auch in den sozialistischen »Bruderländern« zu einer Lockerung der Verhältnisse. In der DDR, wo man der anfänglichen sowjetischen Verteufelung der Kybernetik folgsam gehorcht hatte, berief sich der fränkischstämmige Technik-Philosoph Georg Klaus nun auf sowjetische Kollegen, veröffentlichte Kolmans Aufsatz und analysierte in der SED-Zeitschrift *Einheit* das Potenzial der, wie er befand, zu Unrecht verdammten Kybernetik für den Sozialismus. Der euphorische Befund Kolmans klingt in Klaus' Artikel – der sich als Wegbereiter der Kybernetik à la DDR erweisen sollte – erkennbar nach. Ein einleitendes Marx-Zitat verweist auf das Ideal der kommunistischen Gesellschaft, in der Arbeit nicht mehr bloße Erwerbstätigkeit fürs Überleben, sondern erstes Lebensbedürfnis und somit höchst vergnüglicher Alltag geworden sei.

Auf dem Weg dorthin macht Klaus jedoch Hindernisse in der industriellen Massenfertigung aus. In deren sozialistischer

Variante wird der Arbeiter politisch zwar nicht mehr ausgebeutet, weil ihm die Fabrik ja auch gehört, aber er kommt deswegen noch lange nicht in den Genuss sinnerfüllter Arbeitserfahrung. Um das zu erreichen, seien »völlig neue Produktionsinstrumente und Formen der Produktion« nötig, und die Lösung sieht Klaus in der Nutzung von damals noch recht jungfräulichen Computern und der Anwendung der Kybernetik. Die Tatsache, dass Computer nicht nur rechnen können, sondern auch logische Denkmaschinen seien, »macht sie zur selbständigen Kontrolle und Steuerung vollautomatischer Fabriken fähig«. Sie ermöglichten eine »technische Revolution«, die der ebenbürtig sei, in der der Mensch sich erstmals Werkzeuge schuf – und die nunmehr elektronisch gesteuert werden könnten. Und während die neuen Möglichkeiten nach Klaus' Lesart die Krise des Kapitalismus in seiner imperialistischen Spätphase sogar noch verstärkten, gereichen sie den sozialistischen Ländern als »Momente eines unerhört raschen Aufstiegs«. »Der sozialistische und kommunistische Mensch der Zukunft wird ein schöpferischer Mensch sein (...), der alle Routinearbeiten seinen Geschöpfen, den Maschinen, überlässt.«

Gleichzeitig mit der gesellschaftlichen Entfremdung wird die technische Entfremdung überwunden. Nach Klaus' Einschätzung stehe damit eine radikale Verkürzung der Arbeitszeit an, mehr Lebenszeit könne auf Bildung, Sport und kulturelle Betätigung verwendet werden. Insgesamt sei es der Gesellschaft möglich, viel mehr Kraft auf Wissenschaft und Forschung zu legen – abermals zum Wohle der Menschen.

Die Kybernetik ist also, was dem sozialistischen Menschen und mithin der sozialistischen Gemeinschaft zum Glück noch fehlt. Klaus entwarf ein verführerisches Bild von vollautomatischen Fabriken, in denen nur noch zu Wartungszwecken gelegentlich Reparaturbrigaden auftauchen. Das passte zum aktuellen Wirtschaftskurs der Sowjetunion, wo Chruschtschow soeben ein »Automationsministerium« installiert und 1961 der XX. Parteitag der KPdSU der Kybernetik den offiziellen Segen erteilt hatte: »Das neue, sozialistische Zeitalter ist das Zeitalter der Atomenergie, der elektronischen Rechenmaschinen, der Vollautomatisierung der Betriebe und der Weltraumschifffahrt. (…) Kybernetik, elektronische Rechenmaschinen und Steuerungsanlagen werden bei den Produktionsprozessen in der Industrie, der Bauindustrie und dem Verkehrswesen, im Forschungswesen, bei der Planung, beim Projektieren und Konstruieren, in der Rechnungsführung und Verwaltung weitgehend angewandt werden.« Wie es schien, hatte der Sozialismus neben dem Marxismus-Leninismus eine weitere Universalwissenschaft gefunden.

Geheimrezept Wirtschaftskybernetik

Vor allem in ihrer Ausformung als Wirtschaftskybernetik musste die neue Wissenschaft den sozialistischen Ländern als verführerisch genug erscheinen, um sie kurzerhand ideologisch zu vereinnahmen. 1959 hatte Stafford Beer die Studie *Kybernetik und Management* vorgelegt und damit rasch Furore gemacht. Der rauschebärtige Brite bezeichnete die Kybernetik als »Wissenschaft der effektiven Organisation«. Die befand er auch als bitter nötig, denn die Komplexität der Welt und ihrer Systeme, also vor allem Gesellschaft, Politik und Wirtschaft, übersteige längst die menschliche Fassenskraft. Ohne die Assistenz fähiger Computer laufe da alsbald gar nichts mehr, die aber könnten die Informationsprozesse komplexer Gebilde nachstellen und steuern – noch dazu in einem Tempo, das den Systemkollaps verhindere. Beer verglich die Notwendigkeit schneller Entscheidungsfindung mit einem einfachen Vorgang: Wer den Bus nicht verpassen wolle, müsse ein Gehirn besitzen, das in der gebotenen Zeit alle physiologischen Impulse gebe, damit er es auch rechtzeitig zur Bushaltestelle schafft. Analog dazu brauchte die Wirtschaft in ihrer Komplexität elektronische Superhirne, um reibungslos zu funktionieren.

Für die Wirtschaftspraxis ging es insbesondere um die Aspekte Automatisierung, Informationsfluss und computergestützte Entscheidungsfindung. Was die Entscheidungsfindung in den Industriestaaten betraf, so sah man sich damals in Ost und West gleichermaßen mit dem Problem konfrontiert, dass die Wirtschaft immer komplexer, also schwieriger zu managen wurde und damit entsprechend instabiler und launischer. Sowohl das System als Ganzes als auch die Steuerung einzelner Wirtschaftszweige oder auch nur eines Unternehmens wurde immer komplizierter. Selbst im Westen war nicht jeder Fachmann der Ansicht, das System Wirtschaft funktioniere von selbst, lerne von sich selbst, reformiere sich selbst und müsse daher nicht beeinflusst werden. Die Planwirtschaftler des Ostens aber ließen Beers Thesen über die Steuerung und Regelung von Wirtschaftskreisläufen hellhörig werden. Wenn Volkswirtschaften längst zu komplex geworden waren, als dass sie sich noch präzise beschreiben ließen, war das ganze System nur noch beherrschbar, wenn Computer eingesetzt wurden, die komplexer und schneller kalkulieren könnten als ein Trupp Manager, der sich in einem Endlosmeeting die Köpfe heißredet. Die Entscheidungskompetenz sollte daher vom Menschen übergehen auf den Computer, dem alle notwendigen Daten in all ihrer Fülle zur Verfügung stehen, um daraus die gebotenen Entscheidungen unbestechlich und objektiv herauszufiltern. Eine Volkswirtschaft als kybernetisches

System im Großen müsse mit den Unternehmen als kleineren kybernetischen Einheiten so abgestimmt werden, dass alle Systeme miteinander kommunizieren und sich an die Bedingungen anpassen können, befand Beer. Mit kybernetischen Methoden könne erreicht werden, dass System und Teilsysteme rasch lernen, sodass Fehler rasch behoben werden und das System als Ganzes funktions- und leistungsfähig bleibt. Computergestützt könne dieses Lernen außerdem schnell genug vonstattengehen, um dem Tempo wirtschaftlicher, politischer, technischer oder sozialer Veränderungen zu entsprechen, anstatt ihnen mühsam hinterherzuhinken.

Welch eine Verheißung: ein wissenschaftlich fundiertes Werkzeug, um aus problemgebeutelten Planwirtschaften geschmeidig funktionierende Gebilde zu machen, ohne dafür die Planvorgaben zugunsten eines »freien Spiels der Märkte«, wie es der Westen mit ungleich mehr Erfolg vormachte, aufgeben zu müssen. Und auch der theoretische Überbau dieser Strategie musste sozialistischen Ökonomen gefallen, die sich auf dem Boden des wissenschaftlichen Marxismus-Leninismus bewegten. Dass es für die Ideologen der Parteiherrschaft von der Heilslehre Kybernetik zu ihrer Verteufelung nur ein kleiner (Rück-)Schritt war, sollte sich aber noch erweisen.

Die kybernetische Fabrik der Zukunft sollte mit sehr viel weniger Arbeitskräften auskommen, weil die Produktion maschinen- und computergestützt ablaufen würde: Die für die Herstellung einer vorab auf der Basis unfehlbarer Bedarfsberechnungen bestimmten Zahl von Endprodukten nötige Menge Rohstoffe erreicht die Fabrik, durchläuft mit nur wenig Menschenkontakt die Produktionsabläufe und verlässt sie als fertige Produkte wieder. In der DDR wurden solche Visionen popularisiert, um den Menschen des Staates, der sich per Hymne als »der Zukunft zugewandt« verstand, die lichten

Aussichten vor Augen zu führen. Das DDR-Jugendsachbuch *Weltall, Erde, Mensch,* das als »Sammelwerk zur Entwicklungsgeschichte von Natur und Gesellschaft« einen weiten Bogen schlug und jahrzehntelang als Jugendweihebibel fungierte, bietet in seiner Ausgabe von 1965 das bunte Bild einer vollautomatisierten Fabrik. Im Untertitel heißt es: »Trotz hoher Kapazität sind die Anlagen verhältnismäßig klein. (...) Wenige Mitarbeiter lenken von den zentral gelegenen Verwaltungs- und Steuerräumen aus den gesamten Produktionsablauf und das Zusammenspiel mehrerer solcher Betriebsabschnitte.« In der Ausgabe von 1966 ist zu lesen: »Die Anwendung moderner Rechenmaschinen und Datenverarbeitungsanlagen, der Kybernetik, macht es möglich, die Verwaltungsarbeit zu automatisieren und selbst einen großen Teil der monotonen geistigen Arbeit von Maschinen ausführen zu lassen. Das hat einen tiefen Einfluss auf den Charakter der Arbeit und die Stellung des Menschen in der gesellschaftlichen Produktion. Es entsteht zum ersten Mal die Möglichkeit, dass sich nicht nur eine kleine Schicht, sondern die unmittelbaren Produzenten mit schöpferischer Arbeit befassen.«

Zu einer Zeit, als Computer noch raumfüllend waren und als Elektronenhirne oder Großrechner bestaunt wurden, als das modernste Elektronik-Tool im Alltag ein Schwarzweißfernseher mit großen Knöpfen war und sehr viel mehr Menschen als heute mit dem Begriff Schwerstarbeit noch persönliche Erfahrungen verbanden, waren klinische Fabriken mit Computersteuerung eine faszinierende Verheißung. Denn damals tickte die Welt noch analog, nicht digital. Hätte ein Zeitreisender aus dem 21. Jahrhundert erklären wollen, dass auch fünf oder sechs Jahrzehnte später das Gehirn noch immer nicht völlig entschlüsselt sein wird, es noch kein Computer strukturell und qualitativ mit dem menschlichen Gehirn wird aufnehmen können und der »kognitive Chip« trotz aller Versprechungen noch in weiter Ferne liegen wird – er wäre vermutlich ausgelacht worden.

Was damals beeindruckte, war die Tatsache, dass eine Rechenmaschine vieltausendfach schneller war als ein Mensch. Und das nährte die freudige oder ängstliche Erwartung, dass in absehbarer Zeit ein Computer das Menschenhirn nicht nur quantitativ, sondern auch qualitativ ausstechen würde. Die Kybernetik würde also die unzähligen kleinen und größeren Systeme und Kreisläufe der Volkswirtschaft unter ihre Fittiche nehmen und mit Hilfe von Computern unfehlbar steuern können. Keine Engpässe mehr, keine Fehlplanungen, keine angespannte Versorgungslage – dafür eine rasante Entwicklung hin zum sozialistischen Wirtschaftswunderland.

Heilsversprechen für Planwirtschaftler

Kein Wunder also, dass dieses technische Heilsversprechen in den problemgebeutelten Wirtschaften der Ostblockländer auf ein zustimmendes, wenn nicht begeistertes Echo stieß. Bei den Theoretikern fielen die Reaktionen durchaus zwiespältig aus; in der DDR dauerte es noch einige Zeit, bis Klaus' Strategie, die Kybernetik hoffähig zu machen, aufgegangen war. In der maßgeblichen Tageszeitung *Neues Deutschland* wie in seinem Buch *Kybernetik in philosophischer Sicht* stellte Klaus die neue Disziplin auf das solide Fundament der marxistischen Weltanschauung – wichtigste Voraussetzung für ihre Anerkennung und Anwendung. Die Rückendeckung der Entwicklung im großen Vorbild Sowjetunion gab vermutlich den Ausschlag, und als das Jahr des Durchbruchs der Kybernetik in der DDR darf das Jahr 1961 gelten, als schließlich eine »Kommission für

Kybernetik« ins Leben gerufen wurde. Die Partei erteilte der neuen Wissenschaft Ende 1962, auf dem 2. Plenum des Zentralkomitees der SED, ihren Segen. Auf dem VI. Parteitag der SED im Januar 1963 schließlich verkündete Staatschef Walter Ulbricht: »Die Kybernetik ist besonders zu fördern.« Und mit dem Neuen Ökonomischen System schien die große Stunde der DDR-Kybernetik gekommen zu sein. Nicht nur einzelne Betriebe sollten mit kybernetischen Methoden in ihren Abläufen optimiert werden, sondern die staatliche Planwirtschaft insgesamt. Durch das gebündelte Potenzial von Computertechnologie und ihrer kybernetischen Anwendung sollte ein großer Sprung nach vorne möglich sein, mit dem man die westliche Konkurrenz weit hinter sich zu lassen hoffte. Seither verwendete Walter Ulbricht die ebenso griffige wie dialektische Formel vom »Überholen, ohne einzuholen«, die er sich noch dazu bei einem sowjetischen Kybernetiker geborgt hatte.

Hand in Hand sollten Computerfachleute, Wissenschaftler, Ingenieure und Wirtschaftspraktiker arbeiten, um tragfähige langfristige Prognosen über den nötigen Output der DDR-Betriebe zu erstellen: Was war nötig, um die Binnennachfrage zu befriedigen, was war für den Export einträglich, was vermochte die DDR-Industrie zu leisten und was benötigte sie dafür? Gleichzeitig beschloss man, sich auf bestimmte Kernbereiche zu spezialisieren – Maschinenbau und chemische Industrie, Elektronik- und Computerwirtschaft –, darin die Innovation voranzutreiben sowie im Sinne effektiverer Fertigung die Automatisierung der gesamten Volkswirtschaft weiterzuentwickeln.

Aber Ulbrichts Wirtschaftsreformen krankten an allen möglichen Mängeln, die sich insgesamt unter dem Befund zusammenfassen lassen: Die Quadratur des Kreises wollte nicht gelingen. Mittels marktwirtschaftlicher Elemente und im Schielen auf die dynamischen Weltmärkte sollte die sozialistische Wirtschaft konkurrenzfähig gemacht werden, ohne das System der Planwirtschaft zu überwinden oder das Prinzip aufzugeben, dass die Partei stets das letzte Wort beanspruchte. Diese widersprüchlichen Aspekte der Reform behinderten sich gegenseitig, und die Erfolge waren spärlich und nicht nachhaltig. Hinzu kamen mangelnde Sachkompetenz und die Kurzatmigkeit ungeduldiger Entscheidungsträger, wo es eines langen Atems bedurft hätte. Da der Reformeifer der SED angesichts weitgehend ausbleibender Erfolge und politischer Entwicklungen bald erlahmte, war dem Umbau der Wirtschaft eine allzu kurze Spanne vergönnt, auf innovativen Wachstumskurs einzuschwenken. Angesichts der vielen strukturellen und ideologischen Widerstände dagegen hätte es viel mehr Zeit gebraucht – aber dafür auch robustere Verhältnisse. Die als Hoffnung gestarteten Wirtschaftsreformen endeten als Enttäuschung, und was im Großen misslang, scheiterte im Detail bei der Anwendung der Kybernetik, deren große Stunde nur einige Jahre währte.

Für viele Reformgegner im Regierungs- und Parteiapparat galt die vormalige Heilslehre Kybernetik nunmehr als Grund für das Versagen der Reform. Dass sie noch gar nicht wirklich zur Anwendung gekommen war, tat da weiter nichts zur Sache – ein Sündenbock musste her. Hinzu kam ein ideologisch schärferer Wind gegen Ende der Sechzigerjahre, als der »Prager Frühling« den Sozialismus reformieren, entrümpeln und menschlicher gestalten wollte. Dem aber widerstanden die Beharrungskräfte der Machteliten: Der Prager Frühling wurde militärisch erstickt, und in der DDR geriet die Kybernetik ins Abseits. Das Problem der Ideologen bestand darin, dass die

Kybernetik zu einer allgegenwärtigen Modeerscheinung geworden war, die jedermann in wechselndem Sinne auslegte. Das aber brachte in den Augen des DDR-Chefideologen Kurt Hager den Unfehlbarkeits- und Unantastbarkeitsstatus des Marxismus-Leninismus in Gefahr. Ihm musste ja schon der Titel einer Studie unheimlich vorkommen, den der »rote Baron« Manfred von Ardenne Ende 1968 im Auftrag Ulbrichts erstellt hatte: *Systemtheoretische Betrachtung zur Optimierung des Regierens*. Auch wenn der Dresdner Privatunternehmer darin wohlweislich betonte, das System ändere an den Machtverhältnissen gar nichts, konnten dem menschlichen Gehirn haushoch überlegene Computer dem Leitsatz »Die Partei hat immer recht« doch durchaus gefährlich werden. Denn die Partei konnte ja schwerlich in die Hände von Computern gelegt und auch die marxistische Lehre nicht kybernetisiert werden.

Kurt Hager verkündete also in einem Referat bei der 10. Tagung des ZK der SED im Frühjahr 1969: »Wenn bei einer umfassenden Analyse der kybernetischen Aspekte der Organisation und Entwicklung der Gesellschaft der Begriff der ökonomischen Gesellschaftsformation überhaupt keine Rolle mehr spielt, so führt dies praktisch zu einer Abwertung der theoretischen Leitsätze und Begriffe der marxistisch-leninistischen Gesellschaftstheorie.« Auch im SED-Theorieblättchen *Einheit* schoss das Politbüro-Mitglied gegen die »Systemiker«: »So wichtig Kybernetik und Systemtheorie sind und bleiben, so können wir natürlich nicht zulassen, dass sie an die Stelle des dialektischen und historischen Materialismus, der politischen Ökonomie des Sozialismus, des wissenschaftlichen Kommunismus oder auch der sozialistischen Leistungswissenschaft treten, dass sie verabsolutiert werden und dass die Sprache einer Spezialwissenschaft die politische Sprache der

Partei sein wird. Die Partei würde damit aufhören, eine marxistisch-leninistische Partei zu sein.«

Im *Neuen Deutschland* gab Hager schließlich einem größeren Publikum die neue Richtung vor. Aus seiner Sicht lief man Gefahr, die Kybernetik als Metawissenschaft auch dem wissenschaftlichen Marxismus-Leninismus überzuordnen. Was aber den Absolutheitsanspruch der Partei und ihrer Glaubenssätze in Frage stellte, durfte nicht sein. Mit einem Mal wurde die neue wissenschaftliche Disziplin, die in diversen Arbeitskreisen und Kommissionen ihren Beitrag zur Modernisierung der DDR leisten sollte, nicht mehr gefördert, sondern behindert. Wer die Gunst der Partei verlor, hatte verspielt. Möglich waren kybernetische Ansätze schon bald nur mehr auf untergeordneter Ebene und in einer Größenordnung, die der marxistischen Lehre nicht gefährlich werden konnte. Die Kybernetik wurde also gleichsam marxistisch domestiziert – und damit ihres Potenzials beraubt.

Gleichwohl geht diese Entwicklung einher mit dem Schicksal der Kybernetik in den westlichen Ländern, die damals ebenfalls an Rückhalt verlor. Gemeinsam war der Entwicklung in Ost und West, dass Kybernetik beidseits des Eisernen Vorhangs zu einem Modebegriff geworden war, der für alles und nichts Verwendung finden konnte. Dass die Disziplin sich noch immer einer klaren Definition und damit inhaltlichen Eingrenzung verweigerte, gereichte ihr nunmehr zum Nachteil. In der DDR ließen sich immerhin die Satiriker anregen, die Modeerscheinung Kybernetik genussvoll aufs Korn zu nehmen. Im April 1969 beispielsweise druckte das stets linientreue Ostberliner Satiremagazin *Eulenspiegel* den humorigen Lebenslauf eines »Kyberto Meier« anhand kybernetischer Begriffe; in anderen Ausgaben machten sich Cartoonisten über die plötzliche Computerhörigkeit lustig. Eine Zeichnung des Jahrgangs 1971 zeigt Ingenieure, die einen riesigen Zentralrechner mit Papierstößen voller Daten füttern – in der Hoffnung auf das Geheimrezept gegen die wirtschaftliche Malaise. Doch was der Computer ausspuckt, ist eine fertig gebundene Marx-Ausgabe: Die Rezepte sind längst alle vorhanden.

Abgesehen von dem feindseligen Gemisch aus Ungeduld und ideologischen Eifersüchteleien waren die kybernetischen Visionen schwerlich umzusetzen, wenn nicht die entsprechenden Computerkapazitäten zur Verfügung standen. Nicht nur sind die raumfüllenden Großrechner der Sechzigerjahre kaum mit dem zu vergleichen, was heutzutage jeder Student im Rucksack mit in die Bibliothek nimmt. Aber selbst was dem technologischen Entwicklungsstand der Zeit entsprach, stand den DDR-Kybernetikern gar nicht zur Verfügung, denn der Aufbau einer eigenen Mikroelektronikindustrie der DDR kam nicht voran. Angesichts des westlichen Embargos von Hochtechnologieprodukten wäre man aber darauf angewiesen gewesen, aus eigener Kraft eine eigene Industrie aufzubauen, trotz der Politik der UdSSR, ihre Satellitenstaaten zumal auf diesem Gebiet nicht über die Maßen erfolgreich werden zu lassen. Das Programm zum Aufbau einer eigenen Mikroelektronikindustrie scheiterte jedoch, obwohl es seit den Fünfzigerjahren beachtliche Bemühungen in dieser Richtung gegeben hatte. Bereits Ende des Jahrzehnts lag die Halbleiterforschung der DDR im Vergleich zu den restlichen Industriestaaten um sechs Jahre zurück – weil trotz aller Beschlüsse die staatliche Unterstützung lächerlich gering war und das planwirtschaftliche System innovationshemmend.

Anfang der Sechzigerjahre bestand die Möglichkeit, die Entwicklung von Mikrochips voranzutreiben und es in der

Mikroelektronik mit dem Westen aufnehmen zu können. Aber auch jetzt folgten den staatlichen Lippenbekenntnissen keine handfesten Taten, und die Dresdner »Arbeitsstelle für Molekularelektronik« trat auf der Stelle. Stattdessen wurden preiswertere Alternativentwicklungen angestrebt, die die DDR ins mikroelektronische Abseits führten. Dieser Rückstand konnte auch in den Achtzigerjahren nicht mehr aufgeholt werden.

So misslang in der DDR die Anwendung der Kybernetik, noch bevor sie ihre Tauglichkeit wirklich hätte unter Beweis stellen können. Zum einen ist dafür der Machtanspruch der SED-Oberen verantwortlich, die die marxistische Ökonomie als unfehlbar ansahen und letztlich nicht gewillt waren, die Entscheidungshoheit an eine Wissenschaft abzugeben, die damit ja übergeordnet gewesen wäre. Zum anderen geriet die Kybernetik dadurch ins Strucheln, dass in der DDR weder genügend Computer verfügbar waren, noch die vorhandenen über die notwendigen Leistungskapazitäten verfügten. Letztlich biss sich die Katze in den Schwanz: Die notwendige Hardware für die kybernetische Revolution war nicht verfügbar, weil das Wirtschaftssystem, solange es nicht kybernetisch revolutioniert war, nicht die notwendige Leistungskraft besaß. Die sozialistische Kybernetik scheiterte gewissermaßen an Basis und Überbau zugleich.

Den Todesstoß erhielt die Kybernetik durch den Machtwechsel von Ulbricht zu Honecker 1971, der nun wieder ganz anders redete als sein Vorgänger und sogar auf alte Schablonen aus den Fünfzigerjahren zurückgriff: »Es ist nun endlich erwiesen, dass Kybernetik und Systemforschung Pseudowissenschaften sind.«

Chile: Spielwiese der Kybernetiker

Im fernen Chile dagegen, in dem Erich Honecker nach dem
Ende des Sozialismus auf deutschem Boden Exil finden würde,
war man zu dieser Zeit entgegengesetzter Meinung. Und dort
sollten die Vorbereitungen zur Umsetzung der kybernetischen
Vision einer umfassenden, um nicht zu sagen totalen ökonomischen Steuerung weiter vorankommen, als es jemals anderswo der Fall war. In Chile hatte 1970, zum ersten Mal überhaupt, ein Sozialist auf demokratischem Weg die Mehrheit
für einen Systemwechsel errungen – wenn auch mit knapper
Mehrheit und in einer schwierigen Koalition. Im Unterschied
zu den Staaten des Warschauer Paktes sollte auch der Aufbau des chilenischen Sozialismus auf demokratischem Weg
bewerkstelligt werden.

Wahlsieger Salvador Allende sah sich nun aber den Mühen
der Ebene ausgesetzt, nicht zuletzt was die Wirtschaft und
ihre Umwandlung in ein sozialistisches System betraf. Denn
die Transformation zu einer Planwirtschaft mittels Agrarreform,
Verstaatlichungen und marxistischen Grundsätzen gestaltete
sich überaus schwierig, gleichwohl legte Allende dabei ein
beachtliches Tempo an den Tag. Aber je größer der staatliche
Sektor der Wirtschaft wurde, desto schwieriger war er auch
zu managen. Rettung versprach Stafford Beer, die schillernde
Symbolfigur der Wirtschaftskybernetik. Beer kam auf Einla-
dung der chilenischen Regierung Ende 1971 nach Santiago
und traf alsbald Staatschef Allende zu einem Gespräch über
das ehrgeizige Vorhaben. Der erteilte dem Projekt umgehend
seinen Segen, und Stafford Beer machte sich mit Feuereifer an
die Arbeit.

Beer wollte mit einem Netzwerk aus Fernschreibern und
einem Zentralcomputer, das wie ein Nervensystem mit den

Synapsen der chilenischen Wirtschaft in Verbindung stehen sollte, alle Zahlen und Daten sammeln. Kybernetisch gesehen stellte die chilenische Volkswirtschaft, wie alle anderen, ein netzartiges Großsystem dar, welches sich aus vielen größeren und kleineren Subsystemen zusammensetzte, die wiederum direkt oder indirekt miteinander in Verbindung standen. In ihrer Gesamtheit und mit allen Interdependenzen war dieses Netz so komplex, dass seine Daten in ihrer Fülle nicht mehr mit herkömmlichen Mitteln erfassbar waren, ganz abgesehen vom schädlichen Zeitverlust, der mit einer langwierigen Auswertung verbunden war.

Beers Plan sah vor, die notwendigen Daten mit moderner Computertechnologie jederzeit verlässlich zur Verfügung zu stellen, um auf dieser Basis die richtigen Entscheidungen treffen zu können. Daher sollten die Daten gefiltert, gebündelt und aufbereitet den Entscheidungsträgern bequem auf den Bildschirm geliefert werden. Eigens dafür wurde in Santiago eine Schaltzentrale des Cybersyn genannten Projekts gebaut, deren elektronisches Herz ein Zentralcomputer, deren ideelles Herz aber der Operations Room oder Opsroom war. Er wirkte nüchtern und faszinierend zugleich, wie eine Mischung aus Sixties-Lounge und futuristischer Kommandobrücke. In den Plastik-Schalensitzen mit Armatur in der Armlehne, um auf den Bildschirmen die gewünschten Diagramme, Statistiksäulen und Netzwerkdarstellungen aufflimmern zu lassen, hätten Lieutenant Uhura oder Captain Kirk, ohne zu zögern, Platz genommen. Allerdings hätten sie sich nicht mit den nervenzerfetzenden Gefahren der unendlichen Weiten des Weltraums, sondern mit schnöden Zahlenkolonnen der chilenischen Wirtschaftsbranchen befassen müssen – immerhin graphisch so aufbereitet, dass sie gut nachvollziehbar waren.

Der Computer, ein IBM 360/50, war über Fernschreiber

mit allen Staatsbetrieben verbunden. Pünktlich zum Frühlings-
anfang 1972 erstellte der Cybersyn-Computer seinen ersten
Bericht. Die Betriebe gaben tagtäglich Daten über Produktion,
Personal und Energieverbrauch an die Zentrale weiter. Lagen
die Werte nicht im zulässigen Spielraum, stand also eine Stö-
rung im Wirtschaftsablauf zu vermuten oder zu erwarten, erging ein Notsignal: zunächst an den fraglichen Betrieb und
dann, wurde das Problem nicht behoben, zur jeweils nächsthöheren Instanz, deren höchste im Opsroom in Santiago zu-
sammentrat. Beers Vorstellung zufolge kamen im Opsroom
Mensch und Maschine zusammen, um ihre Fähigkeiten zu
bündeln: Der Computer bereitete die Datenflut so auf, dass
die Menschen auf ihrer Grundlage die richtigen Entscheidungen treffen konnten – etwa bezüglich einer Kapazitätsaus-
weitung einer Branche, weil die Rohstoffpreise günstig oder
die Exportchancen der Produkte gestiegen waren oder die
Binnennachfrage angesprungen war. Und weil die »Symbiose
Maschine-Mensch« reibungslos funktionieren sollte, brauchte
es keinerlei Aktenwust oder auch nur Notizzettel – Beer
wollte Papier aus dem Opsroom komplett verbannt sehen.

Der Presse im In- und Ausland schien das Ganze unerhört.
Die englische Zeitung *The Observer* titelte ungläubig: »Chile
von Computer regiert«. Und die rechte chilenische Wochen-
zeitschrift *Qué Pasa* schimpfte: »Die UP (Allendes sozialistische Regierungspartei ›Unidad Popular‹) kontrolliert uns per
Computer.« Vielerorts regte sich Empörung angesichts Chiles
unkonventioneller Maßnahmen, andere Staaten hingegen erkannten das Potenzial. Damals noch autoritär regierte Länder wie Brasilien und Südafrika boten Beer an, sein Rezept
ebenfalls in ihre Dienste zu stellen, was der Kybernetikguru
postwendend ausschlug – aus Überzeugung.

Ohnehin arbeitete Cybersyn einstweilen noch auf Spar-

flamme, weil die Aufgabe umfänglich und der eigentliche Auf-
trag, den sozialistischen Umbau der Wirtschaft zu bewerkstelligen, bereits erweitert worden war. Beispielsweise sollten
in einem Vorgriff auf das Potenzial von E-Government im 21.
Jahrhundert Feedback-Funktionen möglich sein, etwa um in
Echtzeit nachzuvollziehen, ob das chilenische Volk mit der
Regierungspolitik einverstanden war. Seine Feuertaufe schien
Cybersyn aber bestanden zu haben: Im Oktober 1971 ermöglichten es während eines Streiks im Transportwesen die über
Fernschreiber einlaufenden Informationen, die 40.000 Strei-
kenden mit nur 200 loyalen Lkw-Fahrern auszutricksen, die
notwendigsten Transporte durchzuführen und die komplette
Lahmlegung der Wirtschaftsabläufe zu verhindern.

Wie das Volk letztlich über das kybernetische Wirtschafts-
regime der Regierung Allende geurteilt hätte, muss Speku-
lation bleiben. Denn Beer und seinem Team waren für ihr
ehrgeiziges Projekt weniger als zwei Jahre vergönnt – sie
konnten also nicht den Nachweis erbringen, dass Cybersyn
seinen Auftrag erfüllen würde. Es zeichnete sich aber bereits
ab, dass Inhalt, Dimension und Wirkungsweise des Projekts
unterhalb der eigentlichen Planungsebene ob seiner Komplexität so stark verwässert wurden, dass es im fertigen Stadium
bei der Nutzung von Cybersyn mächtig geknirscht hätte. Das
sollte aber keine Rolle mehr spielen, denn bereits im Herbst
1973 setzte ein vom Ausland tatkräftig unterstützter Putsch
dem sozialistischen Traum Chiles zum großen Wohlgefallen
der USA ein Ende, Salvador Allende nahm sich das Leben.
Damit war nicht nur das chilenische Experiment des Sozialismus Geschichte, sondern auch der bis dahin umfassendste
und am weitesten gediehene Versuch, die Kybernetik im großen Umfang zur Anwendung zu bringen.

Ungewiss muss also bleiben, ob das Ergebnis einer kybernetischen Revolution der sozialistischen Sache nicht doch alles andere als dienlich gewesen wäre: Einer der unvermeidlichen DDR-Witze, die der täglichen Mühsal der sozialistischen Mangelwirtschaft stets etwas Komisches und damit Tröstliches abgewinnen konnten, gab dem *Eulenspiegel*-Cartoon mit dem allwissenden Riesencomputer eine andere Pointe: Gefüttert mit allem verfügbaren Datenmaterial förderte er ein ganz anderes, aber nicht weniger klares Ergebnis zutage, wie allen bestehenden Problemen beizukommen war: indem man das Politbüro der SED einfach abschaffte.

Wie eine Revolution gegen die Natur
DIE UMKEHRUNG DER SIBIRISCHEN FLÜSSE

»Lasst uns die zerbrechliche grüne Brust Sibiriens in einen Zementpanzer aus Städten kleiden, bewaffnet mit steinernen Muskeln aus Fabrikschornsteinen und umgürtet mit eisernen Riemen aus Bahnschienen! Lasst uns die Taiga abbrennen und abholzen, lasst uns die Steppen zertrampeln!« Wortgewaltig forderte der sowjetische Schriftsteller Vladimir Sasubrin, aus dem europäischen Teil Russlands gebürtig, in den Zwanzigerjahren des 20. Jahrhunderts, die von der Natur so überaus reich beschenkten sibirischen Weiten einer industriellen Transformation zu unterziehen. Und nicht zufällig fühlt man sich an das berühmte »Futuristische Manifest« des Italieners Marinetti erinnert, der 1909 der Natur und der Tradition in martialischen Worten den Kampf ansagte. Ausgestattet mit dem selbstgewissen Furor eines futuristischen Autors und der siegessicheren Haltung des Bolschewiken, wollte Sasubrin bei den Umwälzungen des Fortschritts den gewachsenen Landschaften keine Chance zugestehen.

Was heute absonderlich anmutet, entsprach damals dem sowjetischen Zeitgeist, der emphatisch den Aufbruch in die industrielle Moderne proklamierte und dem »Neuen Menschen« im ersten sozialistischen Staat der Welt das Blaue vom Himmel herunter versprach: Mit den Segnungen der Technik sollte das Land geradewegs in die Zukunft katapultiert werden und das entbehrungsreiche Leben durch ein bequemes ablösen. Für die im Vergleich mit den westlichen Industriestaaten noch überaus rückständige Sowjetunion galt fortan die Technik als das, was der Spinat für den Comic-Helden Popeye war, der zur gleichen Zeit anderswo Furore machte: Im Handumdrehen sollte sie die nötige Potenz liefern, um zum Westen aufschließen zu können – und ihn sodann zu übertrumpfen. Allerdings ging dies, abermals ähnlich Popeye, mit einem übergroßen Selbstvertrauen auf die eigenen Fähigkeiten einher – und mit einem fatalen Hang zur Megalomanie.

Die sozialistische Schwelgerei in der Technik lenkte den Blick auf weite Teile der riesigen Sowjetunion, die gleichsam unnütz, zumindest aber ungenutzt dalagen, allen voran das riesige Sibirien. Sie sollten zum Zwecke der besseren ökonomischen Entwicklung und Ausbeutung mittels einer stolzen Reihe von Großprojekten einer regelrechten Revolution der Natur unterworfen werden: zum Wohl des Menschen und seiner sozialistischen Gesellschaft.

Erst wenn sie industrialisiert, domestiziert und in den Dienst des sozialistischen Fortschritts gestellt war, konnte die Natur zum Glanz des Systems beitragen. Im größten denkbaren Umfang sollten die natürlichen Ressourcen ausgebeutet werden, ob Holz, Rohstoffe oder Wasser. Flüsse sollten begradigt, Kanäle gebaut werden, um den Schiffsverkehr zu verbessern. Aus unfruchtbaren Gebieten sollten durch Bewässerung blühende Landschaften werden, Sumpfgebiete zum selben Endzweck entwässert werden. Wasserkraftwerke, nach Möglichkeit die größten weltweit, sollten Strom für die Industrie und die Privathaushalte produzieren. Erwägungen hinsichtlich einer behutsamen, nachhaltigen Entwicklung im Sinne umsichtiger Ressourcenschonung oder ökologischer Prinzipien spielten dabei kaum eine Rolle. Zwar waren in der Sowjetunion Naturschutz kein Fremdwort und Kritik an umweltschädigenden Maßnahmen zulässig, aber bei fehlender Lobby und ausbleibenden Sanktionen für Umweltsünder – im Allgemeinen die

GRANDIOS GESCHEITERT

staatlichen Großkombinate – blieben Proteste fast immer folgenlos. Im Ergebnis führte das zu einer Entwicklung, die wiederholt als »Ökozid« der Sowjetunion bezeichnet wurde und sich als einer der Sargnägel des Systems erweisen sollte.

Staatliche Liebe zum Großprojekt

In der Geschichte spektakulärer Großprojekte belegt die Sowjetunion im internationalen Vergleich einen der vorderen Plätze. Das heißt allerdings nicht, dass anderswo keine Großprojekte verfolgt worden wären – der Welt war in den ersten beiden Dritteln des 20. Jahrhunderts bei allen ideologischen Unterschieden gemeinsam, dass der Glaube an Fortschritt und technische Machbarkeit einstweilen unerschütterlich blieb. Allerdings geriet der Westen früher in eine Glaubenskrise als der Ostblock: Für diesen war die Technik unverzichtbarer Teil seiner Identität geworden, weshalb sie auch nie ausschließlich aus technologischen oder wirtschaftlichen Motiven zur Anwendung kam.

Die Motivation des riesigen, weltweit ersten sozialistischen Staates, sogenannte Megaprojekte in Angriff zu nehmen, hatte gute Gründe: Zum einen bedurfte das rückständige Sowjetrussland nach der Oktoberrevolution 1917 in der Tat enormer Anstrengungen, um den jungen Staat in die Moderne zu befördern, sodass man Projekte großen Maßstabs für die Industrialisierung und für Infrastrukturmaßnahmen mit einiger Berechtigung als unerlässlich betrachtete. Zum anderen mussten die Bolschewiki unter Beweis stellen, dass ihr System so zukunftsweisend und dynamisch war, wie sie beanspruchten. Und schließlich wuchs sich im Kalten Krieg die »natürliche Konkurrenz« zu den kapitalistischen Ländern des Westens zu einem erbitterten Systemwettstreit aus, den sich Moskau einiges kosten ließ. Die Planseligkeit der sozialistischen Staaten musste solche Anstrengungen zusätzlich befördern, weil hier das Potenzial staatlicher Lenkung besonders gut vorexerziert werden konnte. Das Schwelgen im großen Wurf wurde aber auch dadurch begünstigt, dass sowjetische Entscheidungsträger nicht auf die Zustimmung des Wahlvolkes angewiesen waren und sich nicht mit den endlosen Eingaben uneinsichtiger Interessengruppen herumschlagen mussten.

Auf längere Zeit sollte sich das Verhältnis zur Natur, jedenfalls nach dem Willen der staatlichen Organe, also geradezu umkehren – verglichen mit der überaus großen Wertschätzung der Natur, wie sie in Russland Tradition war. Unzählige Stimmen erklärten die Natur für hoffnungslos rückständig und stellten sie zur Disposition, um sodann das Potenzial der Technik für die sozialistische Gesellschaft zu verklären und sie zur eigentlichen Hochkultur zu erheben. Wissenschaft und Technologie erschienen als Schlüssel zum Weg in die sozialistische Zukunft, und egal worin der wirkliche Grund für die schlechten Produktivitätsraten der meisten Branchen jeweils lag – das Allheilmittel dagegen hieß immer: Technik.

Technik diente auch als Metapher für den Sozialismus, der in seiner Unfehlbarkeit so geschmeidig arbeitete wie eine gut geölte Maschine, beide in ihrer Funktionsweise absolut rational. Dafür hatte Staatsgründer Lenin selbst den Weg geebnet: Seine Aussage, Sozialismus sei Sowjetmacht plus Elektrifizierung des gesamten Landes, ließ sich weiter fassen als das Ziel technologischer Modernisierung großen Maßstabs – sie ließ sich auf die gesamte Geschichte der Sowjetunion beziehen. Obwohl bolschewistischer Revolutionär, sprach Leo Trotzki, nach Lenin zweiter Mann der jungen Sowjetrepublik, durchaus bibelfest vom Besitzergreifen der Natur durch den

Menschen und von der Notwendigkeit, die Natur zu »korrigieren«. Der sozialistische Mensch werde weisen, »wo Berge stehen und wo sie weichen sollen, wird die Richtung der Flüsse ändern und die Meere meistern«. Nikolai Bucharin, marxistischer Philosoph und Politbüro-Mitglied, wiederum betonte, mittels modernster Technik müsse sich der Mensch vom Joch der Natur befreien und ihre Schätze dem Menschen dienstbar machen. Für Stalins Gefolgsmann Molotow gehörten Technik und Kommunismus unverbrüchlich zueinander, während der Historiker und Bildungsfunktionär Michail Pokrowski vom weichen Wachs der Natur in den Händen des Menschen schrieb. Der Politiker und Revolutionär der ersten Stunde Michail Kalinin, nach dem die vormals ostpreußische Hauptstadt Königsberg 1946 ihren neuen Namen erhielt, sah die Sache einfach: Ebenso wenig, wie sich kein Bauer ohne Land emanzipieren konnte, sei die Freiheit des Menschen möglich ohne die Herrschaft über die Natur. Andere setzten gar den Sozialismus gleich mit einem Kampf der Menschheit gegen die Natur, um diese der Vernunft zu unterwerfen. Da kam es nicht von ungefähr, dass der deutsche Philosoph und Schriftsteller Walter Benjamin 1926 von seiner Reise in die Sowjetunion berichten konnte, nichts nehme man dort wichtiger als die Technik. Und das sollte für den größeren Teil der sowjetischen Geschichte auch so bleiben. Erweitert um Stalins berühmtes Diktum, wonach das alles Entscheidende die Technik sei, behielt Lenins industriebezogenes Fortschrittsideal seine Gültigkeit.

Damit aber war in einfacher Freund-Feind-Logik die Natur zum Gegner geworden. Folglich ging es um nichts weniger als einen Krieg gegen die Natur, die mit Hilfe der Technik unterworfen werden sollte. In diesem Feldzug fanden sich die jungen Ingenieure wieder, die seit Anfang der Dreißigerjahre Stalins Auftrag erfüllen sollten, einen technologischen Rückstand von 50 bis 100 Jahren gegenüber dem Westen in zuerst zehn, dann gar nur vier Jahren aufzuholen. Militärische Vergleiche stilisierten die Aufholjagd als Kampf um Leben und Tod, weil der lauernde Kapitalismus die junge Sowjetunion bedrohe – aber vor allem, um im permanenten Ausnahmezustand Höchstleistungen einfordern zu können. Dem »weisen Führer« Stalin sekundierend, feierten Schriftsteller die sozialistischen Heroen der Großbaustellen, beispielsweise Fjodor Gladkow, der in seinem zweiten Roman *Energie* in den Dreißigerjahren seinen Helden kurz und bündig erklären lässt: »Eine Baustelle bedeutet schließlich Krieg.«

Hand in Hand mit Wissenschaftlern, Ingenieuren und Politikern richteten die Künstler der Sowjetunion ihr Interesse auf die Transformation der Natur. Während die besiegte Schöpfung abstieg zum bloßen Überbleibsel einer vorsozialistischen Unzeit, beseelten Literatur und Film alles Technische und erhoben es zur kulturellen Errungenschaft. Dieser Umbau der Natur wurde von Künstlern aller Disziplinen im Stil des »sozialistischen Realismus« gepriesen, wofür sich Stalin mit dem Lob revanchierte, die Literaten seien »Ingenieure der Seele«. Zum qualmenden Schornstein als gern verwendetes Symbol sozialistischer Produktivkraft trat der Bulldozer, der als stählerne Verkörperung der Macht des Plans die chaotische Natur bändigt; in Folge der propagierten Maschinenliebe avancierte gar »Traktor« zum beliebten Vornamen. Als bekanntester Vertreter des sowjetischen »sozialistischen Realismus« schrieb Maxim Gorki: »Indem wir die Natur verändern, verändern wir uns selbst.«

Für Gorki lag auf der Hand, dass »unvernünftige Flüsse vernünftig« gemacht werden mussten. Selbst im Abschmelzen der Polkappen zugunsten günstigerer klimatischer Bedingungen sah er kein Problem. Gemeinsam mit den Kunstschaffenden hielten die Sowjetideologen Vergleichbares nur im ersten sozialistischen Staat der Welt für machbar, kein kapitalistisches Land verfügte über die notwendigen Bedingungen. Diese Vorstellung war nicht gänzlich falsch, denn die sozialistischen Besitzverhältnisse erleichterten den Zugriff auf riesige Landflächen und die zentralisierte Planung ermöglichte es, enorme Anstrengungen zuungunsten vieler anderer auf ein einziges Megaprojekt zu konzentrieren. Josef Stalin, seit 1927 faktisch Alleinherrscher des Riesenreiches, gedachte denn auch, das Potenzial voll auszuschöpfen, und entwickelte eine Manie für Riesenprojekte, mit denen er den Westen ausstechen wollte. Ebenso sehr sollten die gewaltigen Vorhaben aber nach innen ausstrahlen und der sowjetischen Bevölkerung die Errungenschaften des Systems vor Augen führen. Während es Lenin vorrangig um die Elektrifizierung gegangen war, legte sein Nachfolger größten Wert auf Kanalbauten und Wasserkraft. Entsprechend waren es die großen Wasserbauprojekte, die aufwendig inszeniert und propagandistisch ausgeschlachtet wurden.

Doch bereits das erste der Stalin'schen Mammutprojekte, die Moskauer Metro, sollte ausdrücklich mehr sein als nur eine technische Meisterleistung: Sie war »das Symbol der neuen Gesellschaft, die errichtet wird«, wie Politbüro-Mitglied Kaganowitsch äußerte. »In jedem Stück Marmor, in jedem Stück Beton oder Stahl, in jeder Stufe der Rolltreppen steckt der Geist des Neuen Menschen, unsere sozialistische Arbeitskraft, darin steckt unser Blut, unsere Liebe, unser Kampf für den Neuen Menschen, für eine sozialistische Gesellschaft.«

Die Liste der sowjetischen Großprojekte ist lang. Als bekannteste neben vielen anderen gehören dazu die Gründung der Stahlstadt Magnitogorsk am südlichen Ural, der Belomor-

Kanal zwischen Ostsee und Weißem Meer, die fast 4.000 Kilometer lange Baikal-Amur-Magistrale (BAM), eine Eisenbahnstrecke von Sibirien in den Fernosten Russlands, oder die Dnjeprostroj-Talsperre im Süden der Ukraine mit dem seinerzeit größten Wasserkraftwerk der Welt. Die meisten Projekte vor und nach dem Zweiten Weltkrieg wurden unter größten Entbehrungen von Zwangsarbeitern der Lager des GULag-Systems gestemmt: Zuzeiten waren 2,5 Millionen Menschen in den berüchtigten Lagern untergebracht, und der Blutzoll, den sie entrichteten, war beträchtlich. Für die Zeit von 1933 bis 1944 und für die gesamte Sowjetunion geht man von insgesamt zwölf bis fünfzehn Millionen Lagerinsassen aus, von denen jeder fünfte umkam. Sibirien, in dem sich einige der größten Lagerkomplexe befanden, kam in den Ruf, das größte Gefängnis der Welt zu sein.

Unter Stalin begannen mit dem ersten Fünfjahresplan 1928 Planungen für Staudämme, Kanäle und Wasserkraftwerke sowie der Neu- und Ausbau von Eisenbahnstrecken. Das erste Großprojekt aber war Magnitogorsk im Südural, bis heute von herausragender Bedeutung für die russische Stahlproduktion, das in wenigen Jahren aus dem Nichts entstand. Weitere Städte und weitere Industrie-Neuansiedlungen folgten, darunter Norilsk in der unwirtlichen Permafrost-Region nördlich des Polarkreises, um den dortigen Rohstoffreichtum auszubeuten. Das nordsibirische Norilsk ist noch heute die nördlichste Großstadt der Welt – und eine der am stärksten von Umweltbelastungen betroffen überhaupt. Aber auch die bestehenden Städte wuchsen, nicht selten in kurzer Zeit um ein Vielfaches, und an den sibirischen Flüssen Angara und Jenissei wurden Wasserkraftwerke errichtet. Als im Zweiten Weltkrieg die deutsche Wehrmacht immer weiter nach Osten vorrückte und einen Großteil der russischen Industrieregionen im Westen des Landes in ihre Gewalt brachte, wandte sich der Blick auf die weiten Regionen östlich des Urals, wo vor allem in Kasachstan und Westsibirien Industrie-Großprojekte in Angriff genommen wurden. Über 300 Betriebe mitsamt Belegschaft wurden hierher verlegt, geschätzte zehn bis siebzehn Millionen Menschen kamen in dieser Zeit nach Sibirien.

Sibirien im Visier der Planer

Sibirien ist ein Land der Extreme: Aufgespannt über mehr als 8.000 Kilometer zwischen dem Ural im Westen und dem Pazifik im Osten nimmt es den Großteil des asiatischen Russland ein. Im Staatsverbund setzt es sich aus fünf Republiken und neun autonomen Regionen zusammen. (Dabei war die Frage, wo genau die Grenze zwischen Europa und Asien verläuft, immer wieder Gegenstand von Kontroversen.) Mit ihrem sibirischen Territorium bestreitet die Russische Föderation mehr als zwei Drittel ihrer Gesamtfläche. Sibirien ist riesengroß und dabei in weiten Teilen nur sehr dünn besiedelt, hat in mehreren Klimazonen extreme Kälte im langen Winter und große Hitze im kurzen Sommer zu bieten, ist reich an unberührter Natur und gezeichnet von Umweltzerstörung, besitzt im Norden Taiga und Tundra und viel Wasser, im Süden eher Steppe und viel Trockenheit, verfügt über urbane Industriezentren hier ebenso wie extreme Abgeschiedenheit da. Von den derzeit nur noch rund 25 Millionen Bewohnern leben die meisten in den großen und kleineren Städten des Südens: 90 Prozent. Zu den sibirischen Superlativen gehören einige mächtige Ströme: Lena, Ob/Katun, Irtysch und Jenissei, allesamt mit mehr als 4.000 Kilometer Länge.

In den begehrlichen Blick der Ingenieure und Projektplaner geriet Sibirien schon früh. Das konnte auch kaum anders sein bei einem so großen und rohstoffreichen, andererseits aber unterentwickelten Land, dessen Potenzial bislang nur zu einem Bruchteil genutzt worden war. Im 18. Jahrhundert begann man, noch zaghaft, das Land zu entwickeln. Ende des 19. Jahrhunderts träumte der Schriftsteller Zlatopolski, in den 1880er-Jahren ins beschwerliche sibirische Exil verbannt, von einer gigantischen, futuristischen Industriestadt, die ihren Bewohnern ein Höchstmaß an Lebensqualität, Reichtum und Bequemlichkeit bieten kann, weil Wissenschaft, Technik und Kunst vereint für ihre Perfektionierung arbeiten. Von solcherart Segnungen verwöhnt, müssen die Einwohner nur noch einen Bruchteil ihrer Zeit für Arbeit aufwenden. Die Vision blieb einstweilen Utopie, aber die Vorstellung, Sibirien zum Wohle der Menschen dienstbar zu machen, tauchte seither immer wieder auf. Der Gewerkschafter und Dichter Alexei Gastew bezog sich mitten im Ersten Weltkrieg auf Zlatopolskis Vision in »Express«, seiner »sibirischen Fantasie«: Darin präsentiert sich auf einer Fahrt mit dem Schnellzug »Panorama« vom Ural bis zum Pazifik Sibirien, wie es in der Vorstellung der zukunftsseligen Bolschewisten werden sollte. In der Tradition der Futuristen und wie später sein Schriftstellerkollege Wladimir Sasubrin lobpreist er moderne Maschinen, technologische Errungenschaften und Tempo als Wert an sich. Aus den ungezähmten, menschenleeren sibirischen Weiten ist ein gut vernetztes Industriegebiet geworden, dessen ungenutzte Landschaften ordentlich bestellte, blühende Gärten sind. Auch hier ist die lichte Zukunft das Ergebnis eines Krieges gegen die Natur, die das Land noch unter einer dicken Schneeschicht schlummern lässt – bis menschliche Willenskraft und die Segnungen der Technik »die schlafende

Schöne« Sibirien zu industrieller Pracht aufblühen lassen. Der Zug fährt schließlich durch einen Tunnel unter der Beringstraße weiter nach Alaska.

1948 proklamierte die KPdSU den Generalangriff auf die Naturgewalten – drei Jahre nach dem Sieg über Hitlerdeutschland und mit gewohnt militärischer Wortwahl. Für ein knappes Jahrzehnt nur hatte die Sowjetunion der Gigantomanie entsagt. Jetzt wurde der »Stalin'sche großartige Plan zur Umgestaltung der Natur« ausgerufen. Stalin störte sich nicht daran, dass er noch kurz zuvor den übergroßen Maßstab der Planer kritisiert, ja diese sogar wüst beschimpft hatte. Vielmehr erklärte er die Wiederaufbauphase nach den verheerenden Zerstörungen der Deutschen im Zweiten Weltkrieg für beendet und rief zum Aufbruch an neue Ufer. Grund dafür war zum einen, dass die Wachstumszahlen besser waren als erwartet, gleichzeitig aber die Produktionskapazitäten der Kraftwerke mit dem wachsenden Strombedarf nicht mehr Schritt halten konnten, weshalb »die weiße Kohle« Wasserkraft nutzbar gemacht werden sollte. Die galt damals, vor dem Atomzeitalter, in aller Welt als die Energiequelle der Zukunft, weil sie im Unterschied zur fossilen Energie unerschöpflich und sauber war. Um die Kraft des Wassers nutzbar zu machen, wurde rund um den Globus Staudamm nach Staudamm gebaut – im Verlauf des 20. Jahrhunderts weltweit 800.000 kleinere und 45.000 größere. Letztere setzten rund eine Million Quadratkilometer Land unter Wasser, zerstörten Lebens- und Kulturräume und nahmen bis zu 80 Millionen Menschen ihre Heimat. Staudämme galten als »Weltwunder des 20. Jahrhunderts« und wurden mit den Pyramiden gleichgesetzt – es waren keineswegs die Kommunisten allein, die großspurige Vergleiche anstellten. Dennoch war dem ägyptischen Staatschef Nasser wichtig zu betonen, dass die Dämme im Unterschied zu den Pyramiden für die Lebenden gebaut wurden. Auch in der Sowjetunion schätzte man den Mehrwert der Dammbauten: Mit der Energieproduktion ließen sich auch Bewässerungs- und Entwässerungsmaßnahmen, Trinkwassergewinnung, positive Effekte für die Schifffahrt und weitere Verbesserungen der Infrastruktur sowie Potenziale für Freizeit und Tourismuswirtschaft verbinden.

Stolz präsentierte Pläne dieser Zeit zeigen ein großes Netz von wasserbezogenen Projekten links und rechts der Wolga, sowie zwischen Schwarzem und Kaspischem Meer im Süden und einer Linie Moskau–Swerdlowsk (Jekaterinburg) im Norden. Solche Karten kündeten bis in die Satellitenstaaten der UdSSR von der Macht und Größe des großen Bruders. Im DDR-Jugendweihe-Pflichtbuch *Weltall, Erde, Mensch* der Ausgabe 1955 beispielsweise erhält die kolorierte Karte zum Aufklappen den Ehrenplatz am Ende des Buches sowie die Bildunterschrift: »Auf Grund der Beschlüsse der Kommunistischen Partei der Sowjetunion sowie der Sowjetregierung und ausgerüstet mit den höchsten Ergebnissen der Wissenschaft, baut das Sowjetvolk gewaltige künstliche Stauseen, viele neue Wasserstraßen, legt umfangreiche Waldschutzgürtel an und errichtet gigantische Wasserkraftwerke. – Es verändert sich das Antlitz der Natur.«

Eines der ersten Großprojekte war das Kraftwerk Bratsk gewesen, für das die Angara, ein Nebenfluss des Jenissei, gestaut wurde, wodurch zwischen 1954 und 1966 einer der größten Stauseen der ganzen Welt entstand. Mehr als einhundert Dörfer mussten weichen, fast 120.000 Menschen verloren dabei ihre Heimat. Weitere Staudämme folgten, darunter Krasnojarsk und, wenn auch erst in den Achtzigerjahren, Sajanogorsk am Jenissei, dessen Staudamm der heute größte der Russischen Föderation ist.

Solche Mammutvorhaben nahmen in der gesamten Sowjetunion unzähligen Menschen die Heimat. Einer ungefähren
Rechnung zufolge verschlangen die gigantischen Wasserbauprojekte auf insgesamt rund 80.000 Quadratkilometern (eine
Fläche doppelt so groß wie das Gebiet der Niederlande) 2.600
Dörfer, 165 Städte sowie Zehntausende Fabriken und riesige Nutzflächen für Landwirtschaft und Forstbau. Und noch
schlimmer: Bei vielen Projekten wurde auch der Tod Zehntau-
sender Menschen in Kauf genommen, vor allem Zwangsarbei-
ter, die den überaus harten Arbeits- und Lebensbedingungen
der Großbaustellen nicht gewachsen waren.

Stalins Nachfolger Chruschtschow behielt bei aller Demon-
tage des Vorgängers diese Ausrichtung bei, insbesondere in der
Landwirtschaft, die zunehmend industrialisiert wurde. Er ließ
im Süden des Landes riesige Steppengebiete urbar machen, bei
allerdings geringem wirtschaftlichem Nutzen. Daneben aber
orientierte er sich in der Hochtechnologie, darunter Mikroelektronik, Atomenergie und Weltraumtechnik, vor allem am
Konkurrenten USA. Das symbolische Potenzial der Erobe-
rung des Weltalls zum Zwecke der Propaganda erkannten die
Sowjets sogar vor den Amerikanern. Und tatsächlich gelang
das Überholen des kapitalistischen Platzhirsches – vorübergehend zwar und vor allem in der Raumfahrt, aber der PR-Effekt
war überaus groß und verpuffte auch nicht so schnell. Denn
der Sputnik-Schock wurde geradezu sprichwörtlich: als die
UdSSR den Systemgegner USA demütigen konnte, weil der
erste Satellit im All ein sowjetischer war – und sich prompt
ein jahrzehntelanges Wettrennen im Weltraum entspann, wo
nunmehr sozusagen eine der Frontlinien des Kalten Krieges
verlief.

Breschnews Lieblingsprojekt

Unter Leonid Breschnew, der nach Chruschtschows Sturz 1964 das Moskauer Politbüro übernahm, besaßen Megaprojekte angesichts zunehmender Stagnation der Sowjetunion besondere Bedeutung, denn mit einigem propagandistischen Aufwand konnten sie helfen zu übertünchen, dass das Land auf der Stelle trat. Während im Westen seit den Siebzigerjahren Vor- und Nachteile groß angelegter Technikvorhaben zunehmend differenzierter gesehen wurden und eine kritische Öffentlichkeit ein gewichtiges Wort mitzureden verlangte, blieb es in der Sowjetunion bis fast zu ihrem Ende bei staatlicher Planung, ohne dass der öffentlichen Meinung sonderlich viel Berücksichtigung geschenkt worden wäre. Angesichts der staatlichen Zensur und dem Unfehlbarkeitsstatus der Partei und der Staatsführung konnte sich eine lebendige öffentliche Debatte über Sinn und Unsinn der Riesenprojekte ohnehin nicht entspinnen. Also wurden abermals große Unternehmungen angestrengt, darunter die Vollendung der unter Stalin begonnenen Eisenbahnstrecke BAM und der Bau riesiger Anlagen der Papierindustrie am Baikalsee.

Seit dem Krieg und nach Stalins Tod 1953 war die Industrialisierung Sibiriens weiter vorangeschritten. Unter Breschnew standen seit den Sechzigerjahren zunächst Bergbau, Schwerindustrie und Energiegewinnung im Vordergrund. Zum einen wurden riesige Vorkommen an Gas und Öl entdeckt und ausgebeutet, zum anderen richtete sich das Interesse ein weiteres Mal auf hydrotechnische Projekte, die allerdings nicht allein der Energiegewinnung dienen sollten. Zum Lieblingsunternehmen Breschnews aber wurde der Versuch der Umkehrung der sibirischen Flüsse.

Die Idee, die großen Ströme Sibiriens zum Teil umzuleiten, damit sie, statt »nutzlos« ins Nordmeer abzufließen, die trockenen Regionen im Süden des Landes und in Kasachstan bewässern können, war allerdings vergleichsweise alt. Das Problem, dass die Fließrichtung der meisten großen Flüsse nach Norden der Entwicklung des Landes nicht dienlich war, beschäftigte Ingenieure und Technokraten schon seit Langem. Bei allem Wasserreichtum Sibiriens besteht nun einmal der nachteilige Umstand, dass der bedürftige Süden davon noch am wenigsten abbekommt – ungefähr ein Sechstel des Wassers geht nach Süden, der große Rest dagegen nach Norden. Bereits 1868 schlug daher der Agronom und Klimatologe Demtschenko der Russischen Gesellschaft für Geographie vor, den Fluss Ob einschließlich seiner Zuflüsse sowie den Jenissei nach Zentralasien umzulenken, statt nach Norden abfließen zu lassen. Ziel war die Anhebung des Wasserspiegels des Kaspischen Meeres um 70 Meter. Dieses wäre damit auch hinsichtlich seines Umfangs erheblich angewachsen und hätte eine Verbindung zum Asowschen Meer erhalten, ein zwischen der Ukraine, Russland und der Halbinsel Krim gelegenes Nebenmeer des Schwarzen Meers. Demtschenko wollte mit der größeren Wasserfläche erreichen, dass mehr Wasser verdunsten kann und dadurch die Niederschläge in der eher trockenen Region zunehmen. Das sollte die Erträge der Landwirtschaft erhöhen, also klare wirtschaftliche Vorteile bieten. Für den Horizont der Mitglieder der zaristischen Geographen-Vereinigung aber war das Projekt ein paar Nummern zu groß, Demtschenkos ehrgeizige Vision bekam keine Chance.

Erst nach der Oktoberrevolution griff eine neue Generation von weniger skrupulösen Visionären die Idee wieder auf. Zwischen 1920 und 1936 wurden mehrere Pläne entwickelt, die aber allesamt verworfen wurden, bevor die eigentliche Planung beginnen konnte. Bis auf einen sahen diese Projekte vor, die Flüsse Ob, Irtysch und Jenissei aufzustauen und mittels Schwerkraft nach Süden durch die Turgaj-Senke abzuleiten, die die Nord-Süd-Wasserscheide bildet. Ein weiterer Vorschlag wollte das Wasser mittels Pumpstationen über die Wasserscheide hinwegbefördern, damit es nach Süden abfließen konnte. Einstweilen aber schien Sibirien noch nicht interessant genug für ein solches Vorhaben.

Nach dem Zweiten Weltkrieg und bei nunmehr größerer Aufmerksamkeit für den asiatischen Teil der Sowjetunion schlug ein Ingenieur ein ähnliches Projekt vor, das, nach ihm benannt als Dawydow-Plan, weit über die Grenzen der Sowjetunion hinaus bekannt wurde. Ganz im Tenor der Zeit und nach dem Geschmack Stalins begann Dawydow 1949 einen Artikel über sein Projekt mit diesen Worten:»Wir bauen den Kommunismus auf, wir verändern das Leben auf der Erde. Im steten Voranschreiten des Sowjetvolks zum Kommunismus gewinnt die Aufgabe der Umgestaltung der Erde, auf der wir leben, die Aufgabe der Veränderung der umgebenden Natur, eine vitale Bedeutung.« Mit derart markigen Worten machten auch andere Projekte von sich reden, die zum»Großen Stalin'schen Plan zur Umgestaltung der Natur« gezählt werden.

Im Dawydow-Plan geht es nicht mehr nur darum, das Wasser dahin zu führen, wo es der Landwirtschaft dienen soll – direkt zur Bewässerung, indirekt durch die Klimaveränderungen. Im Zuge der Umleitung soll die Wasserkraft gleichzeitig zur Energiegewinnung genutzt und eine Schifffahrtsverbindung zwischen der Karasee im Nordmeer, dem Baikalsee im südlichen Sibirien und dem Kaspischen Meer im Süden der Sowjetunion geschaffen werden. Dafür sollte zunächst der Ob, nachdem er das Wasser des Irtysch aufgenommen hat, mittels eines fast 80 Meter hohen Dammes aufgestaut werden. Vorgesehen war ein riesiger Stausee: über 250.000 Quadratkilometer groß und gefüllt mit über 5.000 Kubikkilometer Wasser. Durch die westsibirische Tiefebene sollte ein Kanal den neuen See mit dem Aralsee im Südwesten verbinden. Von dort aus sollte es mit einer Reihe von Staudämmen und -seen weitergehen bis zum Kaspischen Meer. Alles in allem ging es um eine Strecke von rund 4.000 Kilometern. Das Wasser hätte zunächst nur Ob und Irtysch entnommen werden sollen, in einer späteren Projektphase aber auch dem weiter westlich gelegenen Jenissei, der ebenfalls zur Stauung vorgesehen war. Dessen Wasser sollte in den Oberlauf des Kas und von dort in einen Kanal geführt werden, der die Wasserscheide zwischen Ob und Jenissei überwinden sollte. Von da ging es über den Fluss Ket in den Ob.

Trotz der ideologischen Verankerung des ehrgeizigen Vorhabens und des postulierten Synergieeffekts der verschiedenen Maßnahmen musste sich Dawydow viel Kritik anhören. Bei allem Gewinn für die südlichen Regionen wurden selbst damals schon die Folgen der ökologischen und klimatischen Eingriffe diskutiert: Große Landstriche wären überflutet worden, darunter neben land- und forstwirtschaftlich bedeutsamen Gebieten auch mehrere Städte. Ebenfalls betroffen gewesen wären wichtige Verkehrswege, darunter die wirtschaftlich überaus wichtige Transsibirische Eisenbahn. Und schließlich wäre nur noch der geringere Teil des Wassers aus Ob und Jenissei im Nordmeer gelandet. Auch der bauliche und logistische Aufwand des Großprojekts wurde kritisch gesehen, ebenso die Folgen für den Wasserhaushalt der Westsibirischen Tiefebene, die angesichts der umfänglichen Wasserbaumaßnahmen zu versumpfen drohte. Nicht nur musste sehr viel Erde, sondern auch sehr viel Geld umgeschichtet werden – und das über einen längeren Zeitraum von mehreren Jahrzehnten, bevor sich das Ergebnis wirtschaftlich auszahlen konnte. Die Menge an Boden, die für das Projekt hätte bewegt werden müssen, belief sich auf bis zu 15 Milliarden Kubikkilometer. Noch ernüchternder waren die veranschlagten Kosten von bis zu 200 Milliarden Rubel.

Sowjetische Weltumgestaltung

Obwohl das bekannteste der frühen Projekte, wurde der Dawydow-Plan zunächst ebenso wenig umgesetzt wie andere Ansinnen seit den Dreißigerjahren. Bei unterschiedlicher Detailausführung ist ihnen gemeinsam, dass zunächst der Gewinn für die Schifffahrt und das Potenzial der Energieerzeugung mittels Wasserkraft im Vordergrund stehen. Später wurde eher die Bewässerung des trockenen Südens hervorgehoben, aber auch die Stabilisierung des Kaspischen Meeres, dessen Wasserspiegel seit 1930 im Sinken begriffen war.

Letzteres kam nicht von ungefähr, denn der Ausbau der Agrarwirtschaft auf geeigneten Böden im Süden Sibiriens und Kasachstans erforderte immer mehr Bewässerungsmaßnahmen – nur eben ausgerechnet dort, wo Wasser ohnehin nicht unbegrenzt verfügbar war. Die Folge war, dass im Kaspischen Meer das Absinken des Wasserspiegels inzwischen dramatische Ausmaße angenommen hatte. In Zentralasien wurde der Aralsee regelrecht stranguliert, weil immense Wassermengen seiner beiden einzigen Zuflüsse Amudarja und Syrdarja zur Bewässerung des Baumwollanbaus in Usbekistan und Kasachstan entnommen wurden. Seit den Siebzigerjahren kam es immer häufiger dazu, dass die Flussläufe schon versiegten, bevor sie den Aralsee erreichten, der daher immer kleiner wurde und mittlerweile in mehrere Teilseen auseinandergefallen ist. Heute liegt die einstige Hafenstadt Aral Dutzende Kilometer von der Küstenlinie entfernt.

GRANDIOS GESCHEITERT

Schon aufgrund dieser beunruhigenden Entwicklungen geriet das ehrgeizige Vorhaben nicht mehr aus dem Blick. Die Agrarwirtschaft hatte größte Bedeutung für Wohl und Weh der Sowjetunion, und jeder Versuch, auf diesem Feld ein Stück in Richtung Autarkie voranzukommen, musste Gehör finden. Also setzte sich ein riesiger Apparat in Bewegung, der – dem Ideal nach nüchtern und streng wissenschaftlich – prüfen sollte, ob Kosten und Nutzen in einem vernünftigen Maß stehen würden und der Umfang des Projekts durch die Ergebnisse gerechtfertigt wäre. Zehntausende Menschen in knapp 200 Organisationen, zumeist einem interessierten Ministerium unterstellt, sollen seit Dawydows Initiative mit der Untersuchung dieser Fragen befasst gewesen sein, Pläne wurden erstellt, Forschungsprojekte vergeben, Konferenzen abgehalten, Bücher veröffentlicht – und viele Milliarden Rubel Staatsgelder aufgewendet. Das Ergebnis allerdings war ein Koloss, der schon aus Rechtfertigungsgründen an einer Realisierung interessiert sein musste.

Aus Sicht der bestimmenden Technokraten und ihrer am grünen Tisch ausgeformten Logik musste das Problem geradezu zwingend angepackt werden: dem überversorgten Norden Wasser entziehen, um es dem Süden zukommen zu lassen. Als wollten sich die Projektplaner gegenseitig übertrumpfen, stiegen mit jedem neuen Vorschlag die Mengen des Wassers, das bewegt werden sollte. Und auch andere Maßstäbe wurden verändert: Aus heutiger Sicht gigantomanisch mutet der Vorschlag aus dem Jahr 1955 an, die gewaltigen Arbeiten zur Umgestaltung der Erdoberfläche mittels Atomexplosionen zu bewerkstelligen. Die Wucht des Atoms sollte helfen, Schnee zu schmelzen, Erde zu bewegen, Kanäle auszuheben – und im Wortsinn Berge zu versetzen. Tatsächlich wurden nukleare Explosionen damals vielerorts und selbst in dichtbesiedelten

Regionen eingesetzt, um die Machbarkeit des Gesamtprojekts bei vergleichsweise geringen Kosten unter Beweis zu stellen. Andere Aspekte trugen dem gestiegenen Umweltbewusstsein Rechnung, etwa wenn von der Rettungstat die Rede war, um der hochgradig verschmutzten Wolga sowie den ebenfalls belasteten und zudem noch von sinkenden Wasserständen betroffenen Kaspischen Meer und Aralsee Frischwasser zur Verfügung zu stellen. Wenn das nicht als Augenwischerei gedacht war, so schien es doch, als wollte man den Teufel mit dem Beelzebub austreiben.

Die angestrebte Lösung bestand aus zwei Teilmaßnahmen: Auf der europäischen Seite des Riesenreiches, also westlich des Urals, sollten die Suchona und sowie der Latscha-, der Wosche- und der Kubenasee Wasser liefern, das über Kanäle in die Wolga geführt werden sollte. Später sollte Wasser aus dem Onegasee und der Petschora hinzukommen. Davon sollten neben der Wolga auch Wasserkraftwerke sowie Bewässerungssysteme in Südrussland und dem Kaukasus profitieren. Erheblich ambitionierter stellte sich der sibirische Teil des Megavorhabens dar: Wasser der mächtigen Ströme Irtysch und Ob sollte abgezweigt und nach Süden transportiert werden – der Irtysch hätte in der Folge mit Hilfe eines Systems von Staudämmen gar vollends seine Fließrichtung geändert. Das war nichts weniger als eine Revolution gegen die Natur, ersonnen, um ökologisch desaströsen Symptomen abzuhelfen, deren Ursachen viel tiefer lagen und auf frühere Umweltsünden zurückgingen.

Ein gigantischer Kanal namens Sibaral sollte über 2.200 Kilometer ein Wasserreservoir nördlich des Aralsees speisen. Kein hydrotechnisches Projekt dieser Größenordnung war jemals angestrengt worden, weder in der Sowjetunion noch anderswo. Allein der Maßstab und der Aufwand, der über

GRANDIOS GESCHEITERT

Jahrzehnte dafür getrieben wurde, machten daraus so etwas wie einen überdimensionierten Ozeandampfer, den anzuhalten auch im Angesicht eines Eisbergs fast unmöglich ist. »Too big to fail« in den Augen zu vieler Entscheidungsträger, wurden die Folgen beharrlich ignoriert oder kleingeredet. Erst der nahende Kollaps des riesigen Staatskolosses namens Sowjetunion brachte das »Projekt des Jahrhunderts« zur Umkehrung der sibirischen Flüsse kurz vor dem Eisberg zum Stehen. Einstweilen aber wurde das Vorhaben auf dem XXV. Parteitag der KPdSU 1976 verabschiedet, allein schon, weil die Situation an Aralsee und Kaspischem Meer immer prekärer wurde und Missernten in der Großregion die Erträge empfindlich verringerten und Getreideimporte nötig machten. Zwar sollten zunächst weitere vorbereitende Prüfungen und Planungen vorgenommen werden, man beschloss aber die Umsetzung ab 1982 und über einen Zeitraum von fünf Jahrzehnten.

Der Widerstand wächst

Jahrzehntelang hatte sich der geringe Widerstand gegen die Umweltzerstörungen im Gefolge der sowjetischen Megaprojekte staatlicherseits gut beherrschen lassen. Als sich aber abzuzeichnen begann, dass der südsibirische Baikalsee von hydrotechnischen Maßnahmen und Industrieansiedlungen massiv betroffen sein würde, wuchs der Unmut. Der Baikal, inzwischen UNESCO-Weltnaturerbe, ist der tiefste und mit über 30 Millionen Jahren älteste sowie an Wasservolumen größte See der Erde – er bedeckt eine Fläche von der Größe Belgiens. Er weist das reinste Wasser der Welt auf, verfügt über ein Fünftel der weltweiten Süßwasserreserven und ist ein einzigartiges Biotop mit zahlreichen Tierarten, die nirgendwo anders vorkommen.

Wegen der zunehmenden Verschmutzung des Baikalsees und der Pläne für schadstofffreiche und wasserintensive Papier- und Zellulosefabriken entstand in der Sowjetunion erstmals so etwas wie eine Umweltbewegung, zu deren rühriger Symbolfigur der Schriftsteller Valentin Rasputin wurde. Im Fall des Baikalsees konnte der Bau der Fabriken zwar nicht verhindert werden, doch hatten die Umweltschützer ihre Muskeln weithin sichtbar spielen lassen. Zum Anlass für einen größeren Zulauf zu dieser Bewegung geriet schließlich die politische Erstarrung und wirtschaftliche Stagnation der von einer Kreml-Gerontokratie regierten Sowjetunion, die sich rückblickend betrachtet seit den Siebzigerjahren ihrem Zerfall entgegenschleppte.

Größter Triumph der Umweltaktivisten aber war das Aus für das sibirische Flussprojekt, das bekämpft wurde, seitdem seine Umsetzung sich bedrohlich zu konkretisieren begann. Die Argumente waren mannigfaltig: Zunächst drohte angesichts der Schadstoffmengen, die die sowjetische Industrie in die Gewässer pumpte, im Norden eine zunehmende Schadstoffkonzentration, wenn weniger Wasser zum Verdünnen bereitstand. Die Feuchtgebiete im Norden würden bedroht, der Fischbestand der Flüsse dezimiert, Flora und Fauna nachhaltig geschädigt. Die Berechnungen hinsichtlich der Auswirkungen der geplanten Maßnahmen auf das Kaspische Meer wurden als schönfärberisch in Zweifel gezogen – und nicht zuletzt wurden Befürchtungen laut, gefährliche Klimaänderungen in der Polarregion stünden ins Haus. Andere Kritiker rechneten glaubhaft vor, derselbe Effekt, den die Projektbefürworter als Lösung für die sinkenden Wasserstände ins Feld führten, könnte bedeutend billiger erreicht werden, wenn für Bewässerungsmaßnahmen in der Sowjetunion jene Standards gelten würden, wie sie überall sonst auf der Welt bereits üblich waren. Denn die Wasserverschwendung der Bewässerungsanlagen und der heimischen Industrie war bekanntermaßen enorm. Und schließlich lag auf der Hand, dass die Maßnahmen zahllose Kulturdenkmäler im europäischen Teil Russlands zerstören, aber auch die Schönheit Sibiriens und seine Kultur in erheblichem Maße schädigen würden – von den Umsiedlungsmaßnahmen im großen Stil und ihren sozialen Folgen ganz abgesehen.

Auch im Fall des sibirischen Flussprojekts zeigte sich der Schriftsteller Valentin Rasputin als der rührigste Opponent der Projektbefürworter. Der gebürtige Sibirier war einer der sogenannten Dorfschriftsteller, die in Opposition zum parteikonformen »sozialistischen Realismus« eine traditionellere Erzählweise und konservativere Werte vertraten, darunter die Achtung der Schöpfung und die Abkehr vom blinden Industrialismus. Rasputin wurde im Westen berühmt durch sein Buch *Abschied von Matjora*, das Anfang der Achtzigerjahre auch verfilmt wurde. Es beschreibt die Endzeit des Dorfes Matjora, gelegen auf einer Flussinsel, die im Zuge des Staudammbaus von Bratsk alsbald überflutet wird. Das traditionelle und naturnahe Leben einer Dorfgemeinschaft vermittelt sich als klarer Gegenpol zum anonymen Großstadtleben, das den sozialistischen Vorstellungen nach modern und erstrebenswert ist, und nibelungenhaft stemmt es sich den staatlichen Räumkommandos entgegen. Die Vertreter der Dorfliteratur ersetzten die martialische Sowjetliteratur der Naturbezwingung durch antisowjetisch und mitunter durchaus nationalistisch gefärbte Lobpreisungen der Natur und traditioneller Lebensweisen. Ganz ausdrücklich forderten sie, der Mensch müsse sich in seinen Bedürfnissen einschränken, wenn er seinen Lebensraum nicht zerstören und die Würde der Natur nicht unentwegt verletzen wolle. Angesichts längst unübersehbar gewordener Umweltschäden fiel diese Umwidmung des Verhältnisses Mensch-Natur bei den Bevölkerungen vieler sozialistischer Länder auf fruchtbaren Boden. Weder die kämpferisch-futuristischen Visionen revolutionärer Autoren noch die Utopien der lichten Zukunft sozialistischer Industrialisierung ihrer staatstreuen Kollegen hatten ihre Versprechen einlösen können, da war der Rückgriff aufs Traditionelle naheliegend. Als die Kritik nicht verstummen wollte, sich vielmehr immer lautstärker erhob, versuchten Projektplaner und Behörden gegenzusteuern. Bis 1985 wurden Versuche unternommen, die Bedenken ernst zu nehmen und das Projekt zu modifizieren, aber natürlich nicht aufzugeben. Gleichzeitig sollte der Widerstand nicht allzu sehr bekannt werden, was sich durch die Zensur zumindest im nationalen Rahmen steuern ließ. Nach dem Durchführungsbeschluss 1976 waren die Vorbereitungen weitergegangen und hatten erste Vorarbeiten begonnen, doch mit der Machtübernahme Michail Gorbatschows im Politbüro im Frühjahr 1985 kam die Wende. Bei mehr Transparenz und zunehmender öffentlicher Beteiligung an Staatsangelegenheiten – wie sie der neue Generalsekretär mit seiner Politik von Perestroika und Glasnost förderte – hatte der Plan zur Umkehrung der sibirischen Flüsse keine Chance mehr. Nunmehr ergingen Attacken gegen das Projekt von allen Seiten; zwei Schriftstellerkongresse im Dezember 1985 – der sogenannte Ökologiekongress – und im Juni 1986 bildeten ihre Höhepunkte. Jetzt verfügte Parteichef Gorbatschow 1986 den Stopp des Projekts. Zwar ist bis heute nicht klar, ob für diese Entscheidung die enormen Kosten oder der wachsende öffentliche Druck verantwortlich waren, man darf aber vermuten, dass beides eine gewichtige Rolle spielte. Am 20. August 1986 verkündete die Parteizeitung *Prawda* das Ende des ehrgeizigen Vorhabens.

Recherchen der Neunzigerjahre legten auf erschütternde

Weise bloß, wie in sich korrupt das Behörden- und Institutskonglomerat gewesen war, das für das »Jahrhundertprojekt« verantwortlich zeichnete. Mit komplizierten Abhängigkeiten, Loyalitäten und allerlei Winkelzügen hatte ein Amt dem anderen Unterstützung und Rechtfertigung geboten, um gemeinsam den Kurs halten zu können. Denn alle Beteiligten saßen in einem Boot und konnten nur verlieren, wenn irgendwo eine Angriffsfläche geboten wurde und das Vorhaben unter Rechtfertigungsdruck geriet. Nur in sich stabil, war das Konstrukt bei einigem Druck von außen, wie es ihn jahrzehntelang in der Sowjetunion nicht hatte geben dürfen, in sich zusammengefallen, als wäre es ein windschiefes Kartenhaus.

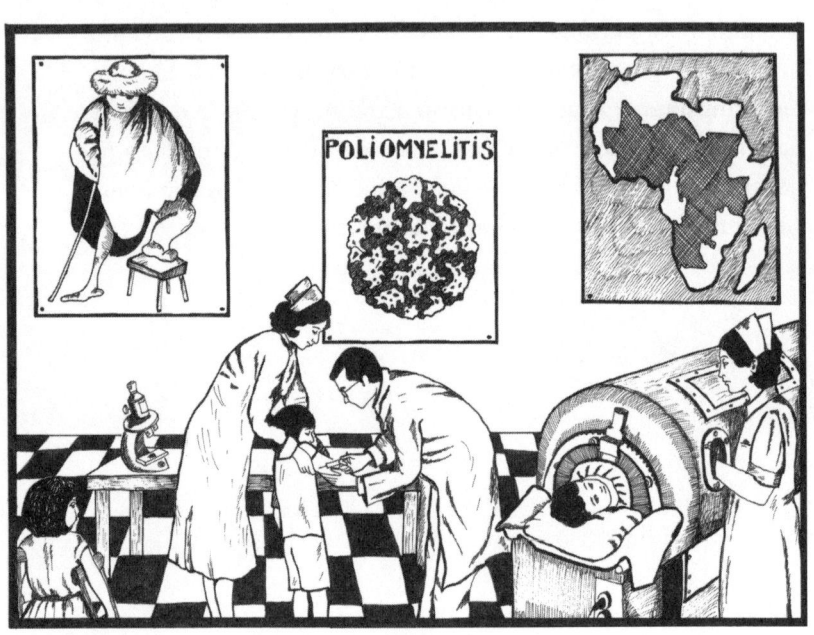

Wie ein Schluck gegen die Grausamkeit

DIE AUSROTTUNG DER KINDERLÄHMUNG

In seinem 2010 erschienenen Roman *Nemesis* führt der US-amerikanische Autor Philip Roth seine Leser zurück in das Jahr 1944. In einem überaus heißen Sommer in Newark, New Jersey, ist mit einem Mal nicht mehr der Zweite Weltkrieg das beherrschende Gesprächsthema, sondern eine (fiktive) Epidemie, die die Stadt westlich von New York heimsucht. Eine Epidemie, wie sie damals die Vereinigten Staaten immer wieder in Atem hielt und nicht nur, aber vor allem Kinder und Jugendliche erfasst. In Roths Buch erkranken immer mehr Kinder im Viertel Weequahic an Poliomyelitis, an der grausamen Kinderlähmung. Die Bedrohung durch die gefürchtete Infektionskrankheit stürzt die Bewohner des ruhigen jüdischen Wohnviertels in Hilflosigkeit, weil niemand genau weiß, wie die Krankheitserreger sich verbreiten, und demzufolge, wie man sich wirksam dagegen schützen kann. Die Polioviren spielen ein teuflisches Roulette mit den Kindern und Jugendlichen des Viertels.

Als die Zahl der Erkrankungen zunimmt und immer mehr Kinder an Poliomyelitis sterben, werden Mutmaßungen zur Quelle der Infektionen zum wichtigsten Gesprächsthema: »Jemand sagt, man überlege, ob man den schwarzen Putzfrauen verbieten solle, nach Weequahic zu kommen, aus Sorge, sie könnten die Kinderlähmung aus den Slums einschleppen. Ein anderer sagte, seiner Meinung nach werde die Krankheit durch Geld übertragen, durch das Papiergeld, das von Hand zu Hand ging. Es sei wichtig, fuhr er fort, sich jedes Mal, wenn man Papiergeld oder Münzen angefasst habe, die Hände zu waschen.

Und was ist mit der Post?, fragt einer. Könnte es nicht sein, dass die Viren mit der Post verbreitet werden? Denkt doch mal an all die Leute, durch deren Hände die Briefe gehen.« In ihrer ohnmächtigen Verzweiflung machen die Bewohner des Viertels noch andere mögliche Ursachen aus, darunter die Hotdog-Bude an der Ecke. Der größte Konsens besteht darüber, dass die Fliegen unbedingt zu bekämpfen seien, entsprechende Warnungen ergehen auch seitens der Behörden. Wer kann, schickt seine Kinder in die Berge oder ans Meer, die übrigen Eltern versuchen mit allerlei nützlichen und überflüssigen Maßnahmen, ihre Kinder, so gut es geht, zu schützen. Doch die Epidemie greift weiter um sich. Und ein Impfstoff gegen die gefürchtete Infektionskrankheit ist nicht verfügbar.

Geschichte einer Krankheit

Infektionskrankheiten wie Keuchhusten oder Pocken, Masern oder Kinderlähmung haben die Menschheit durch den Großteil ihrer Geschichte begleitet. Sie traten vermutlich vor rund 10.000 Jahren erstmals auf, als menschliche Gemeinschaften groß genug waren, damit sich ihre Erreger halten konnten. Mangelhafte hygienische Zustände begünstigten ihre Verbreitung, andere Krankheiten oder Hunger machten die Menschen anfällig, der Kontakt zu Haustieren begünstigte die Vermehrung vieler Erreger. Vor allem Flöhe, Läuse und verschiedene Fliegenarten dienten ihnen als Wirtstiere und Reservoire. In Europa starb bis ins 19. Jahrhundert gut ein Drittel der erwachsenen Bevölkerung infolge von Infektionskrankheiten – ganz abgesehen von der ohnehin hohen Kindersterblichkeit.

Eine dieser alten Infektionskrankheiten ist die Poliomyelitis, aber ihre grausame Karriere als plötzlich auftretende Epi-

demie begann sehr spät. Den größten Schrecken verbreitete
sie in der ersten Hälfte des 20. Jahrhunderts: in Europa und
insbesondere in Nordamerika – also gerade in den entwickelten Ländern, wo die Medizin und die Hygiene insgesamt bereits große Fortschritte gemacht hatten. Entsprechend groß
war dort das Gefühl der Hilflosigkeit.

Fünf Jahrtausende, vielleicht länger, hatten die Viren, die
Kinderlähmung auslösen, eher im Verborgenen gewirkt, und
erst rückblickend lassen sich historische Zeugnisse dahinge-
hend interpretieren, dass die Krankheit gelegentlich vorkam.
Die medizinhistorische Forschung vermutet als ihren Ursprung
den Nahen Osten: Mesopotamien, Ägypten und Kleinasien
am östlichen Ende des Mittelmeers, von wo aus sich Polio in
zwei Richtungen verbreitete: über Indien und China vermutlich bis nach Japan, sowie über Ägypten und das klassische
Griechenland ins Römische Reich.

In neun von zehn Fällen einer Infektion mit Polioviren bilden
sich keinerlei Symptome aus. In den restlichen Fällen beginnt
Poliomyelitis wie eine Sommergrippe: als kurzes, fiebriges
Unwohlsein mit rauem Hals und Kopfschmerz. Hinzu kommen Brechreiz und ein steifer Nacken und Rücken. Wenn es
dennoch glimpflich ausgeht, ist die Sache nach drei bis fünf
Tagen überstanden. Mitunter treten anfänglich Lähmungserscheinungen auf, die aber wieder vergehen. Wird es allerdings
schlimmer, besteht die Gefahr bleibender Lähmungen, ja des
Todes.

Drei verschiedene Virustypen rufen die Infektion hervor,
einer davon (Typ 1) ist für die meisten Fälle mit dauerhaften
Lähmungen verantwortlich, wenn auch nicht immer. Herd
der Viren ist der Mensch; zumeist fungieren solche Leute als
Überträger, die sich infiziert haben, ohne dass die Krankheit

erkannt wird, und nur schwache oder gar keine Symptome ausbilden. Die Ansteckung erfolgt durch Schmiereninfektion oder, seltener, über die Atemwege; die Symptome treten nach durchschnittlich ein bis zwei Wochen auf. Wer die Infektion überstanden hat, ist gegen den Virustyp immun, mit dem er infiziert war. Es sind keineswegs nur Kinder, die sich mit der Krankheit infizieren können, weswegen der gebräuchliche Begriff Kinderlähmung nicht ganz zutreffend ist. Zumeist ist richtiger von Polio die Rede, in Abkürzung der medizinischen Bezeichnung Poliomyelitis.

Aus dem antiken Ägypten ist eine kleine Kalkstein-Stele erhalten, die den Wachmann Roma zeigt, der der Fruchtbarkeitsgöttin Astarte opfert. Dieses Artefakt des 14. vorchristlichen Jahrhunderts ist vermutlich ein frühes Zeugnis der Krankheit, denn Roma hat ein deformiertes rechtes Bein und geht an einem Stock. Derart verkümmerte Gliedmaßen sind das typische Überbleibsel einer Lähmung infolge einer Polioinfektion. Aber bereits im 4. Jahrtausend v. Chr. traten in Ägypten typische Knochendeformationen auf, wie archäologische Untersuchungen ergaben – und auch die lassen sich am ehesten als Folgen einer Poliomyelitis erklären. Auch der Klumpfuß des Pharao Siptah aus dem frühen 12. Jahrhundert v. Chr., der nach nur knapp sechs Jahren Regierung im jugendlichen Alter von zwanzig starb, gilt als Schädigung durch eine Polioinfektion. Daneben gibt es zahlreiche schriftliche Hinweise auf Kinder mit Lähmungserscheinungen und Deformationen, die aber meist nicht ausschließlich auf Poliomyelitis zurückgeführt werden können. Im 4. Jahrhundert v. Chr. erwähnt der berühmte griechische Arzt Hippokrates, bis heute verehrter Begründer der wissenschaftlichen Medizin, in seinen Schriften Verkrüppelungen, die mit einiger Wahrscheinlichkeit von Kinderlähmung verursacht wurden.

GRANDIOS GESCHEITERT

Zwischen der Antike und dem 18. Jahrhundert bleiben die Nachweise über Kinderlähmung spärlich, aber es gibt eine Reihe von Bilddokumenten, in denen typische Polio-Deformationen erkennbar sind. Darunter ist eine Zeichnung des niederländischen Malers Hieronymus Bosch aus dem frühen 16. Jahrhundert, auf dem ein Mann seinen deformierten linken Fuß am verkürzten Bein auf einen Schemel stellt und sich mit dem Stock in der Rechten abstützt. Auch das Gemälde »Der Klumpfuß« des spanischen Barockmalers Jusepe de Ribera (1591–1652) lässt vermuten, dass wir hier die Darstellung der Spätfolgen einer Kinderlähmung vor uns haben. Und in einer autobiographischen Notiz aus dem Jahr 1808 beschreibt der Dichter der schottischen Romantik Walter Scott seine eigene Erkrankung an Polio: »Bis ich ungefähr achtzehn Monate alt war, schien ich völlig gesund und kräftig. Eines Nachts aber, so erzählte man mir, wollte ich nur sehr ungern zu Bett gebracht werden, und nachdem ich durchs Zimmer gejagt worden war, konnte man meiner habhaft werden und mich mit einiger Mühe in mein Schlafzimmer bringen. Das war das letzte Mal, dass ich eine derartige Beweglichkeit an den Tag legte. Am nächsten Morgen stellte man bei mir ein Fieber fest, wie es häufig mit dem Zähneziehen einhergeht. Ich hatte es drei Tage lang. Als man mich am vierten Tag wie üblich baden wollte, entdeckte man, dass ich im rechten Bein keine Kraft mehr verspürte.« Keine Kur schlug gegen Scotts Leiden an, er starb sechzig Jahre später, ohne sein rechtes Bein je wieder vollständig bewegen zu können.

In England stellten Ende des 18. Jahrhunderts erstmals Ärzte eingehendere Untersuchungen der Lähmungserscheinungen an, von denen vor allem Kinder befallen wurden. In Deutschland wurde die Krankheit 1840 erstmals beschrieben, frühere Fälle sind von dort keine bekannt. Der Arzt Jakob von Heine aus Cannstatt, heute ein Stadtteil von Stuttgart, untersuchte vierzehn Fälle kindlicher Lähmungserscheinungen, denen fiebrige Zustände und große Schmerzen vorangingen. Er vermutete als Erster, dass bei der Erkrankung das zentrale Nervensystem und dabei insbesondere das Rückenmark betroffen waren. Als seine Beobachtungen 1860 in zweiter Auflage erschienen, gab er ihnen den Titel *Spinale Kinderlähmung*, was sich im Deutschen als geläufige Krankheitsbezeichnung einbürgerte. An Heines Forschungen anknüpfend, dokumentierte der schwedische Kinderarzt Karl Oskar Medin wenige Jahrzehnte später den epidemischen Charakter der Kinderlähmung. Nach diesen beiden Pionieren der Polioforschung wird die Krankheit auch Heine-Medin-Krankheit genannt. Die Bezeichnung Poliomyelitis geht auf den französischen Neurologen Jean-Martin Charcot zurück.

Bis ca. 1880 war die Krankheit überwiegend endemisch, kam also nur vereinzelt und begrenzt vor, und trat nur gelegentlich epidemisch auf. Die ersten wahrscheinlichen Fälle eines epidemischen Auftretens der Kinderlähmung wurden in Schweden, Norwegen, England und den Südstaaten der USA beobachtet sowie in Brasilien und auf der kleinen Insel St. Helena im südlichen Atlantik, die zu Großbritannien gehört. Seit den letzten beiden Jahrzehnten des 19. Jahrhunderts jedoch zeigte sich ein verstärktes Auftreten der Krankheit in Europa; den Höhepunkt bildete im Jahr 1887 eine Epidemie in Stockholm. Jetzt trat die Kinderlähmung dauerhaft epidemisch und in weiter wachsendem Ausmaß auf – und sie verbreitete sich über ganz Europa und Nordamerika, später nach Australien und über den Rest der Welt.

Als erste größere Epidemien gelten die Ausbrüche von Poliomyelitis in Schweden und Norwegen 1905. In beiden Ländern waren in den Jahren zuvor wenige Dutzend Fälle vorgekom-

GRANDIOS GESCHEITERT

men, und das war auch im ersten Halbjahr 1905 so gewesen. Ab Juli aber nahmen in Schweden die Erkrankungsfälle rapide zu, bis das ganze Land betroffen war. Insgesamt über 1.000 (gesicherte) Fälle zählte man, der Schwerpunkt lag im Süden des Landes. So viele Menschen hatten sich bislang noch nirgendwo mit der Kinderlähmung angesteckt. In einer wegweisenden epidemiologischen Studie der Epidemie von 1905 kam der schwedische Kinderarzt Ivar Wickman zu dem Schluss, dass sich die Krankheit entlang der Straßenverbindungen und Eisenbahnverbindungen des Landes ausgebreitet hatte – reger Verkehr hatte die Epidemie begünstigt, eine ebenfalls wichtige Rolle als Multiplikator spielten die Schulen. Damit lag auf der Hand, dass die Übertragung von Mensch zu Mensch eine wichtige Rolle spielte, auch wenn zu diesem Zeitpunkt noch unklar war, wie genau die Ansteckungswege verliefen. Aufgrund seiner Erkenntnisse wurde die Kinderlähmung jetzt als Infektionskrankheit allgemein anerkannt. Daneben stellte Wickman das Problem heraus, dass die Isolation von Erkrankten allein die Eindämmung der Epidemie nicht gewährleisten könne, da offensichtlich auch vermeintlich Gesunde die Krankheit übertrugen.

Warum sich die Seuche ausgerechnet in dieser Zeit so ausbreitete, lässt sich mit den verbesserten Hygienestandards erklären: Weil die Menschen ab ihrer Geburt weniger Keimen ausgesetzt waren, sank ihre Widerstandsfähigkeit. Polioerreger werden über die Ausscheidungswege freigesetzt, und je weniger die Kleinkinder der westlichen Industrieländer in Berührung mit Fäkalienkeimen kamen, desto geringer war die Wahrscheinlichkeit, dass sie durch diesen »Feindkontakt« schon frühzeitig immunisiert wurden. Umgekehrt begünstigt in einem insgesamt hygienischen Umfeld mangelnde Sauberkeit wiederum die Verbreitung der Viren.

Nach den ersten Epidemien in Skandinavien erfolgten nach und nach überall auf dem europäischen Kontinent sowie in England größere Ausbrüche der Kinderlähmung, seit den frühen 1880er-Jahren aber auch in Nordamerika. Besonders schlimm traf es die USA in den Jahren 1907 und 1916, und dabei besonders die Staaten im Nordosten sowie vor allem New York. Dort kam es seit Mai 1907 zu einer Häufung von Poliomyelitis-Fällen, die im September ihren höchsten Stand erreichte. Im ganzen Jahr wurde mit rund 800 gesicherten Fällen die bisher höchste Zahl von Kinderlähmungsfällen in den Vereinigten Staaten dokumentiert. Neun Jahre später schließlich erlebte New York City, ausgehend von Brooklyn, eine der größten und schlimmsten Polioepidemien, die je weltweit registriert wurden: Rund 23.000 Fälle wurden 1916 in der Metropole und den umliegenden Gemeinden benachbarter Bundesstaaten gezählt, und nunmehr war klar, dass größere Anstrengungen unternommen werden mussten, um der Gefahr Herr zu werden. Die Bevölkerung der Großstädte hatte berechtigterweise Angst, und vor allem Eltern machten sich um ihre Kinder große Sorgen.

Die Zeit ab 1921 gilt als die Phase der globalen Verbreitung der Poliomyelitis, die erst mit der Entwicklung eines Impfstoffes 1954 zu Ende geht. Während die Krankheit anfänglich als Problem der gemäßigten Klimazonen galt, wurden seit Ende des Zweiten Weltkriegs und im Gefolge größerer Flüchtlings- und anderer Migrationsbewegungen sowie neuer Staatengründungen und erneuerter Kolonialpolitik die Polioviren auch darüber hinaus in tropische und subtropische Klimazonen verbreitet. Damit stellte die Kinderlähmung nun ein weltweites Problem dar, das letztlich auch nur als solches wirkungsvoll bekämpft werden konnte. Wegen der Begünstigung der Übertragung infolge des globalen Verkehrs wurde als wirkungsvollste Maßnahme die ebenso globale Ausrottung der Polioviren erkannt – ein überaus ehrgeiziges, weil logistisch und finanziell sehr aufwendiges Vorhaben. Doch um dieses in Angriff nehmen zu können, musste erst einmal ein Impfstoff gefunden werden, und nach dem suchten Forscher insbesondere in den USA unter Hochdruck.

In der Zwischenzeit wurden die Behandlungsmethoden verbessert – insbesondere konnte mit der Entwicklung der »Eisernen Lunge« die hohe Sterblichkeit der Infektionskrankheit gemindert werden. Das Gerät diente der Behandlung von Poliomyelitis-Fällen, die mit der Lähmung des Zwerchfells einhergehen und damit das Atmen erschweren, wenn nicht unmöglich machen. Für die Patienten war die Eiserne Lunge zwar häufig lebensrettend, stellte aber gleichwohl eine klaustrophobische Erfahrung dar: Bis moderne Beatmungsgeräte entwickelt wurden, mussten sie – im Falle der Poliomyelitis waren es zu großen Teilen Kinder – in körperlange Röhren geschoben werden, aus denen nur der Kopf hinausschaute, und dort je nach Grad der Zwerchfelllähmung stundenweise oder tagelang ausharren. Die Röhren waren luftdicht verschlossen und erzeugten einen Unterdruck, der den Patienten passiv atmen ließ. Den Schrecken der Kinderlähmung verbreiten bis heute nicht nur Bilder mühsam humpelnder Kinder mit verkürzt-verkrüppelten Beinen, sondern auch Fotos von riesigen Krankenhaussälen mit reihenweise angeordneten, einschüchternden Apparaturen, in denen Kinder eingesperrt sind. Im Glücksfall sitzen Schwestern an ihrer Seite und lesen ihnen Geschichten vor – gleichwohl dürfte die Bekanntschaft mit einer Eisernen Lunge eine traumatische Erfahrung gewesen sein.

Die Jagd nach dem Erreger

Vor nicht einmal anderthalb Jahrhunderten konnte der deutsche Mediziner Robert Koch den Nachweis erbringen, dass winzige Organismen als Erreger für die gefürchteten Massenerkrankungen verantwortlich sind. Er entdeckte 1876 den Milzbranderreger und begründete die Wissenschaft der Bakteriologie, später isolierte Koch auch die Erreger von Tuberkulose und Cholera. In der Folge wurden viele weitere Krankheitserreger identifiziert, neben den Bakterien die kleineren Viren, für deren Entdeckung es der leistungsfähigeren Elektronenmikroskope bedurfte. Mit Robert Kochs Erkenntnissen begann die Suche nach wirksamen Gegenmitteln, zum einen von Impfstoffen, um einer Infektion vorzubeugen beziehungsweise ihren Verlauf zu minimieren, zum anderen von wirksamen Medikamenten, allen voran die Antibiotika. Auch dank der Entwicklung von Impfstoffen gegen Infektionskrankheiten stieg in Westeuropa zwischen 1880 und 1980 die durchschnittliche Lebenserwartung auf das Doppelte.

Für die Entwicklung eines Impfstoffes gegen Poliomyelitis musste zunächst der Virus isoliert werden. 1908 entdeckten der österreichische Serologe Karl Landsteiner, der bereits das System der Blutgruppen erkannt hatte, und sein Kollege Erwin Popper das Poliovirus. Sie injizierten einem Affen Rückenmarksflüssigkeit eines an Poliomyelitis verstorbenen Kindes und wiesen Wickmans Vermutung nach, dass es sich um eine Infektionskrankheit handelte. Später erreichten sie die Konservierung der Polioviren. Bis zur Herstellung eines Polioimpfstoffes vergingen jedoch noch mehrere Jahrzehnte. 1948 gelang drei US-Epidemiologen – John Enders, Thomas Weller und Frederick Robbins, die einige Jahre später dafür den Medizin-Nobelpreis erhielten – der Nachweis, dass Polioviren in lebenden Zellen gezüchtet werden können.

Erste frühe Versuche zur Herstellung eines Impfserums in den Dreißigerjahren – tatkräftig unterstützt von US-Präsident Franklin Delano Roosevelt, der selbst mit Poliomyelitis diagnostiziert worden war – waren misslungen, aber 1954 wurde in den USA ein Impfstoff produziert und in einer klinischen Großstudie mit mehreren Hunderttausend Kindern getestet. Dieser erste Impfstoff, der intramuskulär verabreicht wurde, bestand aus abgetöteten Viren, die durch die Behandlung mit Formaldehyd ihre Fortpflanzungsfähigkeit verloren hatten. Die Herstellung gelang erstmals dem US-Immunologen Jonas Salk und seinen Mitarbeitern in Pittsburgh. 1955 wurde ihr Impfstoff in den USA in Windeseile zugelassen und ebenso schnell ein nationales Impfprogramm aufgelegt. In weniger als einem Monat stellten fünf Pharmafirmen rund vier Millionen Impfdosen her. Salks Impfstoff rettete zahllose Kinder vor der Ansteckung – aber er steht auch für den bis dahin größten Arzneimittelskandal der Vereinigten Staaten: Weil – verständlicherweise angesichts der verheerenden Auswirkungen der Poliomyelitis-Epidemien – die Zulassung des Impfserums übereilt erteilt worden war und aufgrund von Fahrlässigkeit bei der Herstellung, kamen Polioimpfstoffe auf den Markt, die nicht nur abgetötete, sondern auch Lebendviren enthielten, sodass durch die vermeintlich segensreiche Maßnahme Hunderttausende Kinder vor allem im Westen der USA erkrankten und Dutzende starben. Das Impfprogramm wurde im Mai 1955 vorübergehend gestoppt. Der dramatische Zwischenfall hinderte Salk, der dafür ja auch nicht verantwortlich gemacht werden konnte, nicht daran, sich in den USA als Held feiern zu lassen – und die zahllosen Beiträge und Vorarbeiten seiner Kollegen, die ihm seine Errungenschaft mit ermöglicht hatten, eitlerweise unerwähnt zu lassen.

In Deutschland trat die letzte Polioepidemie 1961 auf – in der Bundesrepublik, denn die DDR hatte bereits ein Jahr zuvor die Schluckimpfung eingeführt, weswegen dort nur vier Fälle registriert wurden. Westlich der innerdeutschen Grenze aber erkrankten 1961 fast 4.600 Menschen an Poliomyelitis, über 300 von ihnen starben. Zwar war die Spritzimpfung nach Salk auch in der Bundesrepublik verfügbar, wurde aber von der Ärzteschaft nicht mit ausreichender Vehemenz propagiert. 1962 setzte sich auch in der Bundesrepublik die Schluckimpfung durch. Parallel zu den Arbeiten des Teams um Jonas Salk war nämlich ein weiterer Impfstoff entwickelt worden, der aus einem Lebendimpfstoff besteht: abgeschwächte Erreger, die keine Erkrankung mehr auslösen können, den Körper aber zur Bildung von Antikörpern animieren. Die Arbeit an dem neuen Serum leitete Albert Sabin von der Universität von Cincinnati. Vor allem die Schluckimpfung verbindet sich im öffentlichen Gedächtnis bis heute mit dem Kampf gegen die Kinderlähmung. Dabei wird Kindern das Impfserum mit einem Stück Zucker oder einer anderen Süßigkeit oral verabreicht. In Deutschland haben ganze Generationen noch einen Slogan im Kopf, mit dem für die Poliovorsorge geworben wurde: »Schluckimpfung ist süß – Kinderlähmung ist grausam«. Diese Form der Impfung wird aber auch zur Immunisierung gegen andere Krankheiten angewendet.

Voreilige Euphorie

Diese und andere Fortschritte bei der Entwicklung von Impfstoffen und der Eindämmung epidemischer und anderer Infektionskrankheiten vor allem in den westlichen Industrienationen erzeugten eine ungeheure Euphorie. In einigen Zitaten von Fachleuten, wie sie damals unisono vernehmbar waren, spiegelt sie sich wider: 1962 meinte der australische Virologe und Medizin-Nobelpreisträger Frank Macfarlane Burnet: »Die Beherrschung der Infektionskrankheiten stellt den überhaupt größten Sieg dar, den der Mensch je über seine Umwelt zu seinem eigenen Nutzen errungen hat. Dieser Erfolg ist (...) ein prinzipiell vollständiger.« Ein paar Jahre später erklärte der Epidemiologe und Surgeon General of the United States, also höchster Gesundheitsbeamter der Vereinigten Staaten, William H. Stewart: »Es ist an der Zeit, das Problem der Infektionskrankheiten endgültig aus der Welt zu schaffen und den Krieg gegen Seuchen für gewonnen zu erklären.« Der britische Virologe John Cairns schließlich schrieb: »Die westliche Welt hat den Tod aufgrund von Infektionskrankheiten so gut wie besiegt.«

Angesichts von HIV/AIDS, SARS und anderen bedrohlichen Infektionen, die sich in einer globalisierten Welt im Nu verbreiten können, wissen wir, dass diese Erwartungen allzu hoffnungsfroh waren. Gleichzeitig aber profitieren wir bis heute von dieser Euphorie, denn sie setzte weltweit einen erheblichen Tatendrang frei.

Das Cairns-Zitat stammt aus dem Jahr 1978. Im Jahr darauf erklärte die Weltgesundheitsorganisation (WHO) die Pocken für ausgerottet – sie waren über Jahrhunderte für erhebliche Schwankungen in den Bevölkerungszahlen im Allgemeinen und für unendlich viel Leid im Besonderen verantwortlich gewesen. Die UN-Sonderorganisation WHO, 1948 gegründet, verfolgt ihrer Verfassung zufolge als Ziel das bestmögliche Gesundheitsniveau für alle Menschen und widmet sich insbesondere der Eindämmung von Infektionskrankheiten. Ende Oktober 1977 wurde der weltweit letzte Fall einer Pockenerkrankung registriert – ein 23-Jähriger in der Hafenstadt Merka im Süden Somalias. Zu Recht gilt dieser Erfolg als einer der größten im globalen öffentlichen Gesundheitswesen im gesamten 20. Jahrhundert. Andere Kampagnen gegen Malaria oder Frambösie hingegen hatten ihr Ziel verfehlt. Aufgrund des Erfolgs dieser weltweiten Impfkampagne und der beeindruckenden Resultate nationaler Impfkampagnen gegen Kinderlähmung in den westlichen Industriestaaten nahm sich die WHO sodann die Poliomyelitis vor, die als am besten geeignet erschien, um den globalen Triumph über die Pocken zu wiederholen. Im Mai 1988, auf ihrer 41. Versammlung in Genf, erklärte die Weltgesundheitsorganisation die weltweite Ausrottung der Kinderlähmung zu ihrem Ziel, das bis zum Jahr 2000 erreicht werden sollte. Ausrottung ist dabei definiert als ein vollständiges und dauerhaftes Ende der »natürlichen« Ansteckung durch die Krankheitserreger. Damals wurden weltweit jährlich rund 350.000 Fälle von Kinderlähmung dokumentiert.

Dass die Ausrottung der Kinderlähmung eine komplexere Aufgabe sein würde als die der Pocken, war der WHO bewusst. Zwar werden, ähnlich wie der Pockenerreger Variola, die Polioviren von Mensch zu Mensch übertragen und nicht von Tieren, aber statt einem existieren drei Erreger. Die Impfung muss im Unterschied zur Pockenschutzimpfung mehrmals erfolgen, was im globalen Maßstab eine erheblich größere logistische Aufgabe darstellt. Das Programm verlangte außerdem einen höheren Hygienestandard als die Impfaktion gegen die Pocken. Abgesehen davon war der Anreiz für die Industrienationen und Finanzgeber des Programms geringer als bei den Pocken, weil Polio für die westliche Welt seit der Entwicklung des Impfstoffs kein unmittelbares Problem mehr darstellte: Die Bevölkerung wurde »durchgeimpft«, wie es im medizinischen Jargon heißt. Anderes sprach hingegen dafür, sich als nächsten Kandidaten unter den zu bekämpfenden Infektionskrankheiten die Kinderlähmung vorzunehmen: Die Krankheit wird ausschließlich von Mensch zu Mensch übertragen, es gibt keine Wirtstiere, die den Viren das Überleben erleichtern. Die Infektion ist akut, nicht dauerhaft, wer also gesundet ist, stellt keine Infektionsgefahr mehr dar. In der Umwelt kann der Virus allenfalls wenige Monate überleben. Und schließlich stoppt die Impfung die Weitergabe der Viren, der Ansteckungskreislauf wird also dauerhaft unterbrochen. In einer globalisierten Welt profitieren also auch die reichen Länder von der Bekämpfung der Kinderlähmung in Zentralafrika. Ganz abgesehen von der humanitären Verpflichtung der gesamten Weltbevölkerung gegenüber.

Herkulesaufgabe Weltgesundheit

Die Aufgabe gleicht der des Herkules, und nur eine kraftvolle und entschlossene Institution wie die Weltgesundheitsorganisation der Vereinten Nationen konnte sie überhaupt in Angriff nehmen. Immerhin verlangt sie die zuverlässige Mitarbeit der Gesundheitsbehörden in zahlreichen Ländern, die wiederum ihre Bevölkerung effektiv erreichen müssen – zumal eine mehrmalige Impfung notwendig ist. Hinzu kommen kulturelle Aspekte: Wenn es um Impfung geht, bestehen vielerlei Vorbehalte kultureller und religiöser Art, sodass eine nachhaltige Aufklärung betrieben werden muss. Die WHO konnte dafür Partnerorganisationen gewinnen, darunter die Wohltätigkeitsorganisation Rotary International, später kamen die Google Foundation und die Bill & Melinda Gates Foundation hinzu. Außerdem ist ein globales Netzwerk von humanitären und Nichtregierungsorganisationen beteiligt, sodass ein gutes Viertel der Kosten nichtstaatlich finanziert wird.

Also stellte sich die WHO ihrer bisher größten Herausforderung. Die Staaten, in denen mehr als 70 Prozent der Bevölkerung bereits gegen Polio immunisiert waren, wurden ermuntert, den Virus gänzlich zu eliminieren. Staaten mit einer Impfungsrate von unter 70 Prozent wurden aufgefordert, möglichst rasch diese Marke zu erreichen. Diejenigen Länder schließlich, in denen die Krankheit bereits als ausgerottet galt, wurden gebeten, die Impftätigkeit aufrechtzuerhalten und ihre Expertise anderen Staaten zur Verfügung zu stellen. Alle Staaten wurden verpflichtet, in ihrem Land Fälle von Poliomyelitis akribisch zu dokumentieren und die Betreuung von Patienten mit bleibenden oder Spätfolgen zu gewährleisten.

Insgesamt wurden nach Angaben der Weltgesundheitsorganisation bislang 8 Milliarden US-Dollar dafür aufgewendet, die Kinderlähmung vom Antlitz der Erde zu tilgen. Welch bewundernswerte Kraftanstrengung aber auch jenseits der enormen monetären Kosten dahintersteckt, wird seltener gewürdigt: Ein weltweites Überwachungs- und Labornetz war aufzubauen – auch in unzugänglichen und wenig entwickelten Gegenden. Millionen von Mitarbeitern, darunter rund 20 Millionen Freiwillige, mussten bis in die letzten bewohnten Winkel der Erde vorstoßen, um eine möglichst hohe Impfrate zu erzielen: Über Jahre hinweg sollte nahezu jedes Kind mehrmals geimpft werden.

Seit Beginn des Polio-Eradikationsprogramms wurden 2,5 Milliarden Kinder wiederholt geimpft, um sie vor der Kinderlähmung zu bewahren. 200 Staaten beteiligten sich an dem Programm und stellten ihre medizinische und logistische Infrastruktur zur Verfügung; die WHO in Genf koordinierte und dokumentierte das Projekt. Bei einem Vorhaben von derartiger Dimension sind Rückschläge vorprogrammiert, aber als das Programm 1988 aufgelegt wurde, stand zu erwarten, dass ein Dutzend Jahre später die Kinderlähmung Geschichte sein würde. Auf vier Ebenen wurde die Polioausrottung angegangen: Mindestens neun von zehn Kindern sollten im ersten Lebensjahr viermal geimpft werden. Um eine bessere Breitenwirkung beim Impfen zu erzielen, plante man die Ausrufung nationaler Impftage, bei denen unabhängig vom Immunstatus Kinder unter fünf Jahren geimpft werden sollten. Damit wollte man vor allem Gegenden erreichen, in denen Routineimpfungen selten sind. Die Staaten wurden verpflichtet, alle Fälle von Lähmungserscheinungen bei Kindern unter 15 Jahren genau zu dokumentieren und die Patienten auf Polioviren untersuchen zu lassen. Und schließlich sollten nachgreifende Impfaktionen in solchen Ländern oder Regionen durchgeführt werden, die als letzte Reservoire der Polioviren angesehen werden. Dabei sollten in den betreffenden Regionen alle Kinder unter fünf Jahren innerhalb eines Monats zweimal geimpft werden. Zur weitestgehenden Optimierung dieser Maßnahme war geplant, dass die Impfteams nacheinander und ohne Ausnahme von Haus zu Haus gehen.

Durch das globale Programm gegen die Kinderlähmung lagen alsbald weltweit Zahlen vor, die die Fortschritte bei der Auslöschung der Krankheit dokumentieren. In den Jahren 1988 bis 1991 nahm die Zahl der Poliofälle auf weniger als die Hälfte rasch ab. 1988 kamen in Nordamerika, dem südlichen Teil Südamerikas, in Teilen Europas sowie in Australien keine Poliofälle mehr vor, während der Rest der Welt weiterhin als endemisch eingestuft wurde. Drei Jahre später konnte Polio bereits für den amerikanischen Doppelkontinent mit Ausnahme einiger Länder im Nordwesten Südamerikas als gebannt gelten, ebenso in Marokko sowie ganz Europa mit Ausnahme mehrerer Balkanländer. 1994 bestätigte die WHO

Nord- und Südamerika als völlig poliofrei, Fortschritte bei der Eindämmung gab es in einigen Ländern im Norden und Süden Afrikas, Südostasiens sowie in der Mongolei. 1997 schließlich war die Kinderlähmung nur noch im Großteil Zentralafrikas, in den meisten arabischen Staaten, der Türkei, Indien, Pakistan sowie Thailand, Kambodscha und Laos endemisch.

Aber nicht alles lief reibungslos ab, und nicht alle Entwicklungen weltweit konnten im Voraus berücksichtigt werden. Als größtes Hindernis für die Durchsetzung des ambitionierten WHO-Programms erwiesen sich Kriege, insbesondere in Mittelamerika, Südasien und Afrika südlich der Sahara. Zusammen mit anderen Infektionskrankheiten brachen dann häufig auch Poliomyelitis-Epidemien aus. Das war beispielsweise während des Tschetschenien-Krieges in den Neunzigerjahren der Fall, aber ebenso in Tadschikistan, Afghanistan und Irak sowie in den afrikanischen Staaten Kongo, Liberia, Sierra Leone, Somalia und Sudan. Flüchtlingsströme infolge kriegerischer Auseinandersetzungen machten die Impfbemühungen des Polio-Programms schwierig, manchmal unmöglich. In Angola beispielsweise kam es 1999, also zehn Jahre nach Beginn der WHO-Kampagne, in der Provinz Luanda zu einer der größten Epidemien, die je in Afrika beobachtet wurden. Grund dafür war der angolanische Bürgerkrieg, der rund 800.000 Flüchtlinge nach Luanda brachte. Viele von ihnen kamen aus Konfliktgegenden, in denen die Erfolge der Impfaktion aufgrund der politischen und sozialen Verhältnisse begrenzt gewesen waren. Den Ausbruch der Epidemie begünstigten die prekären hygienischen Verhältnisse der Flüchtlingslager, in denen die Menschen untergebracht wurden. Angesichts der Katastrophe wurden in einer Notmaßnahme in nur zwei Tagen im April 1999 fast 640.000 Kinder in Luanda geimpft, ebenso in anderen Regionen, wo aber die Konfliktsituation erneut zu Behinderungen führte.

Bemühungen neutraler Organisationen um einen vorübergehenden Waffenstillstand zum Zwecke der medizinischen Versorgung und Vorsorge der Zivilbevölkerung sind nicht immer erfolgreich. Gravierend erweisen sich in manchen Staaten und Gegenden auch die Vorbehalte meist religiöser Art gegen Impfungen, vor allem aber die politische Instrumentalisierung von Impfängsten in wenig aufgeklärten Gesellschaften. Immer wieder geschah es, dass politische Kräfte die Bevölkerung mit Falschinformationen verunsicherten. Meist wurde verbreitet, der Impfstoff sei entgegen der Erklärungen von Behörden und WHO nicht sicher, so 2003 in Nigeria. Seltener wurden sogar Gerüchte gestreut, der Westen verfolge mit seiner Impfaktion alles andere als humanitäre Absichten. Ein weiteres Problem stellt die Einschleppung von Polioviren in bereits poliofrei gemeldete Länder dar – angesichts der stetig steigenden Reisebewegungen weltweit kein geringes Problem. Auf diese Weise kam es um die Jahrtausendwende zu Fällen von Poliomyelitis in Bulgarien, Georgien, im Libanon und in China durch Einschleppung aus Indien oder Pakistan sowie in den Iran aus Afghanistan. Aus Niger und Nigeria gelangten Polioviren noch einmal in die Nachbarstaaten Burkina Faso und Ghana.

Vorschub wurde der erneuten Verbreitung der Erreger dadurch geleistet, dass in vielen Staaten nach dem Impfprogramm die medizinische Disziplin wieder nachgelassen und demzufolge sich die Immunität insgesamt verringert hatte. Das kann an der Nachlässigkeit der Gesundheitsbehörden liegen, aber auch an einer Impfmüdigkeit, wie sie sich in den reichen Industriestaaten seit einigen Jahren gefährlich bemerkbar macht. Zunehmend mehr Eltern sehen keine Notwendigkeit mehr, ihren Kindern einen umfassenden Impfschutz zukommen zu lassen, weil sie allzu optimistisch das geringe Risiko einer Ansteckung als gar nicht mehr vorhanden ansehen. Angesichts dieser Schwierigkeiten musste die WHO im Jahr 2000 eingestehen, dass trotz der beeindruckenden Fortschritte das eigentliche Ziel – nämlich zu Beginn des neuen Millenniums die Erde poliofrei zu machen – nicht hatte erreicht werden können. Aber immerhin konnte die WHO-Region Pazifik für poliofrei erklärt werden. Und die Rekordzahl von 550 Millionen Kindern wurde allein in diesem Jahr mit dem Polioimpfstoff immunisiert.

Ein neuer Anlauf

Im Januar 2004 legte die Weltgesundheitsorganisation erneut einen Strategieplan auf, der bis 2008 das Ziel der Polio-Kampagne ermöglichen sollte, und ersetzte damit alle noch laufenden Maßnahmen. Das Ziel war, auch in den neunzehn Ländern, die noch nicht als poliofrei zertifiziert worden waren, dafür die Bedingungen zu erreichen. Vor allem musste es darum gehen, so schnell wie möglich in den sechs verbliebenen Ländern, in denen Polio nach wie vor endemisch vorkam, die Übertragungswege zu unterbrechen: Afghanistan, Ägypten, Indien, Niger, Nigeria und Pakistan. Das war umso dringlicher, als in vielen anderen Ländern nach der Eindämmung der Kinderlähmung die Impfbemühungen erlahmten, wenn nicht ganz einschliefen. Solche Länder waren anfällig bei einem Import von Polioviren aus den genannten Ländern, daher wurden dort Nachimpfungen forciert. Beispielsweise kam es 2004 zum Export der Kinderlähmung aus West-/Zentralafrika, vermutlich Nigeria und Tschad, in den Sudan, wo im Mai in der Krisenregion Darfur die Polioerkrankungen zunahmen, nachdem die Jahre zuvor keine Fälle von Kinderlähmung aufge-

GRANDIOS GESCHEITERT

treten waren. Im November 2004 erkrankte in Saudi-Arabien ein eingereister Sudanese an Poliomyelitis, doch konnte die Ausbreitung der Infektion verhindert werden. Im ebenfalls betroffenen Jemen waren die Folgen allerdings schlimmer. Zwar waren wegen der Gefahr einer Ausbreitung noch landesweit Impfungen durchgeführt worden, aber trotzdem erkrankten im ersten Halbjahr 2005 264 Menschen an Polio, nachdem im Jahr zuvor kein einziger Fall dokumentiert worden war. Die Regierung reagierte mit einer Haus-zu-Haus-Impfkampagne. Der Virus wurde als derselbe identifiziert, der zuvor in Sudan und Saudi-Arabien zu Fällen von Poliomyelitis geführt hatte. Im April 2005 schließlich erreichte die Poliowelle Indonesien – der erste Fall war ein kleines Mädchen im Westen der Insel Java. Auch hier konnte der Ursprung des Virus im Sudan nachgewiesen werden; eine Notfall-Impfkampagne half, die Zahl der Erkrankungen auf 55 zu begrenzen.

Von den sechs »Rückzugsgebieten« der Polioviren waren Indien, Pakistan und Nigeria von der weitaus größten Zahl der Krankheitsfälle betroffen, und zwar jeweils in bestimmten Regionen. Die Gesundheitsminister der betreffenden Länder verpflichteten sich mit ihrer Unterschrift unter den Strategieplan, die notwendigen Maßnahmen zu ergreifen. Am erfolgreichsten erwies er sich in den drei asiatischen Problemländern Indien, Pakistan und Afghanistan sowie in Ägypten, wo die Übertragungsraten auf ein Allzeittief sanken. Diejenigen Regionen Afghanistans, in denen die Taliban weiterhin tonangebend sind, und bestimmte Gebiete Pakistans, wo die Regierung nur begrenzt handlungsfähig ist, stellen weiterhin schwierige Gegenden für die Bekämpfung der Kinderlähmung dar. Nicht einfacher macht es die Tatsache, dass Pakistan und Afghanistan als Nachbarländer mit grenzüberschreitendem Verkehr immer wieder Viren voneinander importieren.

Aber auch die Wegmarke 2008 konnte nicht eingehalten werden, weiterhin gibt es Länder, die für Polioerkrankungen als endemisch gelten. Trotzdem wurden seither in den Endemieländern Indien und Nigeria beachtliche Erfolge erzielt: Von 2009 bis 2010 sank die Zahl der Neuerkrankungen an Poliomyelitis in Nigeria von 382 auf 8, in Indien von 431 auf 39. Das verbleibende Problemland ist nunmehr Pakistan, wo zwischen 2009 und 2010 die Zahl der Neuerkrankungen sogar anstieg und insgesamt mehr Fälle registriert wurden als in den drei anderen Endemieländern zusammengenommen. Daneben aber konnte Polio in Gebieten wieder an Boden gewinnen, die gar nicht mehr als endemieproblematisch eingestuft wurden und auf die 2010 mehr als 80 Prozent der Neuerkrankungen entfielen: Angola, Tschad, Kongo, der Senegal und Mauretanien in Afrika sowie Nepal.

Nachdem die WHO-Region Europa, die auch Teile Asiens umfasst, 2002 für poliofrei erklärt werden konnte, kam es selbst hier im Frühjahr 2010 erstmals wieder zur Einschleppung von Polioviren und nachfolgenden Krankheitsfällen aus Indien nach Tadschikistan. Dort wurden mit fast 500 Erkrankungen rund um die Hauptstadt Duschanbe zwei Drittel aller weltweiten Polioerkrankungen aufgezeichnet. Eine umfassende Impfaktion in dem zentralasiatischen Land und benachbarten Staaten, bei der nahezu alle Kinder unter fünfzehn Jahren immunisiert wurden, verhinderte eine weitere Ausbreitung, sodass ab Juli keine neuen Fälle registriert wurden. Trotzdem aber kam es zur Einschleppung von Polio nach Russland, Turkmenistan und Kasachstan. Solange die Polioviren nicht weltweit ausgerottet sind, ist eine möglichst hohe Impfrate in der Bevölkerung die beste Garantie gegen eine Verbreitung der Krankheit. In Deutschland liegt die Impfquote bei rund 95 Prozent, was die Weiterverbreitung der Polioviren nach einer

Einschleppung höchst unwahrscheinlich macht – dafür aber muss die Quote auf diesem hohen Niveau beibehalten werden.

Die WHO musste ihr Ziel der Ausrottung der Kinderlähmung also immer wieder strecken – nach gegenwärtigen Planungen soll Ende 2012 die Übertragung von Polioviren auf der ganzen Welt komplett eingedämmt sein. Dann sollen auch die verbliebenen Polioendemieländer für poliofrei erklärt werden können. Es steht zu befürchten, dass das auch diesmal nicht vollständig gelingen wird, dass das ehrgeizige Vorhaben abermals scheitert. Die Weltgesundheitsorganisation und ihre Partner werden aber auch diesen Rückschlag kaum zum Anlass nehmen, ihre Bemühungen einzustellen. Bei allen Schwierigkeiten wäre es auch verfehlt, auf den sprichwörtlichen letzten Metern das bisher Erreichte in Frage zu stellen – auch wenn sich diese letzte Wegstrecke wie bei einem echten Marathon als besonders mühsam erweist. Vielmehr wird man die überwältigenden Etappenerfolge als Ermunterung verstehen weiterzumachen – jedenfalls wenn es gelingt, die Finanzierung des teuren Vorhabens zu gewährleisten. Auch wenn die Krankheit nicht wie geplant vollständig ausgerottet werden konnte, so ist ihre Bekämpfung so umfassend gelungen, dass schon damit ungeheuer viel erreicht wurde: Um stattliche 99,5 Prozent konnte die Zahl der weltweit zurückgegangenen Poliofälle reduziert werden. Im Jahr 2010 kam es weltweit zu 717 dokumentierten Fällen von Polio (2009: 1.165), und jeder einzelne davon ist ein Fall zu viel. Gleichzeitig aber ist die Zahl verschwindend gering im Vergleich zu den Jahrzehnte zuvor registrierten Erkrankungen.

So gesehen, ist das Scheitern beim Projekt der weltweiten Ausrottung der Geißel Polio einstweilen nur vorübergehend und das Ziel bleibt erreichbar – zum Wohle der gesamten Menschheit. Diese letzte Geschichte eines ambitionierten Vorhabens dokumentiert, wie viel Größe im Scheitern liegen kann, wie viel Gutes gleichwohl aus diesem Projekt erwuchs, dass das Scheitern keineswegs entmutigend sein muss und schon gar nicht endgültig. Und dass nicht jedes ambitionierte Projekt ab einer bestimmten Größenordnung zweifelhaft ist. Träume zum Wohle der Menschheit, so blumig-idealistisch das klingen mag, dürfen ruhig hoch greifen, denn Verzagtheit verändert im Allgemeinen wenig. Gigantomanie hingegen, sei es zum Selbstzweck oder zur persönlichen Egobefriedigung, zum Wohl Einzelner oder zur Bestätigung von Apparaten oder Systemen, zahlt sich selten aus, mag sie im Scheitern mitunter auch einige Schönheit bieten und Faszination ausstrahlen.

DIE HERSTELLUNG VON GOLD

Bachmann, Hans-Gert: *Mythos Gold.*
6000 Jahre Kulturgeschichte, München
2006.
Biedermann, Hans: *Materia Prima.*
Die geheimen Bilder der Alchemie,
Wiesbaden 2006.
Coudert, Allison: *Der Stein der Weisen.*
Die geheime Kunst der Alchemisten,
Herrsching 1992.
Crisciani, Chiara: »The Conception
of Alchemy as Expressed in the
›Pretiosa Margarita Novella‹ of
Petrus Bonus of Ferrara«, *Ambix* 20
(1973), S. 165–181.
Crombie, Alistair C.: »Griechisch-
arabische Naturwissenschaften und
abendländisches Denken«, Gereon
Sievernich/Hendrik Budde (Hg.),
Europa und der Orient, 800–1900
(Ausst.-Kat.), Gütersloh 1989,
S. 102–131.
Debus, Allen G. (Hg.): *Alchemy and*
Early Modern Chemistry. Papers from
Ambix, Huddersfield 2004.
Debus, Allen G.: *Chemistry, Alchemy*
and the New Philosophy, 1550–1700.
Studies in the History of Science and
Medicine, London 1987.
Debus, Allen G./Michael T. Walton
(Hg.): *Reading the Book of Nature.*
The Other Side of Scientific Revolution,
St. Louis 1998.
Dubs, H. H.: »The Beginnings of
Alchemy«, *Isis* 28 (1947), S. 62–86.
Eliade, Mircea: *Schmiede und Alchemisten,*
Stuttgart 1980².
Engel, Michael: »Auf dem Wege zur

modernen Chemie – Chemie und
Alchimie 1550 bis 1725. Innovation,
Repräsentation, Diffusion«, Uta
Lindgren (Hg.), *Naturwissenschaft*
und Technik im Barock (= Bayreuther
Historische Kolloquien, 11), Köln
1997, S. 131–156.
Frietsch, Ute: »Häresie und ›pseudo-
scientia‹. Zur Problematisierung
von Alchemie, Chymiatrie und
Physik in der Frühen Neuzeit«,
Dirk Rupnow/Veronika Lipphardt/
Jens Thiel (Hg.): *Pseudowissenschaft.*
Konzeptionen von Nichtwissenschaft-
lichkeit in der Wissenschaftsgeschichte,
Frankfurt/Main 2008, S. 51–76.
Ganzenmüller, Wilhelm: *Die Alchemie*
im Mittelalter, Paderborn 1938,
Hildesheim 1967.
Gebelein, Helmut: *Alchemie,* München
2000.
Karpenko, Vladimír: »Not all that
Glitters is Gold. Gold Imitations in
History«, *Ambix* 54,2 (2007),
S. 172–191.
Karpenko, Vladimír: »The Chemistry
and Metallurgy of Transmutation«,
Ambix 39,2 (1992), S. 47–74
Kauffman, G. B.: »The Mystery of
Stephen H. Emmens. Successful
Alchemist or Ingenious Swindler?«,
Ambix 30,2 (1983), S. 65–88.
Libavius, Andreas: *Die Alchemie. Ein*
Lehrbuch der Chemie aus dem Jahr 1597,
hg. v. Friedemann Rex, Weinheim
1964.
Linden, Stanton J. (Hg.): *The Alchemy*
Reader. From Hermes Trismegistus to
Isaac Newton, Cambridge 2003.

Linden, Stanton J. (Hg.): *Mystical Metal of Gold. Essays on Alchemy and Renaissance Culture*, New York 2007.

Meinel, Christoph (Hg.): *Die Alchemie in der europäischen Kultur- und Wissenschaftsgeschichte*, Wiesbaden 1986.

Moran, Bruce T.: *Distilling Knowledge. Alchemy, Chemistry, and the Scientific Revolution*, Cambridge/Mass. 2005.

Newman, William R./Anthony Grafton (Hg.): *Secrets of Nature. Astrology and Alchemy in Early Modern Europe* (= Transformations. Studies in the History of Science and Technology), Cambridge/Mass. 2001.

Obrist, Barbara:»Die Alchemie in der mittelalterlichen Gesellschaft«, Christoph Meinel (Hg.): *Die Alchemie in der europäischen Kultur- und Wissenschaftsgeschichte*, Wiesbaden 1986, S. 33–59.

Ogrinc, H. L.:»Western Society and Alchemy from 1200 to 1500«, *Journal of Medieval History* 6 (1980), S. 103–132.

Priesner, Claus/Karin Figala (Hg.): *Alchimie. Lexikon einer hermetischen Wissenschaft*, München 1998.

Principe, Lawrence/William R. Newman:»Some Problems with the Historiography of Alchemy«, William R. Newman/Anthony Grafton (Hg.): *Secrets of Nature. Astrology and Alchemy in Early Modern Europe* (= Transformations. Studies in the History of Science and Technology), Cambridge/Mass. 2001, S. 385–431.

Schütt, Hans-Werner: *Auf der Suche nach dem Stein der Weisen. Die Geschichte der Alchemie*, München 2000.

Trueb, Lucien F.: *Gold. Bergbau, Verhüttung, Raffination und Verwendung*, Zürich 1992.

Wegener, Franz: *Der Alchemist Franz Tausend. Alchemie und Nationalsozialismus*, Gladbeck 2006.

Weyer, Jost:»Der Alchimist im lateinischen Mittelalter«, Eberhard Schmauderer (Hg.), *Der Chemiker im Wandel der Zeiten*, Weinheim 1973, S. 11–42.

DIE KATHEDRALE VON BEAUVAIS

Binding, Günther: *Was ist Gotik? Eine Analyse der gotischen Kirchen in Frankreich, England und Deutschland, 1140–1350*, Darmstadt 2006.

Bonnet-Laborderie, Philippe: *Cathédrale Saint-Pierre. Histoire et Architecture*, Beauvais 1978.

Branner, R.:»Le Maitre de la Cathédrale de Beauvais«, *Art de France* 2 (1962), S. 77–92.

Campbell, G. J.:»The Attitude of the Monarchy Towards the Use of Ecclesiastical Censures in the Reign of Saint Louis«, *Speculum* 35 (1960), S. 535–555.

Campbell, G. J.:»Temporal and Spiritual Regalia during the Reigns of Saint Louis and Philipp III.«, *Traditio* 20 (1964), S. 351–383.

Desjardin, G.: *Histoire de la Cathédrale de Beauvais*, Beauvais 1865.

Dollinger, Philippe: *Bibliographie d' histoire des villes de France*, Paris 1967.

Duby, Georges: *Die Zeit der Kathedralen. Kunst und Gesellschaft 980–1420*, Frankfurt/Main 1980.

Ehlers, Joachim: *Geschichte Frankreichs im Mittelalter*, Stuttgart 1987, Darmstadt 2009².

Förstel, Judith: *La Cathédrale Saint-Pierre de Beauvais. Architecture, Mobilier et Trésor*, Paris 2000.

Ganiage, Jean (Hg.): *Histoire de Beauvais et du Beauvaisis*, Toulouse 1987.

Jantzen, Hans: *Kunst der Gotik. Klassische Kathedralen Frankreichs – Chartres, Reims, Amiens*, Berlin 2003.

Lundgren, Uta (Hg.): *Europäische Technik im Mittelalter. Tradition und Innovation*, Berlin 1998³.
Murray, Stephen: *Beauvais Cathedral. Architecture of Transcendence*, Princeton, N.J. 1989.
Popplow, Marcus: *Technik im Mittelalter*, München 2010.
Simson, Otto von: *Die gotische Kathedrale. Beiträge zu ihrer Entstehung und Bedeutung*, Darmstadt 1992.
Wolfe, Maury I./Robert Mark: »The Collapse of the Beauvais Vaults in 1284«, *Speculum* 51 (1976), S. 462–476.

DIE WASSERKUNST VON TOLEDO

Albaladejo, Pablo Fernández: »Cities and the State in Spain«, Charles Tilly/Wim P. Blockmans (Hg.), *Cities and the Rise of States in Europe, A.D. 1000–1800*, Boulder 1994, S. 168–183.
Arenillas, Miguel/Juan C. Castillo: »Dams from the Roman Era in Spain. Analysis of Design Forms«, Santiago Huerta (Hg.), *Proceedings of the First International Congress on Construction History*, Madrid 2003.
Ars Hispaniae Historica Universal del Arte Hispánico, Bd. 11, Madrid 1953.
Bernecker, Walther L./Horst Pietschmann: *Geschichte Spaniens. Von der frühen Neuzeit bis zur Gegenwart*, Stuttgart 2005⁴.
Bertele, Hans von/Erwin Neumann: »Torriano, ein großer Ingenieur und Uhrmacher Karls V.«, H. Bertele/E. Neumann, *Die Kaisermonument-Uhr. Monographie einer historisch bedeutungsvollen Figurenuhr aus der Spätzeit Kaiser Karls V. (1500–1588)*, Luzern 1966, S. 66–71.
Gelabert, Juan: »Cities, towns and small towns in Castile,

1500–1800«, Peter Clark (Hg.): *Small towns in early modern Europe*, Cambridge 1995, S. 271–294.
Ferdinandy, Michael de: *Philipp II. Größe und Niedergang der spanischen Weltmacht*, Wiesbaden 1977.
Friedrichs, Christopher: *The Early Modern City, 1450–1750*, London 1995.
García-Diego, José A.: »The Chapter on Weirs in the Codex of Juanelo Turriano. A Question of Authorship«, *Technology and Culture 17,2* (1976), S. 217–234.
García-Diego, José A.: »Juanelo Turrianos Wasserkunst in Toledo«, *Die Wasserversorgung in der Renaissancezeit* (= Geschichte der Wasserversorgung, 5), hg. v. d. Frontinus-Gesellschaft e.V., Mainz 2000, S. 270–276.
Gleue, Axel W.: *Wie kam das Wasser auf die Burg? Vom Brunnenbau auf Höhenburgen und Bergvesten*, Regensburg 2008.
Heine, Hartmut: *Geschichte Spaniens in der Frühen Neuzeit, 1400–1800*, München 1984.
Hodge, Alfred Trevor: *Roman Aqueducts & Water Supply*, London 1992.
Kiaulehn, Walther: *Die eisernen Engel. Geburt, Geschichte und Macht der Maschinen*, Berlin 1935.
Knittler, Herbert: *Die europäische Stadt in der Frühen Neuzeit. Institutionen, Strukturen, Entwicklungen* (= Querschnitte, 4), München 2004.
Kohler, Alfred: »Karl I./V. (1516 bis 1556)«, Walther L. Bernecker/Carlos Collado Seidel/Paul Hoser (Hg.): *Die spanischen Könige. 18 historische Porträts vom Mittelalter bis zur Gegenwart*, München 1997, S. 37–60.
Kramer Ferdinand: »Philipp II. (1556–1598)«, Walther L. Bernecker/Carlos Collado Seidel/Paul Hoser (Hg.): *Die spanischen Könige.*

18 historische Porträts vom Mittelalter bis zur Gegenwart, München 1997, S. 61–78.

Lees, Lynn Hollen/Paul M. Hohenberg:»Urban decline and regional economies: Brabant, Castile, and Lombardy, 1550–1750«, Comparative Studies in Society and History 31 (1989), S. 439–461.

Marias, F.: La arquitectura del Renacimiento en Toledo (1541–1631), 4 Bde., Toledo 1983–86.

Mosser, Monique/Georges Teyssot (Hg.): Die Gartenkunst des Abendlandes. Von der Renaissance bis zur Gegenwart, Stuttgart 1993.

Reti, Ladislao:»The Codex of Juanelo Turriano (1500–1585)«, Technology and Culture 8,1 (1967), S. 53 – 66.

Wasserversorgung in der Renaissancezeit, Die (= Geschichte der Wasserversorgung, 5), hg. v. d. Frontinus-Gesellschaft e.V., Mainz 2000.

DER FRANZÖSISCHE
REVOLUTIONSKALENDER

Aufgebauer, Peter:»Die astronomischen Grundlagen des französischen Revolutionskalenders«, Die Sterne 51 (1975), S. 40–48.

Baczko, Bronislaw:»Le calendrier républicain«, Pierre Nora (Hg.), Les Lieux de Mémoire, Bd. 1, Paris 1984, S. 37–83.

Dohrn-van Rossum, Gerhard: Geschichte der Stunde. Uhren und moderne Zeitordnungen, München 1992, Köln 2007.

Furet, François (Hg.): Kritisches Wörterbuch der Französischen Revolution, Frankfurt/Main 1996.

Gutberlet, Bernd Ingmar: Der Maya-Kalender. Die Wahrheit über das größte Rätsel einer Hochkultur, Bergisch Gladbach 2009.

Harten, Hans-Christian/Elke Harten:

Die Versöhnung mit der Natur. Gärten, Freiheitsbäume, republikanische Wälder, heilige Berge und Tugendparks in der Französischen Revolution, Hamburg 1989.

Hunt, Lynn: Measuring Time, Making History, Budapest 2008.

Hunt, Lynn: Symbole der Macht, Macht der Symbole. Die Französische Revolution und der Entwurf einer politischen Kultur, Frankfurt/Main 1989.

Kennedy, Emmet: A Cultural History of the French Revolution, New Haven 1989.

Klemun, Marianne:»Der französische Revolutionskalender (1793–1806). Natur versus Geschichte oder Natur im Einklang mit der Gesellschaft?«, Wolfgang Hameter (Hg.), Ideologisierte Zeit. Kalender und Zeitvorstellungen im Abendland von der Antike bis zur Neuzeit, Innsbruck etc. 2005, S. 144–162.

Meinzer, Michael:»Der französische Revolutionskalender und die ›neue Zeit‹«, Reinhart Koselleck/Rolf Reichardt (Hg.), Die Französische Revolution als Bruch des gesellschaftlichen Bewußtseins, München 1988, S. 23–60.

Meinzer, Michael:»Vom Scheitern einer neuen Zeitrechnung. Der Französische Revolutionskalender«, Herzog, Markwart (Hg.): Der Streit um die Zeit. Zeitmessung – Kalenderreform – Gegenzeit – Endzeit, Stuttgart 2002, S. 153–169.

Meinzer, Michael: Der französische Revolutionskalender (1792–1805). Planung, Durchführung und Scheitern einer politischen Zeitrechnung (= Ancien Régime, Aufklärung und Revolution, 20), München 1992.

Ozouf, Mona:»Kalender«, François Furet (Hg.), Kritisches Wörterbuch der Französischen Revolution, Frankfurt/Main 1996, Bd. 2, S. 754–768.

Steel, Duncan: *Making Time. The Epic Quest to Invent the Perfect Calendar*, New York 2000.

Stein, Wolfgang Hans: »Revolutionskalender, Dekadi und Justiz im annektierten Rheinland, 1798–1801«, *Francia* 27,2 (2000), S. 139–175.

Thamer, Hans-Ulrich: *Die Französische Revolution*, München 2009³.

Winkler, Heinrich August: *Geschichte des Westens. Von den Anfängen in der Antike bis zum 20. Jahrhundert*, München 2009.

Zerubavel, Eviatar: »The French Republican Calendar. A Case Study in the Sociology of Time«, *American Sociological Review* 42 (1977), S. 868–877.

Zerubavel, Eviatar: *The Seven Day Circle. The History and the Meaning of the Week*, Chicago 1985.

LUDWIG ZAMENHOFS ESPERANTO

Blanke, Detlev: *Internationale Plansprachen. Eine Einführung*, Berlin 1985.

Boulton, Marjorie: *Zamenhof. Creator of Esperanto*, London 1960, ND 1980.

Dijk, Ziko van: »Weltsprache aus Warschau. L. L. Zamenhof, das Esperanto und Osteuropa«, *Osteuropa* 57,4 (2007), S. 143–156.

Eco, Umberto: *Die Suche nach der vollkommenen Sprache*, München 1994².

Fiedler, Sabine (Hg.): *Interlinguistische Beiträge. Zum Wesen und zur Funktion internationaler Plansprachen*, Frankfurt/Main 2006.

Forster, Peter G.: *The Esperanto Movement*, Den Haag 1982.

Korzhenkov, Aleksander: *The Life of Zamenhof*, New York 2010.

Künzli, Andreas: *L. L. Zamenhof (1859–1917). Esperanto, Hillelismus (Homaranismus) und die »jüdische*

Frage« in Ost- und Westeuropa, Wiesbaden 2010.

Lins, Ulrich: *La danĝera lingvo. Studo pri la persekutoj kontraŭ Esperanto*, Gerlingen 1988. [*Die gefährliche Sprache. Die Verfolgung der Esperantisten unter Hitler und Stalin*], Gerlingen 1988.

Sikosek, Marcus: *Die neutrale Sprache. Eine politische Geschichte des Esperanto-Weltbundes*, Bydgoszcz 2006.

HERMAN SÖRGELS »ATLANTROPA«

Abulafia, David: *The Great Sea. A Human History of the Mediterranean*, Oxford 2011.

Gall, Alexander: *Das Atlantropa-Projekt. Die Geschichte einer gescheiterten Vision. Herman Sörgel und die Absenkung des Mittelmeers*, Frankfurt/Main 1998.

Hobsbawm, Eric: *Das Zeitalter der Extreme. Weltgeschichte des 20. Jahrhunderts*, München 1995.

Salewski, Michael/Ilona Stölken-Fitschen (Hgg.): *Moderne Zeiten. Technik und Zeitgeist im 19. und 20. Jahrhundert*, Stuttgart 1994.

Sieferle, Rolf Peter: *Fortschrittsfeinde. Opposition gegen Technik und Industrie von der Romantik bis zur Gegenwart*, München 1984.

Voigt, Wolfgang: *Atlantropa: Weltbauen am Mittelmeer. Ein Architektentraum der Moderne*, Hamburg 1998.

Welter, Volker: »Herman Sörgel und sein Kontinent Atlantropa«, *Bauwelt* 82 (1991), S. 958ff.

DIE KREUZUNG VON AFFE UND MENSCH

Adams, Mark B. (Hg.): *The Wellborn Science. Eugenics in Germany, France, Brazil, and Russia*, New York 1990.

Bashford, Alison/Philippa Levine:
*The Oxford Handbook of the History
of Eugenics*, Oxford 2010.
Beyrau, Dietrich (Hg.), *Im Dschungel
der Macht. Intellektuelle Professionen un-
ter Stalin und Hitler*, Göttingen 2000.
Davies, Sarah/James Harris (Hg.):
Stalin. A New History, Cambridge
2005.
Geyer, Michael/Sheila Fitzpatrick
(Hg.): *Beyond Totalitarianism. Stalinism
and Nazism Compared*, Cambridge
2009.
Griesecke, Birgit: *Kulturgeschichte des
Menschenversuchs im 20. Jahrhundert*,
Frankfurt/Main 2009.
Groys, Boris/Michael Hagemeister
(Hg.): *Die Neue Menschheit. Bio-
politische Utopien in Russland zu Beginn
des 20. Jahrhunderts*, Frankfurt/Main
2005.
Josephson, Paul R.: »Soviet Scientists
and the State. Politics, Ideology,
and Fundamental Research from
Stalin to Gorbachev«, *Social
Research 59,3* (1992), S. 594–605.
Jungk, Robert/Hans Josef Mundt
(Hg.): *Das umstrittene Experiment: der
Mensch. 27 Wissenschaftler diskutieren
die Elemente der biologischen Revolution*,
Frankfurt/Main 1982.
Kojevnikov, Alexei B.: *Stalin's Great
Science. The Times and Adventures of
Soviet Physicists* (= History of mo-
dern physical sciences, 2), London
2004.
Krementsov, Nikolai: *Stalinist Science*,
Princeton 1997.
Krementsov, Nikolai: »Darwinism,
Marxism, and Genetics in the
Soviet Union«, Denis R. Alex-
ander/Ronald L. Numbers (Hg.),
*Biology and Ideology from Descartes to
Dawkins*, Chicago 2010,
S. 215–246.
Münch, Paul: »Affen und Menschen.
Geschichten von Differenz,
Verwandtschaft und Identität«,

Historische Anthropologie 19,2 (2011),
S. 172–191
Muller, Hermann J.: *Out of the Night.
A Biologist's View of the Future*, New
York 1935, ND New York 1984.
Pethes, Nicolas (Hg.): *Menschenversuche.
Eine Anthologie 1750–2000*, Frank-
furt/Main 2008.
Pollock, Ethan: »Stalin as the
coryphaeus of science. Ideology
and knowledge in the post-war
years«, Sarah Davies/James Harris
(Hg.): *Stalin. A New History*,
Cambridge 2005, S. 271–288.
Rossianov, Kirill O.: »Gefährliche
Beziehungen. Experimentelle Bio-
logie und ihre Protektoren«,
Dietrich Beyrau (Hg.), *Im Dschungel
der Macht. Intellektuelle Professionen
unter Stalin und Hitler*, Göttingen
2000, S. 340–359.
Rossianov, Kirill O.: »Beyond Species.
Ilya Ivanov and his experiments
on crossbreeding humans with
anthropoid apes«, *Science in Context*
15 (2002), S. 277–316.
Schmuhl, Hans-Walter: »Rassenhy-
giene in Deutschland – Eugenik in
der Sowjetunion. Ein Vergleich«,
Beyrau, Dietrich (Hg.), *Im Dschungel
der Macht. Intellektuelle Professionen
unter Stalin und Hitler*, Göttingen
2000, S. 360–377.
Spektorowski, Alberto: »The Eugenic
Temptation in Socialism:
Sweden, Germany and the Soviet
Union«, *Comparative Studies in Society
and History 46,1* (2004), S. 84–106.
Weingart, Peter: »Züchtungsuto-
pien – wildes Denken über die
Verbesserung des Menschen«,
Tillmann Hornschuh/Kirsten
Meyer/Gerlind Rüve/Miriam
Voß (Hg.), *Schöne – gesunde – neue
Welt? Das humangenetische Wissen und
seine Anwendung aus philosophischer,
soziologischer und historischer Perspektive*,
IWT-Paper 28.

Weingart, Peter/Jürgen Kroll/Kurt Bayertz: *Rasse, Blut und Gene. Geschichte der Eugenik und Rassenhygiene in Deutschland*, Frankfurt/Main 1992.
Weß, Ludger (Hg.): *Die Träume der Genetik. Gentechnische Illusionen von sozialem Fortschritt*, Nördlingen 1989.

HENRY FORDS »FORDLANDIA«

Burns, E. Bradford: *A History of Brazil*, New York 1970.
Coates, Austin: *The Commerce in Rubber: The First 250 years.*, Singapore 1987.
Collier, Richard: *The River that God Forgot. The Story of the Amazon Rubber Boom*, New York 1968.
Davis, Wade: *One River. Explorations and Discoveries in the Amazon Rain Forest*, New York 1990.
Ford, Henry: *Mein Leben und Werk*, 1923.
French, Michael J.: *The U.S. Tire Industry*, Boston 1990.
Galey, John: »Industrialist in the Wilderness. Henry Ford's Amazon Venture«, *Journal for Inter-American Studies* 21 (1979), S. 261–289.
Grandin, Greg: *Fordlandia. The Rise and Fall of Henry Ford's Forgotten Jungle City*, New York 2009.
Gutberlet, Bernd Ingmar: *Tempo! Wie uns das Auto verändert hat*, Berlin 2007.
Hecht, Susanna/Alexander Cockburn: *The Fate of the Forest. Developers, Destroyers, and Defenders of the Amazon*, New York 1989.
Huxley, Aldous: *Brave New World*, 1932.
Resor, Randolph R.: »Rubber in Brazil. Dominance and Collapse, 1876–1945«, *Business History Review* 51 (1977), S. 341–366.
Rippy, James: »Some Rubber-Planting Fiascos in Tropical America«, *Inter-American Economic Affairs*, Washington 1956, Nr. 1, S. 3–24.

Russell, J. A.: »Fordlandia and Belterra. Rubber Plantations on the Tapajóz River«, *Economic Geography* 18 (1942), S. 125–145.
Smith, Anthony: *Explorers of the Amazon*, New York 1990.
Watts, Steven: *The People's Tycoon: Henry Ford and the American Century*, New York 2006.
Wueschner, Silvano A.: »Herbert Hoover, Great Britain and the Rubber Crisis, 1923–1926«, *Essays in Economic and Business History* 18 (2000), S. 211–221.

HITLERS BREITSPURBAHN

»Aus 9 wird 1! – Bericht über ein sensationelles Eisenbahnprojekt«, *Signal*, März 1943, S. 35–37.
Bärnreuther, Andrea: *Revision der Moderne unterm Hakenkreuz. Planungen für ein »neues München«*, München 1993.
Bavaj, Riccardo: *Die Ambivalenz der Moderne im Nationalsozialismus. Eine Bilanz der Forschung*, München 2003.
Bonatz, Paul: *Leben und Bauen*, Stuttgart 1950.
Dülffer, Jost/Jochen Thies/Josef Henke (Hg.): *Hitlers Städte. Baupolitik im Dritten Reich, eine Dokumentation*, Köln 1978.
Elvert, Jürgen: *Mitteleuropa! Deutsche Pläne zur europäischen Neuordnung (1918–1945)*, Stuttgart 1999.
Emmerich, W./C. Wege (Hg.): *Der Technikdiskurs in der Hitler-Stalin-Ära*, Stuttgart/Weimar 1995.
Giordano, Ralph: *Wenn Hitler den Krieg gewonnen hätte. Die Ziele der Nazis nach dem Endsieg*, Hamburg 1989.
Joachimsthaler, Anton: *Die Breitspurbahn. Das Projekt zur Erschließung des groß-europäischen Raums 1942–1945*, München 1985³.

Joachimsthaler, Anton: »Gigantoma-
nie auf Rädern. Die Breitspurbahn
Adolf Hitlers«, *Zug der Zeit, Zeit der
Züge. Deutsche Eisenbahn 1835–1985*,
2 Bde., Berlin 1985, S. 702–721.
Kopper, Christopher: »Modernität
oder Scheinmodernität national-
sozialistischer Herrschaft. Das
Beispiel der Verkehrspolitik«,
Christian Jansen/Lutz Nietham-
mer/Bernd Weisbrod (Hg.): *Von der
Aufgabe der Freiheit. Politische Verant-
wortung und bürgerliche Gesellschaft im
19. und 20. Jahrhundert. Festschrift für
Hans Mommsen*, Berlin 1995,
S. 399–411.
Neulen, Hans Werner: *Europa und
das 3. Reich. Einigungsbestrebungen
im deutschen Machtbereich 1939–45*,
München 1987.
Picker, Henry: *Hitlers Tischgespräche im
Führerhauptquartier. Entstehung, Struktur,
Folgen des Nationalsozialismus*, Frank-
furt/Main 1951, Berlin 1997.
Rutz, Rainer: »*Signal*«. *Eine deutsche
Auslandsillustrierte als Propaganda-
instrument im Zweiten Weltkrieg*, Essen
2007.
Speer, Albert: *Erinnerungen*, Frank-
furt/Main 1969.
Voigt, Wolfgang/Roland May (Hg.):
Paul Bonatz (1877–1956), Tübingen
2010.
Zitelmann, Rainer: »Die totalitäre
Seite der Moderne«, Michael
Prinz/Rainer Zitelmann (Hg.):
Nationalsozialismus und Modernisierung,
Darmstadt 1991, 1994[2], S. 1–20.

DIE KYBERNETIK

Augustine, Dolores: *Red Prometheus.
Engineering and Dictatorship in East
Germany, 1945–1990*, Cambridge
2007.
Augustine, Dolores: »Werner Hart-
mann und der Aufbau der Mikro-
elektronikindustrie in der DDR«,
*Dresdener Beiträge zur Geschichte der
Technikwissenschaften* 28 (2003),
S. 3–32.
Aumann, Philipp: *Mode und Methode.
Die Kybernetik in der Bundesrepublik
Deutschland* (= Deutsches Museum.
Abhandlungen und Berichte, N.F.
24), Göttingen 2009.
Aumann, Philipp: »Der Nutzen der
Kybernetik? Gesellschaftliche Er-
wartungen und Realität«, Christine
Pieper/Frank Uekötter (Hg.),
*Vom Nutzen der Wissenschaft. Beiträge
zu einer prekären Beziehung*,
Frankfurt/M. 2009, S. 211–234.
Aumann, Philipp: »Die Technisierung
des Lebens und die Medialisierung
der Wissenschaft. Kybernetik in
der Bundesrepublik Deutschland«,
Stefan Fischer (Hg.), *Informatik
2009. Im Focus das Leben, Beiträge der
39. Jahrestagung der Gesellschaft für
Informatik e.V.* (= GI-Edition: Lecture
Notes in Informatics. Proceedings
154), Bonn 2009, S. 751–765.
Barkleit, Gerhard: *Mikroelektronik in
der DDR. SED, Staatsapparat und
Staatssicherheit im Wettstreit der Systeme*,
Dresden 2000.
Beer, Stafford: *Kybernetik und Manage-
ment*, Frankfurt/Main 1967. [Orig.
1959]
Bluma, Lars: *Norbert Wiener und die
Entstehung der Kybernetik im Zweiten
Weltkrieg*, Münster 2005.
Dittmann, Frank(Hg.): *Kybernetik steckt
den Osten. Aufstieg und Schwierig-
keiten einer interdisziplinären Wissen-
schaft in der DDR* (= Information,
Kommunikation, Organisation; 1),
Berlin 2007.
Fuchs-Kittkowski, Klaus/Siegfried
Piotrowski (Hg.): *Kybernetik und
Interdisziplinarität. Georg Klaus zum 90.
Geburtstag*, Berlin 2004.
Galison, Peter: »The Ontology of the
Enemy. Norbert Wiener and the

Cybernetic Vision«, *Critical Inquiry*
21 (1994), S. 228–266.
[dt. Hans-Jörg Rheinberger (Hg),
*Räume des Wissens. Repräsentation,
Codierung, Spur*, Berlin 1997,
S. 281–324.]
Gerovitch, Slava: *From Newspeak to
Cyberspeak. A History of Soviet Cyber-
netics*, Cambridge / Mass. 2002.
Graham, Loren: *The Ghost of the Executed
Engineer. Technology and the Fall of the
Soviet Union*, Cambridge / Mass. 1993.
Hagner, Michael / Erich Hörl: *Die
Transformation des Humanen. Beiträge
zur Kulturgeschichte der Kybernetik*,
Frankfurt / Main 2008.
Hanson, Philipp: »The Soviet Union's
Acquisition of Western Technology
after Stalin. Some Thoughts on
People and Connections«, Sari
Autio-Sarasmo / Jatalin Miklóssy
(Hg.), *Reassessing Cold War Europe*
(= Routledge Studies in the History
of Russia and Eastern Europe, 14),
London 2011, S. 16–32.
Haufe, Gerda: *Dialektik und Kybernetik
in der DDR. Zum Problem von Theorie-
diskussion und politisch-gesellschaftlicher
Entwicklung im Übergang von der sozia-
listischen zur wissenschaftlich-technischen
Realisation*, Berlin 1980.
Holloway, David: »Innovation in
Science – The Case of Cybernetics
in the Soviet Union«, *Science Studies* 4
(1974), S. 299–337.
Klaus, Georg: »Zu einigen Problemen
der Kybernetik«, *Einheit* 13 (1958),
S. 1026–1040.
Klaus, Georg: *Kybernetik in philosophi-
scher Sicht*, Berlin / DDR 1961.
Klaus, Georg: »Die Kybernetik, das
Programm der SED und die Auf-
gaben der Philosophie«, *Deutsche
Zeitschrift für Philosophie* 11 (1963),
S. 693–705.
Medina, Eden: »Designing Freedom,
Regulating a Nation. Socialist
Cybernetics in Allende's Chile«,

Journal of Latin American Studies 38
(2006), S. 571–606.
Meuschel, Sigrid: »Symbiose von
Technik und Gemeinschaft. Die
Reformideologie der SED in den
sechziger Jahren«, Emmerich, W. / C.
Wege (Hg.): *Der Technikdiskurs in der
Hitler-Stalin-Ära*, Stuttgart / Weimar
1995, S. 203–230.
Müller, Hans / Karl Reißig: *Wirtschafts-
wunder DDR. Ein Beitrag zur Geschichte
der ökonomischen Politik der Sozia-
listischen Einheitspartei Deutschlands*,
Berlin / DDR 1968.
Pias, Claus: »Der Auftrag. Kybernetik
und Revolution in Chile«, Daniel
Gethmann / Markus Stauff (Hg.),
Politiken der Medien, Berlin / Zürich
2005, S. 131–153.
Segal, Jérôme: »Kybernetik in der
DDR. Begegnung mit der marxisti-
schen Ideologie«, *Dresdener Beiträge
zur Geschichte der Technikwissenschaften*
27 (2001), S. 47–75.
Steiner, André: *Von Plan zu Plan.
Eine Wirtschaftsgeschichte der DDR*,
München 2004, Bonn 2007.
Tanner, Jakob: »Komplexität, Kyber-
netik und Kalter Krieg. ›Infor-
mation‹ im Systemantagonismus
von Markt und Plan«, Michael
Hagner / Erich Hörl: *Die Trans-
formation des Humanen. Beiträge zur
Kulturgeschichte der Kybernetik*, Frank-
furt / Main 2008, S. 377–413.
Thiel, Jens / Peter Th. Walther:
»›Pseudowissenschaft‹ im Kalten
Krieg. Diskreditierungsstrategien
in Ost und West«, Dirk Rupnow /
Veronika Lipphardt, Jens Thiel
(Hg.): *Pseudowissenschaft. Konzeptionen
von Nichtwissenschaftlichkeit in der
Wissenschaftsgeschichte*, Frank-
furt / Main 2008,
S. 308–342.
*Weltall, Erde, Mensch. Ein Sammelwerk zur
Entwicklungsgeschichte von Natur und
Gesellschaft*, Berlin div. Jahre.

DIE UMKEHRUNG
DER SIBIRISCHEN FLÜSSE

Bednarz, Klaus: *Ballade vom Baikalsee. Begegnungen mit Menschen und Landschaften*, München 1998.

Dahlmann, Dittmar: *Sibirien. Vom 16. Jahrhundert bis zur Gegenwart*, Paderborn 2009.

Darst jr., Robert G.: »Environmentalism in the USSR. The Opposition to the River Diversion Project«, *Soviet Economy* 4 (1988), S. 223–251.

Feshbach, Murray/Alfred Friendly jr.: *Ecocide in the USSR. Health and Nature Under Siege*, New York 1992.

Gestwa, Klaus: »Das Besitzergreifen von Natur und Gesellschaft im Stalinismus. Enthusiastischer Umgestaltungswille und katastrophischer Fortschritt«, *Saeculum* 56,1 (2005), S. 105–138.

Gestwa, Klaus: *Die Stalinschen Großbauten des Kommunismus. Sowjetische Technik- und Umweltgeschichte, 1948–1967* (= Ordnungssysteme. Studien zur Ideengeschichte der Neuzeit, 30), München 2010.

Gestwa, Klaus: »Ökologischer Notstand und sozialer Protest. Ein umwelthistorischer Blick auf die Reformunfähigkeit und den Zerfall der Sowjetunion«, *Archiv für Sozialgeschichte* 43 (2003), S. 349–383.

Gestwa, Klaus: »Technik als Kultur der Zukunft. Der Kult um die ›Stalinschen Großbauten des Kommunismus‹«, *Geschichte und Gesellschaft* 30 (2004), S. 37–73.

Giese, Ernst/Gundula Bahro/Dirk Betke (Hg.): *Umweltzerstörungen in Trockengebieten Zentralasiens (West- und Ost-Turkestan). Ursachen, Auswirkungen, Maßnahmen*, Stuttgart 1998.

Gustafson, Thane: *Reform in Soviet Politics. Lessons of Recent Policies on Land and Water*, Cambridge/Mass. 1981.

Josephson, Paul R.: »›Projects of the Century‹ in Soviet History. Large Scale Technologies from Lenin to Gorbachev«, *Technology and Culture* 36 (1995), S. 519–559.

Kotkin, Stephen/David Wolff (Hg.): *Rediscovering Russia in Asia. Siberia and the Russian Far East*, Armonk 1995.

Mey, Alexandra: *Russische Schriftsteller und Nationalismus, 1986–1995. Vladimir Solouchin, Valentin Rasputin, Aleksandr Prochanov, Eduard Liminov* (= Dokumente und Analysen zur russischen und sowjetischen Kultur, 12/II), Bochum 2004.

Petersen, Dale: »›Samovar Life‹. Russian Nurture and Russian Nature in the Rural Prose of Valentin Rasputin«, *Russian Review* 53,1 (1994), S. 81–96.

Rougle, Charles: »›Express‹: The Future According to Gastev«, *Russian History* 11 (1984), S. 258–268.

Schattenberg, Susanne: *Stalins Ingenieure. Lebenswelten zwischen Technik und Terror in den 1930er Jahren* (= Ordnungssysteme. Studien zur Ideengeschichte der Neuzeit, 11), München 2002.

Stern, Klaus: *Die Umleitung eines Teils des Abflusses nördlicher europäischer und sibirischer Flüsse in der Sowjetunion und mögliche Auswirkungen auf die Umwelt* (= Gießener Abhandlungen zur Agrar- und Wirtschaftsforschung des europäischen Ostens, 145), Gießen 1985.

Stites, Richard: *Revolutionary Dreams. Utopian Vision and Experimental Life in the Russian Revolution*, New York 1989.

Westerman, Frank: *Ingenieure der Seele. Schriftsteller unter Stalin – eine Erkundungsreise*, Berlin 2002.

DIE AUSROTTUNG
DER KINDERLÄHMUNG

Bleker, Johanna / Marina Stöffler-
Meilicke: »Seuchen, Plagen,
Infektionen. Vom unausrottbaren
Übel«, *fundiert. Das Wissenschafts-
magazin der Freien Universität Berlin* 1
(2002), S. 12–17.
Feil, Fabian / Adolf Windorfer:
»Der Kampf gegen Poliomyelitis –
die Ausrottung einer Zivilisations-
seuche«, *Bundesgesundheitsblatt* 43, 1
(2000), S. 2–6.
Feil, Fabian / Adolf Windorfer / Sabine
Diedrich / Eckhard Schreier:
»Poliomyelitis: Von der Prävention
bis zur Ausrottung«, *Deutsches Ärzte-
blatt* 97, 40 (2000), A 2598–2600.
Foertsch, Jacqueline: *Bracing Accounts.
The Literature and Culture of Polio in
Postwar America*, Cranbury 2008.
Hansen, Bert: *Picturing Medical Progress
from Pasteur to Polio. A History
of Mass Media Images and Popular*

Attitudes in America, New Brunswick
2009.
Rehmet, Sybille / B. Müller: »Kick
Polio out of Africa. Fortschritte
des Polio-Eradikationsprogrammes
der Weltgesundheitsorganisation
(WHO) in Tschad und Burkina
Faso«, *Bundesgesundheitsblatt* 43, 1
(2000), S. 22–27.
Roth, Philip: *Nemesis*, Boston 2010
[dt. München 2011].
Smallman-Raynor, M. R. etc.:
Poliomyelitis. Emergence to Eradication,
Oxford 2006.
Vasold, Manfred: *Grippe, Pest und
Cholera. Eine Geschichte der Seuchen in
Europa*, Stuttgart 2008.
»Wieder Poliofälle in der WHO-Re-
gion Europa. Zum Welt-Polio-
tag 2010«, *Epidemiologisches Bulletin
des Robert-Koch-Instituts Nr.* 42
vom 25. Oktober 2010, S. 411f.
Winkle, Stefan: *Geißeln der Menschheit.
Kulturgeschichte der Seuchen*, Düssel-
dorf 1997.

Nichts ist vergangen

Klaus-Rüdiger Mai
DIE GEHEIMEN
RELIGIONEN
Götter, Sterne
und Ekstase
16 Seiten
mit zahlreichen
Abbildungen
ISBN 978-3-431-03854-5

Warum ist Maria die allverehrte Gottesmutter und Sternenkönigin? In der Bibel wird sie eher am Rande erwähnt. Weshalb zeigt sich Christus im Strahlenkranz? Worauf verweisen Sternkreiszeichen wirklich? Was suchen christliche Mystiker, Beginen, Kabbalisten und Sufis?
Unter dem Gewand des Christentums, des Judentums, des Islam und zahlreicher Volksbräuche haben sich viele seltsame Rituale und Weltdeutungen erhalten, die weit in die Zeiten zurückreichen. Sind das nur Überbleibsel untergegangener Kulte oder leben hier nur scheinbar versunkene Religionen in verkleideter Gestalt weiter?

Lübbe Ehrenwirth

Rätsel: Die Maya-Prophezeihung

Bernd Ingmar Gutberlet
DER MAYA-KALENDER
Die Wahrheit über
das größte Rätsel
einer Hochkultur
296 Seiten
mit zahlreichen
Abbildungen
ISBN 978-3-431-03790-6

Warum entwickelt ein Urwaldvolk vor über zwei Jahrtausenden einen ausgeklügelten Kalender? Wieso waren die alten Maya so besessen von der Zeit? Wie berechnen Sternengucker ohne Fernrohr Jahrhunderte im Voraus präzise den Lauf der Gestirne? Was macht diesen Kalender zur höchsten Autorität eines Volkes? Und schließlich: Stimmt es, dass der Menschheit am 21. Dezember 2012 eine Katastrophe droht, weil der längste Zyklus dieses geheimnisvollen Kalenders endet? Und glaubten die Maya selbst an diesen Weltuntergang? Bestsellerautor Bernd Ingmar Gutberlet hat die Antworten und entzaubert Mythen und Legenden – wie immer ebenso unterhaltsam wie kompetent.

Lübbe Ehrenwirth